集人文社科之思 刊专业学术之声

集 刊 名：中国公共史学集刊
主　　编：姜　萌
主办单位：中国人民大学史学理论研究所

PUBLIC HISTORY IN CHINA

第五集

集刊序列号：PIJ-2021-443
中国集刊网：www.jikan.com.cn/中国公共史学集刊
集刊投约稿平台：www.iedol.cn

姜萌 主编

中国公共史学集刊

口述史学专号

PUBLIC HISTORY IN CHINA

【第五集】

社会科学文献出版社
SOCIAL SCIENCES ACADEMIC PRESS (CHINA)

本成果
受到中国人民大学2022年度“中央高校建设世界一流大学（学科）
和特色发展引导专项资金”支持

《中国公共史学集刊》

学术委员会

中国公共史学集刊

第五集
2023 年 4 月出版

· 开篇的话 ·

· 专题研究 ·

中国公共史学集刊　第五集
第 1～3 页

中国大陆口述史学的成绩与问题

21 世纪以来的二十年，是中国学术多元化深入发展的二十年，也是新方法、新观念加速融合的二十年。此前在 20 世纪不受重视或不曾出现的方法、观念、领域，在新世纪获得了前所未有的关注，取得了前所未有的成绩。口述史学就是其中比较突出的一个。

虽然郭廷以 1959 年就在台湾新成立的“中央研究院”近代史研究所开展了高质量的口述历史访问计划，虽然唐德刚采访、译注的《李宗仁回忆录》1980 年就在大陆出版，但是口述史学作为一个学术概念、一种研究方法和一个研究领域在大陆学术界真正展开实践，是在 20 世纪 80 年代中后期。钟少华、李小江等学者分别对中国生物学家、中国妇女等群体进行了口述史料采集，开启了大陆学术界的口述史学实践。此后由于各种原因，大陆学术界有关口述史学的研究、实践和教学工作虽然仍然在发展，但总体比较缓慢。大陆口述史学被广泛接受并进入发展快车道，取得越来越多的成绩，则是在进入 21 世纪之后。综合各方面信息来看，二十年来大陆口述史学取得的成绩主要有以下几点。

第一，口述史学作为一个学术概念广为人知。2001 年，张学良去世，引起大陆媒体广泛报道，唐德刚对张学良的口述历史采访被广泛提及。此后口述历史团队投身口述史学的倡导和实践，引起了媒体的关注，使口述史学曝光度大增。除了对口述历史的鼓与呼，口述历史团队也推出了令人信服的实践成果，其中影响最大的就是《我的抗战》口述历史纪录片（2010 年 8 月在搜狐网首播，此后又在中央电视台纪录频道等平台播出）。此一时期，借助抗战胜利七十周年等时间节点，来自学术界、新闻单位和民间的相关人员对抗战老兵、慰安妇等群体进行抢救性采访，口述史学持续引起广泛关注。

第二，口述史学的研究和实践越来越成体系。十余年来，大陆口述史学研究和实践机构陆续成立。2004 年，中华口述历史研究会成立，大陆口述史学研究和实践的体系化有了实质性进展。2008 年，温州大学口述历史研究所成立，这是中国第一个以口述历史为名称的研究所。此后，以口述历史或口述史为名称的研究机构在国内各地区陆续成立，有的是大学成立的，有的是政府所属事业单位成立的，有的是企业成立的。这些专业机构的成立，让口述史学的研究和实践越来越体系化。比如中国传媒大学口述历史研究中心在 2012 年成立后，迅速成为推动中国口述史学发展的中坚力量，不仅组织开展了多个大型项目，而且连续八年主办了“中国口述历史国际周”，对推动中国大陆公共史学研究和实践的体系化发展贡献巨大。

第三，口述史学研究与实践的深度与广度前所未有。近二十年来，中国大陆口述史学的研究和实践呈现既向深度掘进也在广度铺开的发展态势。在深度上，口述史学的理论研究成果不断出现，已经从世界口述史学研究和实践的跟随者转变为重要参与者。各种研究和实践成果得到了国内外学术界的认可，不仅有许多口述史学的研究成果刊发出版，以口述史作为题目的国家社科基金各类项目的立项成果也越来越多。口述史学研究和实践的广度有两个表现：一是口述史学作为一种研究方法，不仅在历史学领域被普遍接受，而且在社会学、人类学、音乐学、体育学等领域也被普遍接受；二是口述史学作为一个记录历史的工具，在各行各业都被重视起来，产生了非常多的实践成果。从最近几年的统计信息来看，一些基层机构也已经广泛开展行业或地方口述史访谈等工作。

口述史学繁荣发展的同时，也逐渐暴露出一些问题。特别突出的问题有以下两点。

第一，口述史学的规范化问题还需要继续探讨。口述史访谈不需要资质，实践操作的硬件技术要求也不高，再加上当代史研究的蓬勃开展和四史教育的需要，近些年来，口述史的实践如雨后春笋一样出现。检视相关研究成果，除了一些高水平学术机构开展的项目质量较高，有相当数量的实践成果质量堪忧。造成这一现象的根源就在于口述史学的规范化水平不高。2018 年 10 月召开的“多元化与规范化：中国口述历史的发展之路”学术会议，就曾对口述史学规范化问题进行集中讨论。此后学术界对这一问题继续讨论，也取得了一定成果。但是这些讨论的影响主要还是停留在学术界，对各行各业实践的影响并未完全体现。今后大陆口述史学的健康发展，在某种程度上取决于其规范化的程度，尤其是取决于规范化认识对各行各业实践工作的指导程度。

第二，口述史学的成果发布形式还有待进一步突破。目前口述史学实践虽普遍开展，但不少实践者受制于发布形式，成果很难获得公开发表。当前大陆比较常见的口述史学实践成果发布形式，还是比较传统的出版纸质书籍或在期刊上发布。这种发布形式由于书号、版面等因素，成本较高，门槛不低，对于很多基层实践者来说难以企及。实践成果不能公开发布，既影响实践者的积极性，也影响口述史学有序开展。因此，更新口述史学成果发布形式，建立便捷可靠的口述史学成果发布平台，是今后大陆口述史学健康发展必须解决的问题。或许我们可以参考国外已经比较成熟的在线发表或在线历史书写等方式，构建权威的数字发布平台。

套用一句通俗的话，二十年来的大陆口述史学，成绩是显著的，问题是突出的，未来是辉煌的。学术研究犹如植物的生长发育，当今的中国大陆口述史学，类似春夏之交的植物，已经从破土而出走向枝繁叶茂。此时我们仍然需要辛勤劳作，为之施肥、除草、浇水，才能让其更好地开花结果，最终硕果累累！

姜　萌

2022 年 12 月 5 日

中国公共史学集刊　第五集
第 4～21 页

口述史文稿整理中的注释与考订*

全根先**

摘　要　口述史研究的一个核心问题是口述文稿的可信度与学术质量。口述史文稿是整个口述史采访的最后环节和成果体现，而注释与考订则直接影响文稿的学术质量与文献价值。然而，在口述史文稿整理中，注释与考订的重要性经常被忽略，存在的问题具有一定的普遍性，或应注而不注，或不应注而作注，或过于简洁，或过于冗长，或未能结合相关文献对事实进行考订，诸如此类，不胜枚举。有鉴于此，本文对文稿整理中注释与考订问题逐一进行举例探讨，包括时间、地名、人物、族群、机构、历史事件、节日、专业术语、书名、典故、社会用语、方言、民族语言以及考订等。

关键词　口述史；文稿整理；文稿注释；事实考订；文献价值

当前，口述史已成为史学领域的一个“热门”。通过口述史采访，

* 本文系 2019 年国家社科基金重大项目“当代中国公众历史记录理论与实践研究”（19ZAD194）阶段性成果。

** 全根先，国家图书馆中国记忆项目中心研究馆员。

挖掘受访人脑海中有价值的历史信息，使其成为珍贵的文献资料，无论是对于个人、团体，还是国家与民族的历史文化都具有重要意义。然而，由于受访人在接受采访过程中，许多情况下未能对其所述内容事先进行资料收集与考证，有的内容因各人从事的专业不同，他人难以理解；有的内容记忆失真，错误难免。有鉴于此，在对口述史文稿整理时，对相关内容进行注释与考订必不可少。

根据笔者多年从事口述史研究与实践的经验，一般情况下，口述史文稿会有一定的注释与考订，只是程度与质量有差别。实际上，口述史文稿的注释与考订在很大程度上决定了整个文稿的完成质量和文献的可信度。在口述史文稿整理中，注释与考订存在的问题具有一定的普遍性，或应注而不注，或不应注而作注；或过于简洁，或过于冗长；或未能结合相关文献进行考订，造成以讹传讹。诸如此类，不胜枚举。鉴于目前学术界对此问题鲜有专门探讨，笔者不揣浅陋，稍加归纳，举例说明，略叙己见，抛砖引玉也。

一　时间

人类的生存与发展都离不开时间。在口述史文稿整理中，必然会涉及时间概念。在中国古代，一般以王公即位、年号、干支、生肖等来纪年；1912 年中华民国成立后，开始用公元纪年。这是源自西方的纪年方法，即以耶稣诞生之年作为纪年的开始，由罗马教皇格列高利十三世（Pope Gregory XIII）于 1582 年批准颁行。1949 年 9 月，经中国人民政治协商会议第一届全体会议通过，中华人民共和国以公历和公元作为历法与纪年。由于口述史内容的丰富性和复杂性，一些时间概念对于普通读者来说未必清楚，需要整理者进行必要的注释。兹略举几例。

新石器时代，约公元前 10000 年—距今四五千年。

西周，公元前 1046—前 771 年。

元嘉，南朝宋文帝刘义隆年号，公元 424—453 年。

康熙十五年，公元 1676 年。

中国传统文化中，还有干支纪年法，不仅纪年，还可以纪月日、时辰。干支是天干和地支的总称。把干支顺序相配，正好六十为一周，周而复始，循环记录，就是俗称的“干支表”。干支纪年以每年立春进入下一年。此外，中国古代还以十二种动物与十二地支相配，组成十二生肖年。

除了年次，一年十二个月，每月都有别称，如三月又称暮春、桃月，八月又称桂月、仲秋，十一月称冬月，十二月称腊月，等等。口述史文稿整理中，如遇到类似情况，一般需要注释。还有一些俗语或方言，对时间的表达方式比较特殊，不易理解。如某位传承人说，“老师在那儿待了月把子吧”，“月把子”是当地俗语，指一个月左右，注释为好。

由于东西方文化的不同特点，对历史时期的划分也往往不同。西方史学所说的古典时代、中世纪和近现代，其时间划分就与中国不同。所谓古典时代，是指古希腊历史的重要时代，公元前5—4世纪中叶；中世纪，始于公元476年西罗马帝国倾覆，终于1453年东罗马帝国灭亡。至于西方近代史的开端，有不同说法，一般认为哥伦布发现新大陆以后，欧洲开始进入资本主义时代。①

二 地名

与时间概念一样，人类的一切活动总是在一定的空间中进行。地名是空间的一个表述方式，因而口述史文稿整理中难免会遇到大量的地名需要注释，大至国家或地区（甚至跨国跨洲），小至村落或街巷。地名又可分为当下地名与历史地名，许多当下地名有过历史地名；有的地名相同所指却不是一个地方；有的地名如旧而所辖、所属地域已不同。凡

① 世界近代史是资本主义产生、确立和发展，并逐步形成资本主义世界体系和向帝国主义过渡的历史。关于世界近代史的开端，学界有不同说法，有“1453年说”“1648年说”“尼德兰革命说”“19世纪说”“1500年说”。

此种种，需要酌情注释。兹举数例。

齐国（前1046—前221），中国历史上从西周到春秋战国时期的一个诸侯国，分为姜齐和田齐两个时期，[①] 其疆域包括今山东省大部、河北省南部，始封君为西周初年太公望（姜子牙），国都为临淄（今山东省淄博市临淄区）。

尼德兰（The Netherlands），荷兰国名。又，“尼德兰”意为低地（低地国家），作为一个欧洲地理区域，旧时尼德兰地区包括荷兰、比利时、卢森堡和法国北部地区。

宣平，旧地名，县城即今浙江省武义县柳城镇。明景泰三年（1452）置宣平县，1958年撤销宣平县建制，原辖区多数乡镇并入武义县，少数乡镇划归丽水县（今丽水市）。

竹镇，今南京市六合区辖镇，古称士林，因“其地习儒术，多仕宦”而得名。相传南宋名将韩世忠追击金兵，金兀术帐下一将战死并葬于古镇街东，栽紫竹以为标记，改称竹墩。后因避宋光宗赵惇讳，改名竹镇。

罗苑，即哈同花园，1918年由英国犹太商人哈同（Silas Aaron Hardoon）和罗迦陵夫妇所建的私家别墅，位于杭州市平湖秋月附近。1927年，杭州市政府将其划归国立第三中山大学（浙江大学前身）使用。

地名相同的地方并不鲜见。在口述史文稿整理中，如遇到有相同地名容易产生歧义的情况，应当注释。如安阳市与安阳县、长沙市与长沙县、开封市与开封县、哈密地区与哈密市等，所指地域不同，应酌情注释。有的地名中外相同或国外有同名情况，如中国延安与朝鲜延安、中国西宁与越南西宁、英国伦敦与加拿大伦敦、美国哥伦比亚与南美哥伦比亚等，如有必要，均应注释。此外，山河名称相同者也有很多，如凤凰山、大黑山、清水河等，兹不赘述。

---

① 姜齐（前1046—前386），古代齐国别名，因姜太公被封于齐地而得名，历二十世，凡32位国君，享国660年。田齐（前386—前221），古代齐国别名，公元前386年，田和放逐齐康公自立为君，周安王册命其为齐侯，史称田氏代齐，公元前221年为秦所灭。

三 人物

人物是历史活动的核心，所谓历史就是人的历史。人是口述史记录的主要对象，也是口述史文稿整理中最常见的需要注释的内容之一。需要注释的人物大体可以分为三类：一是中国历史人物，二是中国当代人物，三是外国人物。每一类还可以细分。究竟哪些人应该注释，哪些人可以不注，注释是详细好还是简略好，这些恐怕很难有明确的界定，不能搞“一刀切”。不过，鉴于在口述史文稿整理中出现的一些过滥或过简现象（甚至不注），笔者认为，还是要有大致可参考的一个标准。

对于口述史文稿中出现的人物进行注释，首先要看该人物的重要性，即该人物是否会影响读者对整个内容的理解。例如，笔者在整理著名藏学家黄明信先生口述史文稿时，黄老提到他的一位亲戚曾创办过木斋图书馆。木斋是中国近代著名藏书家、数学家卢靖的号。卢靖（1856—1948），字勉之，号木斋，又号知业老人，湖北沔阳（仙桃市）人。1927 年，他捐 10 万元兴建南开大学图书馆，并捐出其私人藏书 6 万卷作为新馆藏书基础，南开大学为纪念他，命名为木斋图书馆。通过注释，可以使读者对木斋图书馆有一个大致了解。①

有的人物在口述史文稿中出现频次较高，在其专业领域比较重要，也为大家所熟知，但对普通读者来说或许有点陌生，建议注释为好。笔者在采访著名历史学家刘家和先生时，刘先生多次提到他的老师林志纯（日知）先生。对于历史工作者特别是研究世界古代史的人来说，林先生是大家所熟知、尊敬的前辈学者，可对于普通读者来说，可能还是需要介绍一下。有的历史人物广为人知，如孙中山，便可以不做注释。

对于外国历史人物，特别是还有中文名字的外国人，如果不加以注释，很容易造成误解，建议注释为好。刘家和先生在谈到他的学习经历

① 黄明信口述，全根先整理《我与图书馆的三代缘》，《高校图书馆工作》2018 年第 5 期。

时，提到他曾经用过的英文课本——文幼章编的《直接法英语读本》。文幼章（1899—1993）是加拿大传教士，其英文名为 James Gareth Endicott，所编教材《直接法英语读本》，英文为 *Direct English Reading Book*。文幼章于 1925 年来华，在华西协和大学任教，致力于和平事业，2009 年还被评选为“致力于世界和平友好事业，世界著名的和平战士”。[①]

与人物相关的，还有一些集合名称，专指同类或经常相提并论的几位历史人物。遇到类似情况一般要加以注释，如春秋五霸、孔孟、老庄、战国四公子、建安七子、竹林七贤、唐宋八大家、苏门四学士、大历十才子、扬州八怪等。外国历史上也有类似情况，如俄罗斯音乐史上的强力集团，即新俄罗斯乐派，指巴拉基列夫、穆索尔斯基、里姆斯基·科萨科夫、鲍罗丁、居伊五位俄罗斯作曲家与艺术评论家斯塔索夫组成的作曲家社团，形成于 1856—1861 年。

四　族群

族群是人类区分“我族”与“他者”的重要分类方式，从民族学角度加以理解，一般是指地理上靠近、语言上相近、血统同源、文化同源的一些民族的集合体。族群除按血缘区分外，还可以按居住地或宗教信仰等来区分。一个民族通常包含多个族群，一个族群还可以包含多个民系。族群是随着历史的发展而不断变化的，不仅名称可以变化，其内涵也会发生变化。中国是一个多民族国家，历史上民族文化交流与融合十分密切，在口述史文稿整理中，经常会涉及民族或族群称谓，应根据具体情况做必要注释。兹举数例。

北魏是由鲜卑族拓跋部建立的少数民族政权，其中孝文帝改革是中国历史上的一个重大事件。如何说明鲜卑族拓跋部的族群概念？这就要从族群发展的历史来考察。鲜卑是继匈奴后在蒙古高原崛起的古代游牧

① 刘家和口述，全根先、蒋重跃访问整理《丽泽忆往：刘家和口述史》，商务印书馆 2021 年版，第 42—43 页。

民族，兴起于大兴安岭，原属东胡族群，蒙古语族。秦汉之际，东胡被匈奴冒顿单于打败，分为乌桓和鲜卑两部。南北匈奴分裂后，[①] 鲜卑摆脱其控制，并据有其地。十六国时期，鲜卑各部建立诸燕、西秦、南凉、代国等国。拓跋部是鲜卑族的一个部落，于 386 年建立北魏，439 年统一北方，493 年迁都洛阳，大举推行汉化。在历史上，鲜卑族还与吐谷浑、西夏国、锡伯族、土族等有一定的渊源关系。

傣族是中国的一个少数民族，又称泰族、掸族，在泰国、越南、柬埔寨等国也有分布。在古代，傣族还有一个名称，就是“摆夷”，可能是根据彝族对其称呼音译而来。清代，人们把地理上接近内地、生活习惯偏向汉族的“摆夷”称为“汉摆夷”，结果以讹传讹，成了“旱摆夷”。与之相对的，人们把离内地较远、保持傣民族特点较多的称为“水摆夷”。此外，当时由于衣着习惯，还把红河中游的傣族称为“花摆夷”。顺便说一句，“傣”这个字是新中国成立以后才发明的，现在所说的“旱傣”与“水傣”，是从“汉摆夷”和“水摆夷”演变而来。另外，傣族民众一般拒绝用“旱傣”“水傣”这些称呼，这是口述史访谈时需要注意的。

蛮族（Barbarian），罗马帝国时期对周边部落和民族的称呼，主要是指北方的日耳曼人（包括哥特人、汪达尔人、伦巴德人、撒克逊人、阿拉曼人、法兰克人）、凯尔特人、斯拉夫人和高卢人，东方的波斯人和帕提亚人，东南部的阿拉伯人，等等。

五 机构

在口述史文稿整理中，涉及的机构名称数不胜数。有的属于过去有而现已不存，有的属于过去有而今名称或内涵已改，有的专业性太强而

① 汉光武帝建武二十四年（48），呼韩邪单于率漠南八部归降于汉，匈奴遂分裂为南、北两部。

不为外界所知，对于类似的这些机构名称，多数情况下需要注释。兹举数例。

北京图书馆，一般指中国国家图书馆。其前身为1909年9月开始筹建的国立京师图书馆；1928年7月，更名为国立北平图书馆；1929年8月，国立北平图书馆与北海图书馆合并，仍名为国立北平图书馆。中华人民共和国成立后，更名为北京图书馆。1998年12月，经国务院批准，更名为国家图书馆，对外称中国国家图书馆。

国立杭州艺术专科学校，中国美术学院前身。始创于1928年，时称国立艺术院，院长为蔡元培；1929年更名为国立杭州艺术专科学校。因学校位于杭州西子湖畔，又称西湖美专。1938年，改名为国立艺术专科学校；1950年，改名为中央美术学院华东分院；1958年，改名为浙江美术学院；1993年更名为中国美术学院。

狮吼剧团，中国第一个正规的豫剧团，是一个从事豫剧改革和教育的演出团体。1934年10月，戏剧家樊粹庭在开封创办豫声剧院；1938年初，他采“醒狮怒吼”之意，将剧院改名为狮吼剧团，后剧团转至西安。1961年，该剧团与民众剧社合并，成立西安市豫剧团。

贵格会（Quakers），又名教友派、公谊会，基督教的一个教派，兴起于17世纪中期的英国及其美洲殖民地，创立者为乔治·福克斯（George Fox），总部设于英国伯明翰，教徒主要在美国。

哈佛燕京学社（Harvard-Yenching Institute），1928年由哈佛大学和燕京大学合作成立，受美籍铝业公司创办人霍尔（Charles Martin Hall）的遗产资助，为中美双方互派学者、促进东西方文化交流提供了平台。

六 历史事件

历史事件是口述史采访的重要内容，在口述史文稿整理时经常出现，即便是普通人的口述史，其人生轨迹也不可能与历史事件没有一点关联。有一些历史事件并不为人熟知，需要进行注释。有的历史事件注释起来相对比较容易，或因事实清楚，学术上没有争议；有些历史事件，特别是比较敏感的历史事件，注释就需要慎重了。兹举数例。

楚汉战争，又名楚汉之争、楚汉争霸等，即汉高帝元年（前206）八月至五年十二月（前201年1月）西楚霸王项羽、汉王刘邦两大集团为争夺政权而进行的一场大规模战争，最终以项羽的西楚败亡和刘邦建立汉朝而告终。

苏联共产党第二十次代表大会，1956年2月在莫斯科召开，是苏联历史乃至国际共产主义运动史上的一个重要转折点。会上批判了对斯大林的个人崇拜，赫鲁晓夫当选为苏共中央第一书记。这次会议对当时的国际形势和社会主义阵营产生了重大影响。

国家重大历史题材美术创作工程，① 2005年中宣部、文化部、财政部等部委联合实施的主题性美术创作项目，由国家投入专项资金，资助并奖励参与工程实施的艺术家。该创作工程选取虎门销烟、公车上书、鲁迅和新文化运动、香港回归、战胜非典、载人航天技术等1840年以来的100个历史事件和人物作为创作主题。

七　节日

节日是指社会生活中值得纪念的重要日子，作为一种民俗文化普遍存在。各个国家和民族既有共同的节日，又有各自的节日。有的节日源于传统习俗，如春节、清明节、中秋节、重阳节；有的节日源于宗教，如浴佛节、圣诞节、开斋节；有的节日源于对某人或某个事件的纪念，如端午节、国庆节等；有的是由一些国际组织提倡的运动而指定的日子，如劳动节、妇女节、母亲节等。在口述史文稿整理中，经常会遇到相关节日，有的节日还有不同的称谓，为了便于读者理解，有的需要注释。兹举数例。

---

① 全山石口述，全根先访问，全根先、陈都、王文杰整理《画语求索：全山石口述史》，商务印书馆2021年版，第156页。

浴佛节，又称佛诞节，纪念佛教创始人释迦牟尼诞生的日子。[①] 相传释迦牟尼出生时有9条龙口吐香水，洗浴佛身。据此，每逢佛诞日，各地佛教徒都要举行浴佛活动。汉地佛教一般定在农历四月初八，南传佛教和蒙藏地区一般以四月十五日为佛诞日。

五月节，即端午节，又称端阳节，时间为每年农历五月初五。据南北朝时梁宗懔《荆楚岁时记》一书记载，因仲夏登高，顺阳在上，五月是仲夏，其第一个午日正是登高好天气，故称。关于端午节的起源有多种说法，或说是图腾崇拜，或说是为纪念屈原、伍子胥、曹娥等。

八　专业术语

专业术语在口述史文稿整理中非常普遍，有的术语如果不加注释，一般读者不易理解，甚至可能产生误解。兹举数例。

小学，有两种基本含义：一是指初等教育，一般为6年；二是指中国传统语文学，包括分析字形的文字学、研究字音的音韵学、解释字义的训诂学。西汉时称文字学为“小学”，唐宋以后又称“小学”为“字学”，“小学”之名由此而来。

章黄之学，中国语言学界的一个术语。章指章太炎，黄指黄侃，系章太炎弟子，二人均为经学大师、文字学家。“章黄之学”的根底是小学，核心是研究《说文解字》。

中西交通史，作为一门学科，不是字面上理解的中国与西方国家的交通史，而是历史研究的一个专业方向，主要研究古代中国与欧洲、非洲、阿拉伯及亚洲各国的关系史。

印象派，西方绘画史上具有划时代意义的艺术流派，19世纪后期兴起于法国，并达到鼎盛，代表人物有马奈、莫奈、毕沙罗、雷诺阿、

① 关于释迦牟尼生卒年代，南传和北传的佛教有不同说法。据汉译《善见律毗婆沙》“出律记”，推断为公元前565—前485年。南传佛教认为是公元前623—前544年，一说公元前622—前543年。

西斯莱、德加等。

凡戴克棕，或称凡戴棕，一种深沉而温暖的棕色，因佛兰德斯画家凡·戴克（Antoine van Dyck）大胆运用该颜色，创作出具有时代影响意义的画作，故名。

臌胀，中医术语，指腹部胀大如鼓的一类病症。其病因比较复杂，有酒食不节、情志刺激、虫毒感染、病后续发等。

叫座，形容戏剧或演员对观众有吸引力，上座率高。

九 书名

一般来说，书名以直接表述为多，是不需要注释的。然而，在一些口述史文稿中，书名有时不是直接或完整表述的，要求整理者对其进行注释，便于读者理解。兹举数例。

《白香词谱》，清代嘉庆年间（1796—1820）江西靖安人舒梦兰编选的一本词集。所选词从唐代直至清代，多为通用的词作，包括小令、中调、长调等。为便于初学者，每调还说明平仄声韵，是一本较为流行的词学入门读物。

四书五经，儒家经典，系“四书”与“五经”合称。“四书”指《大学》《中庸》《论语》《孟子》；“五经”指《诗经》《尚书》《礼记》《周易》《春秋》。

《十三部大论》，佛学经典，指《俱舍论》《因明论》《部律论》《摄大乘论》《辨中边论》《辨法法性论》《现观庄严论》《入中论》《入行论》《根本智论》《回诤论》《无常观论》《解脱道论》。

《三S几何学》，民国时期数学教材，有《三S平面几何学》《三S立体几何学》，美国人Schultze、Sevrnoak、Sehuyler所作，骆承绪译，骆师校订。

《罗素来华讲演录》，此书同受访者所说书名不同。1920年10月，英国著名哲学家、教育家、逻辑学家罗素（Bertrand Russell）来到中国，在10个月内，共进行了近20个主题演讲，内容涉及哲学与社会改造诸多领域，讲演内容后结集出版，有不同版本，如《罗素五大讲演：社会结构学》《中国到自由之路：罗素在华讲演集》《哲学盛宴：罗素在华十大讲演》等。[①]

十 典故

“典故”一词，出自《后汉书·东平宪王苍》：“陛下至德广施，慈爱骨肉，既赐奉朝请，咫尺天仪，而亲屈至尊，降礼下臣，每赐宴见，辄兴席改容，中宫亲拜，事过典故，臣惶怖战栗，诚不自安。”[②] 典故有多种含义：一是指典制和掌故；二是指诗文中引用的故事和有来历的词语；三是指具有教育意义且大众耳熟能详的公认的人物与事件。典故在口述史文稿整理中经常出现，需要酌情进行注释。兹举数例。

刘家和先生在接受采访时，曾谈到小时候他母亲房间里的两副对联。一副对联是：“落遍杨花浑不觉，飞来蝴蝶已成双。”这副对联出自元代诗人张昱的《绣球花次兀颜廉使韵》诗。另一副对联是：“开镜香生京兆笔，启窗花印寿阳妆。”这是结婚时常用对联，意思是新郎文笔如京兆之才，新娘容貌如寿阳之美。这里有个典故。京兆，即首都；寿阳，指南朝宋武帝刘裕之女寿阳公主。《太平御览·时序部》引《杂五行书》云：“宋武帝女寿阳公主，人日卧于含章殿檐下，梅花落公主额上……今梅花妆是也。”[③] 人日，即农历正月初七。

全山石先生在接受采访时，跟我谈起其先祖、清代学者全祖望写的关于家族历史的十首诗。全老没有一一举出十首诗的名称，笔者在文稿整理时，查阅相关资料，找到全祖望的《吾家故迹十首》，即《鹊巢坊》《本心院》《义田局》《魏笏亭》《崇让里》《归鹤庄》《五桂常》

① 《罗素五大讲演：社会结构学》，北京大学新知书社 1921 年版；袁刚、孙家祥、任丙强编《中国到自由之路：罗素在华讲演集》，北京大学出版社 2004 年版；姜继为编《哲学盛宴：罗素在华十大讲演》，安徽教育出版社 2007 年版。

② 《四部备要》第 17 册《后汉书》，中华书局 1989 年版，第 622 页。

③ 刘家和口述，全根先、蒋重跃访问整理《丽泽忆往：刘家和口述史》，第 28 页。

《桃花堤》《百尺西楼》《思旧馆》。[①]

十一 社会用语

口述史文稿整理时，经常会遇到一些社会用语，有的可能已成为社会生活中的日常用语，然其确切含义未必明了；有的可能不太常见，具有较明显的时代、地域或民族特点，需要加以注释。兹举数例。

八字还没一撇，出自清孙锦标著《通俗常言疏证》，最初是用来形容男女婚姻的，后比喻事情还没有眉目。按，八字，即生辰八字，指一个人出生时的干支历日期。其中，年干、年支组成年柱，月干、月支组成月柱，日干、日支组成日柱，时干、时支组成时柱，一共四柱；干和支相加共八个字，故又称四柱八字。

六腊之战，民国时期，小学、中学一般是以学期计的，一个学期是半年，每半年要给教师发一次聘书。教师为了求职，每到 6 月和 12 月都要去争取。

中等收入陷阱（middle income trap），是指发展中国家工业化进程中奉行的 GDP 增长方式，经过一段时间的经济高速增长使人均收入达到中等收入水平后，由于道德沦丧、法治崩溃、腐败与两极分化严重等问题，社会经济长期停滞不前的一种状态。后被用于其他领域。

十二 方言

方言，又称“土话”或“土音”，是指区别于标准语、流行于某一地区的语言，体现了文化的地域特色，是文化的“活化石”，世界各国都有方言。东晋葛洪在《抱朴子·钧世》中说：“古书之多隐，未必昔

---

① 全山石口述，全根先访问，全根先、陈都、王文杰整理《画语求索：全山石口述史》，第 2 页。

人故欲难晓，或世异语变，或方言不同。”① 汉语一般分为七大方言区，即北方方言、吴方言、湘方言、客家方言、闽方言、粤方言、赣方言、晋方言。各个方言区还可以再分为若干方言片（次方言）或“方言小片”，一个市、一个县，甚至一个镇或一个村都可能有自己的方言。因此，口述史文稿整理时，应对各地的方言加以注释。

方言是生活中的鲜活语言，口述史采访中经常遇到，且因人而异。如东北方言中，挨克，指受到指责、训斥；八竿子拨拉不着，指互不相干，毫无联系；掰扯，指反复说、反复讲；半拉克叽，指不完整的东西，半完成的活计。北京方言中，吹牛叫侃大山；天津方言中，倍儿，指很、非常。陕西方言中，年四个，指去年；野个，指昨天。山西方言中，不待老，是嫌麻烦不想去做。四川方言中，戳拐，指办事出差错了，出问题了；闷墩儿，指傻乎乎的。湖北方言中，一担挑，指襟兄襟弟；前半儿，指上午。

全山石先生在接受采访时，谈到他小时候的经历，说自己是小不拉子。小不拉子，系上海、宁波一带方言，指小孩子或地位较低的人。他又说到“皮芽子”，这是新疆汉族人对洋葱的称呼。某位传承人讲，她的二大娘是高婆娘，像个“走头鹅”，“走头鹅”是方言，形容其伸着脖子走路的样子。某位传承人说到自己的父母，“他俩一对脸，一势”。“一势”系方言，指父母立场一致。她还说：“那时候我就开始，思想就有点往下论堆了。”“论堆”也是方言，指破罐破摔。藏学家黄明信先生在口述中，提到自己的祖母，他称为婆婆，是其老家湖北省沔阳县方言，更多地方是称呼丈夫的母亲为婆婆。诸如此类，不胜枚举。

十三　民族语言

在口述史采访中接触少数民族受访人是常有的事。有的受访人可能不会说汉语，或者汉语说得不好，时常会带一些民族语言，因而在

① （晋）葛洪著，庄月光译注《抱朴子外篇译注》，学苑出版社 2018 年版，第 362 页。

文稿整理时有必要对一些民族语言进行注释。兹举数例少数民族日常用语。[①]

蒙古语：腾格里（天神），三白诺（你好），阿乌（父亲），额吉（母亲），阿木吉勒太（顺利）。

维吾尔语：牙合西木斯子（你好），热合买提（谢谢），巴扎（集市）。

藏语：扎西得勒（吉祥如意），休巴德勒（早上好），求珠德勒（下午好），堪布（藏传佛教寺院主持者，相当于汉传佛教方丈）。

苗语：孟戛大地蒙（你到哪里去），杰可蒙（谢谢你）。

朝鲜语：满拉索盼嘎不是米大（见到你很高兴），罪送哈米大（对不起），擦尔不大卡米大（多多关照）。

达斡尔语：巴塔伊得（吃饭），卡地亚（休息），库日切（等一下）。

2014 年，国家图书馆中国记忆项目中心在开展“我们的文字——非物质文化遗产中的文字传承”项目时，采访了多位少数民族传承人，有的不能用汉语进行采访交流，只能用民族语言。例如，采访贝叶经制作技艺云南省代表性传承人康朗叫，[②] 其名字中的康朗为民族语，意思是有一定佛学修养的人。康朗叫提到他的老师是傣族祜巴，“祜巴”是出家人的等级称谓，住持大佛爷修行到 50 岁左右才可晋升为祜巴。另一位贝叶经制作传承人波空论[③]在接受采访时，提到一个地名叫橄榄坝，傣语称勐罕，这是位于澜沧江下游的一个坝子。其中，“罕”的意思是卷起来。这里有个典故，相传释迦牟尼在此讲经时，其弟子用棉布铺地，请佛祖从上面走过去，佛祖走过以后，再把布卷起来，故傣人称此地为勐罕。

① 因民族语言复杂，有的民族没有自己的文字，故这里所列举的均根据民族语言，以汉字书写。

② 国家图书馆中国记忆项目中心编《我们的文字：文字的传播》，天津人民出版社 2019 年版，第 17 页。

③ 国家图书馆中国记忆项目中心编《我们的文字：文字的传播》，第 5 页。

十四 考订

由于种种原因，口述史文稿整理中有时会遇到受访人记忆或表述错误的情况，有必要对其进行考订。考订出的正确内容，可以用多种方式表达，或直接改过来，或在文中夹注，或增加脚注，或增加篇后注、章后注、书后注，不一而足。总之，遇到受访人表达明显有误的地方，应当考订纠正。

笔者在整理著名服装史专家、清华大学美术学院（原中央工艺美术学院）教授黄能馥先生口述文稿时，就遇到黄老的一个记忆错误。他说，沈从文先生写《中国古代服饰研究》的时间是 1956 年。我查了相关资料，觉得尽管沈从文准备写此书的时间较早，但开始写肯定不是 1956 年，1963 年可能性较大。1960 年 4 月，他在给大哥的信中透露准备写此书。同年 4 月 9 日，他在给中国历史博物馆馆长龙潜的信中，表示愿意尽余生研究服装和丝绸史，同时提到搜集材料的困难情况。1963 年 8 月，中国历史博物馆将沈从文等人的编撰工作用简报的形式通过国家文物局上报文化部。文化部副部长齐燕铭看到简报后，致函国家文物局王冶秋局长，说沈从文虽然身体不好，但遇重要课题应派人去他家请教，或分一个题目让他在家中研究。就在这一年，周恩来总理在会见文化部领导时，问有没有人能够写一部中国服装史，在场的齐燕铭说，这个事情沈从文可以做，周总理当场表示支持。①

在口述史文稿整理过程中，我们既要尊重受访者，又要对其所述内容进行分析，结合文献进行考订。例如，笔者在整理某位传承人口述史时，受访者引用了美国发明家爱迪生的一句名言："天才是百分之一的灵感，加百分之九十九的汗水。"可能由于记忆有误，他说成是："（天

① 黄能馥口述，张倩彬、全根先访问整理《锦绣流光：黄能馥口述史》，商务印书馆 2018 年版，第 98 页。

才是）百分之九十五的勤奋，零点五是天赋。”① 类似这种情况，还可以举出很多。

总之，文稿整理是整个口述史项目的最后环节，是口述史采访工作的成果体现，是具有相当学术内涵的创造性工作，不是简单地把受访人所说内容转换成文字即可。文稿整理不仅要求主题鲜明，结构合理，文字通畅，更需要内容正确。特别是学者口述史、非物质文化遗产传承人口述史，往往专业性很强，有大量需要注释和考订的内容。只有经过恰当的注释和缜密的考证，口述史才能成为可信的历史，具有学术与文献价值。

Annotation and Textual Research in Oral History Manuscripts

Quan Genxian

Abstract: One of the core issues of oral history research is the credibility and academic quality of oral documents. The oral history manuscript is the final link and the result of the whole oral history interview, and the annotation and textual research directly affect the academic quality and document value of the manuscript. However, in the compilation of oral history manuscripts, the importance of annotation and textual research is often overlooked, and the existing problems are universal to a certain extent, such as should be noted but not noted, or should not be noted but noted, or too succinct, or too long, or failing to examine the facts in combination with relevant literature, and so on. In view of this, this article discusses the issues of annotation and textual research in the compilation of manuscripts with exam-

① 全根先：《口述历史后期成果的评价问题》，《图书馆理论与实践》2019 年第 1 期。

ples one by one, including time, toponym, figure, ethnic groups, institutions, historical events, festivals, technical terms, book titles, allusions, social terms, dialects, ethnic languages, textual research, etc.

Keywords: Oral History; Manuscript Organize; Manuscript Annotation; Textual Research; Documentary Value

中国公共史学集刊　第五集
第 22 ~41 页

口述历史与冷战初期美国苏联学的兴起研究*

——以“哈佛苏联社会制度项目”为考察中心

高龙彬**

摘　要　学术化的口述历史肇始于 20 世纪三四十年代的美国。美苏冷战初期，美国哈佛大学俄国研究中心实施“哈佛苏联社会制度项目”，这是关于在欧洲和美国的苏联（俄国）侨民的“口述历史”访谈计划。“哈佛苏联社会制度项目”是战后美国苏联学（sovietology）兴起的重要标志之一，也是冷战初期美国制定并实施对苏联外交政策的重要“智库”之一。

关键词　哈佛苏联社会制度项目；口述历史；冷战初期；美苏关系

第二次世界大战后，战时同盟国苏联和美国分道扬镳。在建立世界新秩序的过程中，两国逐渐走向“对抗”，美国从而加强了对苏联的研

---

* 本文系 2021 年度国家社科基金重大项目“俄罗斯西伯利亚远东地区藏 1950 年前中国共产党档案文献的整理与研究”（21&ZD031）和 2019 年度国家社科基金项目“俄罗斯民族意识研究”（19BGJ060）阶段性成果。

** 高龙彬，黑龙江大学历史文化旅游学院副教授。

究。此时美国大学出现建设学术型大学的转向，伴随人文社会科学的崛起，如口述历史和计量史学等史学研究新方法出现。哥伦比亚大学、哈佛大学、芝加哥大学等高等教育研究机构纷纷建立俄国研究中心，并且实施和开展各种针对苏联的研究和教育。战后初期，美国的各大基金会亦热衷于把资金投向大学，出现基金会、大学和包括军队在内的政府机构的合作。因此，哈佛大学俄国研究中心的“哈佛苏联社会制度项目”应运而生。该项目是美国“第一次重要的口述历史”和美国区域研究的重点，也是战后美国苏联学兴起的重要标志之一。

一 “哈佛苏联社会制度项目”：冷战与美国“第一次重要的口述历史”

现代意义上的口述历史（oral history）始于20世纪三四十年代的美国。“哥伦比亚大学在‘口述历史’方面确是世界第一流的水准。”[①] 1938年，美国历史学家亚伦·芮文斯出版了《通往历史之路》一书，首次提出开展口述史学研究的呼吁。二战以后，也就是1948年，亚伦·芮文斯在哥伦比亚大学建立了口述史料学研究室。

1947年，杜鲁门总统发布冷战宣言后，哈佛大学俄国研究中心应运而生。作为“哈佛苏联社会制度项目”之后的苏联侨民口述历史研究，2003年在俄罗斯的圣彼得堡、莫斯科和彼尔姆开展的“耳语者”（Whisper）项目提到，[②] 美国“第一次重要的口述历史是针对苏维埃社

① 窦应泰：《张学良三次口述历史》，华文出版社2002年版，第298页。

② Orlando Figes, *The Whisperers: Private Life in Stalin's Russia*, London: Penguin Group, 2007。该项目得到英国艺术和人文科学研究理事会和莱弗尔梅信托公司的两笔资助。圣彼得堡和莫斯科的优势是，“有文化的人家都保存有书面文件。彼尔姆的优势在于，从1941到1945年一直没被德军占领，因此，斯大林时代的记忆不会与战争创伤混淆起来；此外，该地曾不满劳改营和‘特殊定居地’，居民中有大量前流放者和古拉格前囚犯”。具体过程是，“在第一次采访中，尽管我事先备有一份问卷，并请受访者讲述已从数库中呈现的主题，但他们可以畅谈自己据的经历，只受极少的干扰（口述历史的标准做法），这些访谈通常持续很久，达几个小时，分几天完成。我先分

会制度的哈佛项目（从 1950 年到 1951 年，分别在欧洲和美国采访了 329 名‘苏维埃难民’）。大多数受访者在 1943 年到 1946 年之间离开苏联，有了在西方生活的经历，其见解是自觉反苏的，遂不能代表全体苏维埃人。然而，该项目出版了好几本社会学著作，深深影响了冷战时期西方对苏维埃社会的认识，分别是：R. Bauer，A. Inkeles 和 C. Klukhohn 合著的 *How the Soviet System Works：Cultural，Psychological and Cultural Themes*（Cambridge，Mass，1957），J. Berliner 的 *Factory and Manager in the USSR*（Cambridge，Mass，1958），以及 A. Inkeles 和 R. Bauer 合著的 *The Soviet Citizen：Daily Life in a Totalitarian Society*（Cambridge，Mass，1959）。特别是最后一本，专论‘苏联社会如何影响个人，个人又如何适应苏维埃生活的日常生活’”。[①] 这个关于“哈佛苏联社会制度项目”的介绍中“第一次重要的口述历史”的说法是准确的。但是，访谈时间和人数等问题是值得商榷的。

欧洲是“俄国侨民的首选移居地”。从有关统计数字看，“95% 以上的俄国侨民都集中在东欧和中欧国家。东欧与俄国国界相邻、文化相通、信仰相通、族缘较接近，自然是俄国移居的必经之路。在历史上德国和法国与俄国也有着特殊的关系，两国是与俄国经济、文化、政治和军事交往最为密切的国家”。[②]

析已整理出来的记录，再决定后续采访的主要方向和进一步采访。我与研究小组大约每月开会一次，讨论采访内容，从家庭档案中选出相关材料来作转录和扫描。选择档案比较简单，我们先多多益善——私人文件、日记、回忆录、笔记本、全部的通信——只要它们写于 1960 年以前，或能对斯大林时代提供启示。另一方面，我们在访谈中遇到许多挑战。我们需要设计特殊方法，让受访者反思自己的人生，梳理出直接记忆，忆起当时的真实想法。克服对陌生人的恐惧、逐步建立起信任是必不可少的，往往要在访问十几次之后，他们才会把珍贵的文件交给我们复制（使用便携式的扫描仪和数码相机，可在当事人的家里迅速完成这项工作）”。《耳语者》的研究项目“所搜集的大部分材料可在网络中找到（www. orlandofiges. com）。你会在那里发现主要家庭档案的笔录，以及采访录音的片段，部分材料已译成英文”。

① 〔英〕奥兰多·费吉斯：《耳语者：斯大林时代苏联的私人生活》，毛俊杰译，广西师范大学出版社 2014 年版，第 694 页。

② 张建华：《苏联知识分子群体转型研究（1917—1936）》，北京师范大学出版社 2012 年版，第 121 页。

"哈佛苏联社会制度项目"的采访地点最初在德国慕尼黑，后来到美国纽约。美国能够在德国慕尼黑采访苏联难民的原因可追溯到1945年2月3日至11日的雅尔塔会议，苏、美、英国家领导人"关于德国的无条件投降和共同占领德国领土的共同立场，关于共同监督和管理德国，关于邀请法国加入为第四个占领国，都达成协议"。[①] 1947年，英美两国占领区合并，成为一个"双区"（Bizone）。1948年7月，英美两国与法国达成协议，于1949年4月，合并占领区为"三区"（Trizone）。5月8日，《德意志联邦共和国基本法》在德意志帝国无条件投降4周年纪念日当天公布，等于宣布成立一个新的国家。[②] 慕尼黑是德国主要的经济、文化、科技和交通中心之一，也是欧洲最繁华的城市之一。慕尼黑最初在美国占领区，后来在西德。

"哈佛苏联社会制度项目"的采访1950年9月至1951年5月在德国慕尼黑，1951年5月至9月转移到美国纽约。1952年至1953年进行相关采访资料的整理和初步研究。1954年秋天，俄国研究中心形成了一个最终报告。最初采访中，"哈佛苏联社会制度项目"小组面临寻找志愿者上的困难，因缺少与居住在难民营和整个德国和奥地利的私人房屋中的具有亲密纽带的苏联难民社区的联系，小组被迫依靠小小的利诱、报纸广告、中间人——德国的苏联研究机构提供的各种社区和经纪人。[③]

在德国，俄国研究中心与慕尼黑苏联历史和文化研究院合作。在建立俄国研究中心与难民社区的联系时，慕尼黑苏联历史和文化研究院的科学委员会给予了极大帮助。该科学委员会由难民社区的主要代表组成，其中委员会的负责人鲍里斯·雅科夫列夫（Mr. Boris Yakovlev）发

① 〔德〕维纳·洛赫：《德国史》下册，北京大学历史系世界近代现代史教研室译，三联书店1976年版，第1135页。

② 周惠民：《德国史——中欧强权的起伏（增订版）》，三民书局股份有限公司2009年版，第196—197、198页。

③ David Brandenberger, *A Background Guide to Working with HPSSS Online*, http://hcl.harvard.edu/collections/hpsss/working_with_hpsss.pdf.

挥了重要作用。在欧洲时，俄国研究中心的慕尼黑事业经理威廉·迪芬巴赫（William F. Diefenbach）负责协助处理管理问题。哥伦比亚大学的应用社会学研究处提供技术合作。[①]

按照“哈佛苏联社会制度项目”官网的介绍，整个采访有两个计划：一是个人生活历史，采访对象343人；二是特殊主题，采访对象362人。最终花费90多万美元。[②] 项目受访者大部分是战俘（prisoners of war，缩写为POWs）、东部劳动者（ostarbeiter laborers）和尽力避免在第二次世界大战结束时被遣返苏联的纳粹合作者。具体而言，只有大约40%的受访者声称是自愿逃离苏联的。大部分受访者直到作为强迫劳动者被运到德国或成为德国的战俘前，一直在苏联过着正常的生活。假若不是担心被怀疑和错误处理，有三分之二到四分之三的受访者将回到他们的祖国。[③] 张建华教授亦指出，“导致20世纪二三十年代出现大规模的移民浪潮的主要原因是急剧的政治变动。但是，俄国侨民并非都参加了反苏维埃政权和布尔什维克的活动，正如他们移居国外的原因并非全部都是与苏维埃‘不共戴天’一样。移居的原因是多方面和复杂的，有的甚至只是出于恐惧”。[④] 从种族上来看，这些项目的参加者是俄罗斯族、乌克兰族、白俄罗斯族和其他苏联人。[⑤] 从职业上来说，受访者是包括农民、熟练工人、白领雇主、军事人才、普通工人和知识分子在内的不同年龄和性别的难民。并不是所有的受访者都是俄国的老一辈，58%的人是十月革命后出生或成年的，并且他们绝大多数不是受布

---

① Raymond Bauer, Alex Inkeles, and Clyde Kluckhohn, *How the Soviet System Works: Cultural, Psychological, and Social Themes*, Cambridge: Harvard University Press, 1956, Acknowledge, p. viii.

② David Brandenberger, *A Background Guide to Working with HPSSS Online*, http://hcl.harvard.edu/collections/hpsss/working_with_hpsss.pdf.

③ Raymond Bauer, Alex Inkeles, and Clyde Kluckhohn, *How the Soviet System Works: Cultural, Psychological, and Social Themes*, p. 10.

④ 张建华:《苏联知识分子群体转型研究（1917—1936）》，第118页。

⑤ David Brandenberger, *A Background Guide to Working with HPSSS Online*, http://hcl.harvard.edu/collections/hpsss/working_with_hpsss.pdf.

尔什维克歧视的持不同政见者集团的成员或其后代。大多数受访者是在第二次世界大战期间离开苏联的。①

生活史“要求人们提供自己的生命历程中的故事：他们的童年、教育、工作、婚姻、孩子、疾病，他们经历的其他危机、美好时光。重要人物的生活史可能展示出他们的成长经历”。主题访谈“探讨事件发生的内容、时间、方式、原因或后果”，“寻求对特定时间和地点中令人迷惑的处境的解释”。主题访谈的目的是“通过不同人的谈话汇总在一起来寻找前后一致的解释，尽管研究者承认每个人都可能对相同的事件作出自己的建构。研究者对所收集到的材料进行梳理、取舍和分析，创造出他们自己的解读”。主题研究中的研究者“扮演着更为积极的角色。他们会认真聆听受访者的观点，尽管最初的话题是由他们预先设定的。主题访谈者花费时间和精力寻找最可能知道的答案的受访者，并进一步通过提问保证谈话不走题”。②

在该项目开始以前，俄国研究中心在德国—奥地利地区进行了一些非正式的探索。俄国研究中心利用了一小部分个人、几个政府机构和慕尼黑大学调查研究中心的资源，但是，这些研究仅涉及有限的目标，还有一些发现被安全等级限制。1950 年春，俄国研究中心得到美国空军对这些信息资源进行系统开发利用的支持，在欧洲和美国的苏联难民中进行了数百个采访，并发放了数千张调查问卷。“哈佛苏联社会制度项目”“在 1950 年和 1951 年的慕尼黑和纽约的 3261 名逃亡者和难民中，获得了 844 份口头采访和 11806 份问卷调查”。③

基本采访即广泛的生活史采访需要 2 ~ 4 天的时间。采访的内容包括个人的工作和教育经历、家庭背景和关系、信息来源（阅读和收听习惯及社会与政治态度、自身与政权关系的历史）。除此之外，每个调查

① Raymond Bauer, Alex Inkeles, and Clyde Kluckhohn, *How the Soviet System Works: Cultural, Psychological, and Social Themes*, pp. 11, 13.

② 〔美〕赫伯特·J. 鲁宾、〔美〕艾琳·S. 鲁宾：《质性访谈方法：聆听与提问的艺术》，卢晖临、连佳佳、李丁译，重庆大学出版社 2010 年版，第 7、9、10 页。

③ FHCL：961059，p. 1.

对象需要详细填写关于自己和家庭预算的表格。这个表格还有两个附加内容：一是完成一个填写不完整句子的心理测试，借此发掘调查对象的个人价值观和个性；二是一些关于调查对象社会和政治态度的问题。尽管调查对象不一致，但是必须设计一些测试去识别他们。这方面的采访共计 329 人，在德国采访 276 人，在美国采访 53 人，其中包括 80 名战后难民。同时，还完成同样话题的调查问卷 2718 份。采访 80 名战后难民是为了让因时间变化的基本信息更加正确。具体来讲，这 80 人是在 1950 年后离开苏联的。项目组对他们进行了 20 个临床心理采访，并发放了 57 份问卷。①

同时，该项目主体部分在特殊主题的第二部分得到了补充。第二部分进行了 435 个采访并完成了 9748 份调查问卷。其中，在德国采访 418 人，在美国采访 17 人。特殊主题包括：苏联公司的运行、苏联医生的地位和病人对苏联医疗制度的态度、培训、苏联律师存在的问题、苏联城市家庭生活、社会分层和流动、基层党组织的运行、少数民族问题、德国占领时的生活和反应。其中，已经接受生活史采访的人当中有 60 人又参加了特殊主题的采访。不计此 60 人，受访者为 375 人。②

按照《苏联制度是怎样运行的》一书中的讲述，"哈佛苏联社会制度项目"共计采访 764 人次，不计已经接受生活史采访又参加了特殊主题采访的 60 人，采访人数为 704 人。但是，受访者总数和生活史与特殊主题受访者的各自总数，与现在"'哈佛苏联社会制度项目'在线"上的介绍都存在差异。关于受访者总数，两种记录相差 1 人。笔者发现，"'哈佛苏联社会制度项目'在线"提到，在苏联研究方面的杰出专家曾对挑选出的 330 名候选人进行深入采访；③《利用"'哈佛苏联社

① Raymond A. Bauer, Alex Inkeles, and Clyde Kluckhohn, *How the Soviet System Works: Cultural, Psychological, and Social Themes*, p. 5.

② Raymond A. Bauer, Alex Inkeles, and Clyde Kluckhohn, *How the Soviet System Works: Cultural, Psychological, and Social Themes*, p. 8.

③ http://hcl.harvard.edu/collections/hpsss/about.html.

会制度项目'在线"背景指南》提及331名难民样本,[①] 两者之差也是1人。从离开苏联的时间上来看,"哈佛苏联社会制度项目"所采访的离开苏联或者留在苏联占领区的难民,2%是在1941年6月之前,82%是在1941年6月至1945年6月,12%是在1945年6月之后,没有明确时间记录的难民占4%。这组数据说明,被采访的难民绝大多数是"战时难民或者第二次世界大战后留在德国和奥地利苏联占领军队的人员"。[②] 从时间来看,受访者基本都生活在斯大林时期。

表1 "哈佛苏联制度项目"数据收集人数统计

数据类型	西德和奥地利	美国东部	总数
广泛的生活史采访,包括性格和方法测试	276	53	329[a]
主题采访,这些主题需要特殊知识	418	17	435
一系列被长时间采访的协议,进行五套临床心理测试	55	5	60[b]
基本填写问卷	2080	638	2718
特殊主题的填写问卷	7510	2238	9748
特殊主题的手写问卷	48	—	48
采访和心理测试,用于美国人匹配小组的控制目的	—	100	100

注:a. 此数据包括80个战后难民采访。

b. 此数据包括少数不完全临床主题,他们没有被给予充分安排的心理测试,或者他们接受了测试但是没有被采访。

资料来源:Raymond A. Bauer, Alex Inkeles, and Clyde Kluckhohn, *How the Soviet System Works: Cultural, Psychological, and Social Themes*, Cambridge: Harvard University Press, 1956, p. 9。

1951年中期,这些档案分成系列A和系列B的采访资料被整合成了两套相关的卷宗,第一套37册,第二套24册。在做了基本的索引后,这些卷宗被存放在哈佛图书馆(Harvard College Library, HCL),微

① David Brandenberger, *A Background Guide to Working with HPSSS Online*, http://hcl.harvard.edu/collections/hpsss/working_with_hpsss.pdf.

② FHCL: 961059, p. 1.

缩品由美国空军制作。与此同时，那些主要的档案被编辑和微缩处理。按照数十个主题和次主题，俄国研究中心的庞大的档案系统对“哈佛苏联社会制度项目”的数据进行了分类。这个档案系统最后增加到100多个档案抽屉，包含了手工编码和分类的几万份来自采访的个人信息。

二　口述历史与“哈佛苏联社会制度项目”的操作过程与经验教训

这个项目最为重要的成果，首先是获得的关于苏联的“历史记忆”，即从这些不同个体的“历史记忆”中勾勒出的关于苏联的“集体记忆”。[①] 其次，从历史学方法论上来讲，“哈佛苏联社会制度项目”的具体采访过程实际上是采用了口述历史的方法。作为美国历史上和历史学研究中第一个真正具有学术意义的口述历史样本，“哈佛苏联社会制度项目”的具体操作与经验教训不仅具有实际的现实意义，更具有弥足珍贵的学术价值。1953年，雷蒙德·鲍尔编写了《哈佛苏联社会制度项目采访苏联逃亡者指南》。这里需要指出的是，“1950年，空军开展哈佛苏联社会制度项目的时候，关于采访俄国人的项目经验报告并没有被预设到研究设计中。然而，在1952年，当审视已完成的采访报告和与采访者讨论这些成为可能时，一位HRRI空军官员建议这些采访的经验和教训应该记录下来。合同签约者和他的成员同样被说服认可他们近来和变化的采访经验。这被作为一项给空军No. AF33（038）-12909合同的特殊附加报告”，重要的是“哈佛项目的经验可以促使，在以采访俄国人为基础的类似苏联研究的人中，减少问题、不确定性和错误”。[②] 这是从经验教训的方面来探讨口述历史，这些经验教训是来自具体的口

① 〔德〕哈拉尔德·韦尔策编《社会记忆：历史、回忆、传承》，季斌、王立君、白锡堃译，北京大学出版社2007年版，第69页。

② Alice H. Bauer, Harvard Project on the Soviet Social System Guide for Interviewing Soviet Escapees, Russian Research Center, Davis Center Collection, H. C. Fung Library, Harvard University, 1953, http://nrs. harvard. edu/urn-3: FHCL: 961059, p. iii.

述历史的实践。在某种意义上，“哈佛苏联社会制度项目”中具体实施的各种方法，较为完整地把采访过程呈现出来，可以最大可能地规避有关学者提出的质疑。

首先是对采访者进行基本背景知识培训。这方面主要被分为有关苏联的知识和敏感领域。一个成功采访的前提是采访者有相关的知识储备，这是因为“如果受访者知道采访者见多识广，他不易于竭力去说谎或者歪曲”，甚至有时“关于知识的较小的表现，采访者在提问是使用了 blat（即 pull，拉）这个单词。受访者大笑并说，他没想到外国人也知道苏联的行话”，从而，受访者不仅“比这以前更加合作，而且在这一点上双方关系得到了显著改善”，采访者“知道的苏联制度越多，相关技巧就越能发挥作用。他关于苏联制度的知识作为有价值的工具和建议的资源来服务。一个技术娴熟和巧妙的采访者，甚至可以利用有限的苏联知识合理有效地利用技巧”。①

这些关于苏联的知识包括：苏联的历史、政治组织、工业和工业机构、生活条件、语言、地理、交通和群体的不同。其中，群体的不同又涉及教育和职业的不同、党员与非党员、农村与城市及民族团体等。在苏联历史方面，“采访者熟悉十月革命前的俄国历史不是特别重要，但是必须熟悉基本的历史时期和 1917 年以来在政策和实践中发生的重大变化。例如，农民在 1930 年集体化之前拥有财产权，在大多数人心中，布尔什维克主义仅仅开始于农场集体化”。同时采访者需要知道基本的时间分期——战时共产主义、新经济政策时期、第一个五年计划及集体化、20 世纪 30 年代中期的巩固期、战时和战后，也需要了解发生在工业、农业、家庭等生活中的重要变化和特殊日期。对于政治组织而言，苏联政治组织的特殊之处不仅是一党制（one-party system），而且是该党在生活的各个方面都发挥了作用。因此，为了明智地对受访者提出问题、了解大量其他信息的意义，采访者必须知晓苏联共产党与其他组织的关系。针对农业和工业组织，采访者应该知道，基本生产组织与其上

① FHCL：961059，pp. 22，7，12.

级机构的关系，如 glavk（chief committee）和 ministry 的关系；主要非生产性经济机构的相互关系和职能，如国家银行、计划组织、金融机构等。居住条件是采访的中心话题，大量的谈话总会涉及苏联的生活条件。

一个缺乏经验的美国采访者基本知道俄国的生活水平低，但现实水平要比这个还要低。采访者被要求了解苏联地理的基本知识，包括主要城市和地区的位置，但是对于某些专门采访，比较具体的工业和政治地理知识也是必需的。对于所有类型的采访者，了解苏联地理知识都会帮助其熟悉采访对象，在专门采访中可以降低故意歪曲的概率。对受访群体而言，学生和职业群体、党员与非党员以及农村人与城市人的不同是主要的差异。采访者在采访文化水平低的受访者时会有更多困难，因为在某些情况下他们的语言极其不正式和没有逻辑，以至于理解困难。在民族群体方面，哈佛项目非常缺乏关于亚美尼亚人（Armenians）、格鲁吉亚人（Georgians）、卡尔梅克人（Kalmyks）、鞑靼人（Tartars）等少数民族的经验，以至于不能对他们进行任何基本陈述。尽管语言是一个现实的障碍，但是如果难民能够讲俄语，采访他们也是没有问题的，即使个别受访者可能有强烈的民族主义情绪，或他们的生活经历非常不同于斯拉夫群体。相关论著在介绍采访者需要知道的苏联具体知识的同时，也强调了了解这些知识的必要性和实际意义。①

敏感领域体现在民族自豪感、赞扬苏联特有的成绩、犹豫讨论个人道德及与苏联和西方的关系、极端敏感于较小的羞辱和美国对苏联及其难民的主要态度。这些敏感领域非常普遍，如难民中最反对苏联的人往往也有着强烈的民族自豪感，对俄罗斯母亲的热爱是极其深入的。他们比西方人讨论得要多，并且似乎非常热衷于此。他们中许多人为苏联在工业、医疗和教育方面的成就而自豪，尽管对这些统一机构的许多其他方面也不乏批评；他们基本上不愿意讨论个人道德问题；作为背叛者和难民，他们对自己与苏联和西方的关系非常敏感；他们极其在意非常小

① FHCL：961059，pp. 22 – 25.

的羞辱；他们会批评美国对难民的政策和美国对苏联及苏联难民的政策。① “难民对于他们离开苏联的条件极端敏感，每一次努力都是用于阻止他们被看作是叛徒的想法。无论是在什么环境下离开的，或者没有回去，他们都对此有焦虑和内疚。无论他们如何憎恨现在的政权，他们也没有意识到，事实上他们通过离开已经背叛了他们的国家。”② 这些敏感领域，也是采访者应该注意的地方。采访者只有在具备了较为丰富的知识储备和掌握了受访者的敏感领域的前提下，才能实现一个较为完美的采访。其中，后者在实践中更具有较为灵活多变的技巧性。

其次是采访过程及注意事项。整个采访过程包括：建立关系，操控采访，问卷措辞、调查和翻译问题，采访辅助，翻译的利用、专门采访和记录采访等一系列工作。其中，建立关系涵盖个性因素、职位和身份、民族冲突和其他影响关系的因素；操控采访需要关注的问题是，离题和健谈、倾诉衷肠、打断谈话的危险，控制离题的技巧，说谎和歪曲，以及面对被怀疑撒谎的难民。

关于采访环境，项目组首先在慕尼黑设立了一个成功的“洽谈室”(rapport room)。此举措的“目标是创造一个轻松的环境，但不是以受访者的警觉为代价的。除了令人高兴，这个房间对于受访者来说应该具备足够大的空间可以让受访者在需要时来回走动。俄国人有时在采访时比较活跃，而他们放松的时候容易发生一些事情”。采访中还投其所好地为受访者准备了烟卷、茶和伏特加。“烟卷是必须品。俄国人非常喜欢美国香烟并且期望得到这个。香烟不仅有利于放松，而且是可以被提供给受访者而又对其无害的稀有物品。”同时，“茶也被纳入同类物品。俄国人不仅喜欢茶（对此美国人更喜爱），而且高度欣赏由此带来的温暖和友好的氛围。”在东欧文化中，作为一种友好的举动，分享食物和酒是重要的。“俄国男人非常喜欢伏特加。作为一种建立关系的辅助手段，谨慎和合法地使用伏特加是非常有帮助的。在采访最后，在离开之

① FHCL：961059，pp. 8–9.

② FHCL：961059，p. 28.

前，给受访者提供一次酒是非常友好的举动。在某些情况下，在采访时提供伏特加可能较为奏效。做这个的最好方式是向受访者尽力传递这样一种思想——提供酒是采访者的个人行为，而不是作为采访程序的一部分。这将避免给受访者留下酒供不应求的印象。俄国人关于喝酒能力的名声没有被扩大。如果采访者也喝多了，他会忘记受访者愿意回答之前的问题。俄国人希望拿酒的人与他们长久相处，但原则上他们也尊重不喝酒的人。如果采访者担心面对不胜酒力的局面，对他而言，最好的办法就是说他不能喝酒，以避免喝酒带来的身体不适。”①

有关控制离题的技巧，首选是“精确的问题”，“防止离题最为有效的方法就是尽可能地让问题细化，以限制受访者在答复时信息的变化概率”。这个问题的技巧是“需要大量关于苏联的知识、丰富的采访经验和采访者关于采访目的的简要介绍”。同时，“一旦受访者开始离题，最好的方法是把离题转移到采访的核心问题上或者通过预测结果加速离题直到做出结论”。有经验的采访者将会“认识到这种离题类型。一旦关于秘密警察的讨论开始，他可能迅速地询问：‘当你从事这项工作的时候是否被逮捕?’一旦受访者答复‘没有’，采访者将有机会问：‘你的下一个工作是什么?’”当以上这些技巧都不适用了，采访者可以“通过他的离题推动受访者，例如使用‘然后发生了什么?’等。这类问题可以避免受访者在他故事的细节上浪费时间。这种技巧的理想结果是通过假设结果促使他跳到故事的结论”。②

说谎和歪曲被分为三种基本类型：“篡改个人历史、篡改关于苏联的特殊信息和歪曲或者恭维态度问题。”苏联难民在个人历史上撒谎有两个原因：一是“他们担心，他们给出的信息对留在苏联的人产生不利影响，或者在苏联以外的国度影响他们自己未来的机会”；二是“美国和欧洲政权以他们提供的信息为基础区别对待他们”。此外，可能出现受访者记忆错误的情况，“记忆和回忆永远不可能像一个人希望的那样

---

① FHCL：961059，pp. 9 – 10.

② FHCL：961059，pp. 11 – 12.

好。任何两个人甚至在一件事发生后立即描述同一件事，也会多少有所不同。时间越长，记忆越差”。[①]

最后是关于采访的经验教训。对于口头采访（oral interview）、问卷调查（written questionnaires）和小组采访（group interview）三种方式，“没有简单便捷的程序来决定在什么环境中使用哪一种更好”。每一类型的采访都有自身的优点和缺点，可以以“采访的目的和可利用的资源为标准来决定”。

口头采访的优点包括：第一，采访者最主要的职能是建立和维持关系，通过个人技巧，他可以从一个最初不情愿的受访者那里获得信息，该受访者在问卷调查中没有提供这个信息的动机；第二，口头采访给出了一个人关于经历和思想等比较宽泛和全面的图景，并且采访者也有机会评价一些主观但是重要的特征，如智力、诚实、合作等；第三，采访者可以追踪采访中出现的重要引导；第四，采访者通过调查和证实苏联知识可以鉴别歪曲和恭维等；第五，采访者可以通过进一步调查减少重复回答的问题数量，这对于要做出全面概括俄国人的采访是非常重要的。口头采访的缺点是：第一，对管理者来说是非常昂贵的；第二，非常耗费时间；第三，尽管获得的信息比较全面，但是对于比较分析来讲相对麻烦。

问卷调查的好处是：第一，比较便宜；第二，在短时间内可以在大范围人群中实施；第三，可控制离题；第四，结果容易分析。而问卷调查的不利因素是：第一，填写问卷的动机通常较低，当答卷者不是志愿者时，这点尤为明显；第二，须提前知道哪种类型的信息是必需的（为了提出充分和合适的问题，初步采访是必要的）；第三，获得的信息局限于极其有限的范围内，并且得到的仅仅是特别要求的答案。[②]

小组采访尽管使用不是很广泛，但是“为了某种目的，还是非常有效的。老一套的回答频率较少。如许多难民声称在苏联信任任何人是不

① FHCL：961059，pp. 13 - 14，17.

② FHCL：961059，p. 31.

可能的，然而其他人又说在某些情况下是可能的。在小组采访中，受访者可以在一个主题上分享和质疑彼此的经历。出自这个采访的在苏联的非正式交流的真实描述，要比同样问题的难民的单独采访获得的多”。然而，小组采访“难以得到敏感的自传性数据，因为在其他难民面前受访者给出确定的信息总是犹豫不决。但是，在进行关于苏联制度运转的专门采访和观点分类方面，小组采访可能是非常有效的。由哈佛项目采访者进行的少数小组采访中，受访者似乎喜欢这种形式，并且小组互动刺激受访者记起生活经历，甚至以新鲜的方式思考在苏联的生活”。[①]

采访者的采访体验和体会也至关重要，如“不确定他说的是否是真话。他所告诉的、我们所知道的苏联的基本信息是正确的，但这并不能确定是否他自己经历了他所描述的这些情况”。[②] 某位受访者接近60岁，“他是最客观的受访者之一，是我所遇到的最好的一个告知者。他能记得他工厂的组织构成和实践等方面的准确数字”。[③] 这是在不正常条件下所做的采访，“同一天来的这两位受访者是朋友，我决定一起采访他们。因为两位受访者都非常直言不讳，非常健谈，一个能代替两个受访者。讨论非常有意思，但是马上就脱离控制，我没有记下每件事情。我将区分哪些是我记录的、哪些是我记忆的。会后，我再次一起采访这两位受访者，但是要求增加一名秘书做记录。结果不是很好。这次采访偏离了谈话的主题，特别是缺少了受访者之间的争论”，[④] 受访者“似乎是一个非常有能力的、好的告知者。但是由于外部条件，我不能对他进行真正的采访，下面这些内容是框架性的、没有内在逻辑的”。[⑤] 这些不仅仅表现了采访者的职业精神，更重要的是体现了口述历史的科学性和采访结果的真实性、可靠性。

源于受访者的不同经历，口述历史的采访内容和采访方式可能有所

① FHCL：961059，pp. 32 – 33.

② FHCL：964361，p. 1.

③ FHCL：964372，p. 3.

④ FHCL：961729，p. 1.

⑤ FHCL：961730，p. 1.

不同。在一定意义上，受访者是主动的，而采访者是被动的。即使采访者提前进行了相关准备。这也说明了，要想实现口述历史的理想效果，除了受访者的积极配合，采访者的自身条件也是至关重要的。

三 “哈佛苏联社会制度项目”、战后美国苏联学的兴起与冷战初期的美国对苏外交政策

“哈佛苏联社会制度项目”表面上是战后美国苏联学的“冷战化”，深层是战后美国对苏联外交政策的转变，尽管这种转变可能不明显。从“哈佛苏联社会制度项目”的背景和前提来看，其直接和显性地反映了美苏关系的变化；从结果和作用而言，其间接和隐性地影响了美苏关系的演进。从背景与缘起、实施与运行、成果与反响三个方面，以下具体论述“哈佛苏联社会制度项目”的作用和影响。

从“哈佛苏联社会制度项目”的背景和缘起来看，美、苏两国的冷战是该项目得以实施的重要前提，区域研究的强化是美国“苏联学”兴起的重要载体。第二次世界大战后，美国“既不相信自己的朋友，也不相信以前的敌人，美国需要适当地重建自己的地位”。[①] 第二次世界大战结束时，美国“经济上仅黄金储备就几乎占到世界总量330亿美元的三分之二；各种产品占到世界总量的三分之一；其船舶总吨位占到世界的一半。而军事上其武装部队的人数高达1200多万人，国防预算超过800亿美元，其陆军数量仅次于苏联，海军和空军在全球无人匹敌。它不仅在海外遍布军事基地，还是战后初期唯一掌握着核武器的国家”。[②] 美国意欲打造与其实力相匹配的平台，发挥与其实力相对应的作用。苏联作为美国的战争“盟友”，苏联研究在冷战前没有全面系

① 〔美〕德瑞克·李波厄特：《50年伤痕：美国的冷战历史观与世界》（上），郭学堂、潘忠岐、孙小林译，郭学堂、倪世雄审校，上海三联书店2012年版，第26页。

② 参见〔美〕保罗·肯尼迪《大国的兴衰——1500—2000年的经济变迁与军事冲突》，王保存等译，求实出版社1988年版，第439页。

统地进入美国学者的研究视野，冷战初期，美国在苏联研究方面无论是实践经验还是研究人员都明显准备不足。“在美国政府的大力扶持和资助下，大批历史学家、政治学家、心理学家、经济学家放弃传统知识分子固守的学术独立与自由精神，参与到政府冷战政策的制定和实施当中，带有强烈政治色彩的‘区域研究’达到了空前的繁荣。”①

从“哈佛苏联社会制度项目”的实施和运行来看，军队、基金会和大学联合建立俄罗斯研究中心，实施“哈佛苏联社会制度项目”，表明该项目具有政府参与的因素。大学是“推进美国国外利益的‘人力库’”，②“为政府培训和输送外交、情报、公共政策等人力资源就成为大学的主要功能之一”。③“哈佛苏联社会制度项目”是哈佛大学俄国研究中心的一个重要研究课题，美国空军直接参与，④得到了卡内基等组织的支持，是一个“军事—基金会—学术联合体”（military-philanthropic-academic complex）。⑤ 20 世纪 50 年代，美国强化了“国家安全部门”。“美国的军事和情报机构急剧扩张，国家安全部门将众多私立机构纳入其范围，包括美国的重要学术机构。一些重要的研究型大学的大部分活动经费——在有些情况下超过 50%——开始依赖于联邦资助。美国政府的慷慨大方让学院社会科学受益匪浅，一些权威人物还和众多国家安全机构建立起了亲密的关系。”⑥ 俄国研究中心“尽管和国家命令没有直接的联系，但是它和美国国际和地区委员会的苏联项目有着密

① 张杨：《冷战与美国社会科学研究》，《中国社会科学报》2010 年 1 月 28 日，第 7 版。

② 〔美〕伊多·奥伦：《美国和美国的敌人——美国的对手与美国政治学的形成》，唐小松、王义桅译，上海人民出版社 2004 年版，第 207 页。

③ 张杨：《冷战与美国社会科学研究》，《中国社会科学报》2010 年 1 月 28 日，第 7 版。

④ 美国的空军、基金会与大学研究机构的关系值得深入研究。“兰德的创建理由就曾经是针对如何发动战争向空军提出建议。”（〔美〕亚历克斯·阿贝拉：《兰德公司与美国的崛起》，梁筱芸、张小燕译，新华出版社 2011 年版，前言，第 3 页）

⑤ 〔美〕伊多·奥伦：《美国和美国的敌人——美国的对手与美国政治学的形成》，第 144 页。

⑥ 〔美〕伊多·奥伦：《美国和美国的敌人——美国的对手与美国政治学的形成》，第 142—143 页。

切合作，一些中心成员在该项目中授课”。[①] 在一定历史条件下，“统治集团的阶级属性、价值观念，以及某一特定历史时期的政治需要，就对意识形态具有支配作用”。[②]“与其他社会科学学科明显不同的是，美国的苏联学研究具有鲜明的意识形态色彩，无论是思想理论基础还是研究对象和功能均表现出强烈的政治倾向，与美国政治联系紧密，他们在两种制度和两种意识形态斗争中发挥了三种主要功能：一是在美苏对抗、两种制度的斗争中提供思想理论支持；二是直接为美国对苏外交政策服务；三是配合情报部门的反苏工作。”[③]

哈佛大学俄国研究中心的任务是“为了预测苏联政策而研究政权和苏联行为”，为此，在研究中一直尽力保持“最大的客观和公平性”。其基本目的还包括：给出关于苏联的新知识，并用新知识给出新的解释，特别是在社会学领域；将这些研究成果提供给政府和教育界；为科研特别是跨学科方法研究提供帮助；培养苏联研究领域的专家。在与美国空军签订的文件中，“有一个收集苏联武装力量社会性质信息的部分。应该确定武装力量的苏联思想性质，包括它们的政治、经济和心理状态；理解现实的‘秘密的苏联学说’，而不是列宁和斯大林的官方倡导；确定选拔教育培养武装力量人员的方法”。更令人感兴趣的是“美国轰炸苏联领土的目的和可能性后果”，“项目参加者应该弄清楚，苏联是否有这样的目的”，“被袭击、破坏后，苏联人对进攻者的态度是积极的还是消极的”，“是否有对下列情况的真实见证，即如果出于某种目的提前告知有炸弹袭击，那么这引起的是地区的撤退，还是对袭击力量的正面反应”，“使用不同规模的武器各会引起怎样的恐慌”，“大众传媒和各种消息的真实性如何”，“苏联政府与人民分歧的本质是什么”，“什么是使他们联系在一起的纽带”。在一个档案文件中有关中心

① Clyde Kluckhohn, “Russian Research at Harvard,” *World Politics*, Vol. 1, No. 2, Cambridge University Press, 1949, p. 266.

② 刘爽：《唯物主义与历史研究》，中国社会科学出版社 2015 年版，第 102 页。

③ 许华：《美国的苏联学与苏联解体》，《2005 年：世界社会主义跟踪研究报告》，社会科学文献出版社 2006 年版，第 440 页。

初期的行动报告表示，“尽管中心‘完全脱离于美国政府’并且想将自己的所有研究都对所有学者和社会开放，但是中心还有一个希望，就是这些研究能够‘积极地被国会和其他相关联邦机关所利用’，希望这些研究能够对‘民族政策的形成具有影响力’。这里明显地表示出中心为政府及其机构服务的倾向”。[①]

从“哈佛苏联社会制度项目”的成果和反响来看，《苏联制度是怎样运行的》等成果被直接提供给美国空军等机构。虽然研究与决策有密切的关系，但不应将两者等同。“研究虽是进行正确决策的重要因素，但不是唯一因素。研究的最高原则是科学的求实，而决策的基本出发点是维护国家的根本利益。在研究与决策中，决策者是矛盾的主要方面，在正确处理两者关系时，决策者需要有更多的政治家气度与远识，应该为研究者进行实事求是研究提供更有利的条件和保证。”[②] 在美国政府的“行政干预”和大量经费资助的影响下，美国社会科学家最终选择了同政府合作，“用自己的专业知识为联邦政府各机构培训雇员和‘专家’；用系统的学术理论反击共产主义学说体系；甚至利用学者身份替政府从事无法以官方面目示人的各种冷战行动。总之，社会科学家群体逐渐接受了政府对社会科学研究的干预，不仅按照政策需求从事与冷战有关的学术研究，还积极创造自诩为‘有用的’知识产品，为美国的冷战政策目标服务”。[③] 无可置疑的是“哈佛苏联社会制度项目”是以美苏冷战为背景和前提，所取得的研究成果使美国对苏联制度及其运作有了比较明朗和清晰的认知，对美国决策者在美苏关系的政策方面产生了重要影响。

“哈佛苏联社会制度项目”是一次严格学术意义上的口述历史研究。该项目的操作范式，对后来其他口述历史项目及其研究具有重要的参考价值。“哈佛苏联社会制度项目”是美、苏两国冷战的产物和载体，是战

① Е. В. Кодин，Гарвардский проек，М.：Российская политическая энциклопедия，2003 г. сс. 23，26，34.

② 马大正：《中国边疆研究论稿》，黑龙江教育出版社 2002 年版，第 38 页。

③ 张杨：《冷战与美国社会科学研究》，《中国社会科学报》2010 年 1 月 28 日，第 7 版。

后美国苏联学兴起的重要标志之一。哈佛大学俄国研究中心及其开展的“哈佛苏联社会制度项目”也是冷战时期美国制定和实施对苏联政策的重要“智库”。

On the Oral History and the Rise of American Sovietology at the Early of the Cold War: the Center on the Harvard Project on Soviet Social System (HPSSS)

Gao Longbin

Abstract: The academic oral history was begun in America from the 1930 – 1940s of 20 century. At the early of the Cold War, the Russian study center of Harvard University carried out the Harvard Project on Soviet Social System (HPSSS), which was the interview plan of the Russian (USSR) oversees at the Europe and America. The HPSSS was the sign of the rise of American sovietology after the Cold War, also was one of the think tanks on making the politics of USA to USSR at the early of the Cold War.

Keywords: The Harvard Project on Soviet Social System; The Oral History; The Early of the Cold War; The Relation between the USA and USSR

中国公共史学集刊　第五集
第 42～64 页

经验与启示：新中国汝瓷发展历程口述史研究（1949—1999）*

赵亚峰　赵亿祥**

摘　要　新中国汝瓷的恢复和发展过程深受国家政治、经济、社会发展之影响，更与汝瓷恢复的主要场所原临汝县国营瓷厂的命运紧密联系。本文依托“汝瓷恢复烧造口述史”项目采集的口述史料，对 1949—1999 年跨越半个世纪的新中国汝瓷恢复发展史进行系统梳理，总结出坚持党的领导和政府主导的制度优势，科学态度加苦拼精神，积极走出去、广泛学习交流融合，面向市场求新求变，科学管理提升质量效益五大经验。在今后的汝瓷发展中应坚持和完善党的领导与政府主导的制度；把握市场趋势，推动“双创”迈向更高水平；继承优良传统，发挥领军人物的核心和带动作用；注重人才培养，做好传承传播等。研究对于开展社会主义汝瓷新文化的保护具有重要的抢救价值，也对我国其他传统名瓷的文化传

* 本文系平顶山学院河南省中原古陶瓷研究重点实验室开放课题“汝瓷恢复和当代传承传播研究”（ZYGTCXN2018－3）和中国传媒大学口述历史研究中心 2019 年度“口述历史在中国”资助项目“汝瓷恢复烧造口述史”阶段性成果。

** 赵亚峰，平顶山学院新闻与传播学院教授，武汉大学艺术学院访问学者；赵亿祥，英国利兹大学硕士研究生。

承与保护具有借鉴意义。

关键词　口述历史；汝瓷；经验与启示

汝瓷因产于河南汝州而得名。汝瓷的烧造代表着中国古代陶瓷科技的一个巅峰，在中国陶瓷史中的地位举足轻重。但是在北宋末年连年的战乱中汝瓷烧制技艺失传，后世虽多有仿烧但均不成功，直到新中国成立后，这一国之瑰宝才获得重生。新中国汝瓷恢复和发展的历史与共和国诞生、成长的步伐相一致，基本上是以民国旧瓷厂经社会主义改造后的复兴瓷厂为基础，伴随着该厂曲折的发展历程，一路披荆斩棘、艰难前行，最终取得了成功。因此汝瓷历史的变迁过程深受国家政治、社会、经济发展之影响，更与当时国有瓷厂的命运紧密地联系在一起。

回眸过往，从1955年国家发出恢复汝瓷生产的号召，至今已接近70年，汝瓷各种釉色的全面恢复也过去了30多年，但针对汝瓷恢复的相关研究仍十分少见，对汝瓷恢复的成功经验更缺乏科学的总结。究其原因，客观上是时代变迁、国企改制和人事更迭等造成汝瓷恢复发展过程中的重要档案、历史资料散失，此时再进行全面回顾和分析已十分困难；主观上是人们对社会主义汝瓷新文化保护的意识和紧迫感不强。“中华文明延续着我们国家和民族的精神血脉，既需要薪火相传、代代守护，也需要与时俱进、推陈出新。”① 汝瓷的恢复是在极其艰苦的条件下完成的，几乎就是一次全新的创造，其中蕴含的卓越技艺以及当代汝瓷人勇扛重任、科学求真、苦干苦拼的精神都应被传承。在一些当年的汝瓷恢复亲历者还健在的情况下，运用口述史的方法对新中国汝瓷发展的成功经验进行梳理和研究，不仅能准确把握这段历史，继而为汝瓷未来的发展提供一些启示，也对我国传统名瓷的科技创新、文化传承与

① 《习近平在联合国教科文组织总部的演讲（全文）》，2014年3月28日，http://www.xinhuanet.com//politics/2014-03/28/c_119982831_3.htm，访问日期：2022年9月22日。

保护等方面具有十分重要的理论和实践意义。

一 研究方法

1. 文献资料法

文献资料的研究分为两个阶段。第一个阶段在口述访谈前进行，也是整个研究工作的开端，让项目组成员通过阅读文献熟悉汝瓷相关的历史文化知识、了解最新研究成果等，为下一步的口述访谈和研究做准备。此时文献研究的主要内容包括三大类：一是古代典籍，如《清波杂志》《坦斋笔衡》《景德镇陶录图说》等书籍中有关汝瓷的论述；二是现代著作，如《中国陶瓷文化史》《陶瓷之路》《中国陶瓷史》《汝州市志》等；三是现代学术论文和其他资料，以“汝瓷”“汝窑”等为关键词在中国知网和万方数据库检索并对相关文献进行甄别、分类与筛选。第二个阶段是在口述访谈结束后，将口述访谈过程中获得的口述史料、口述人提供的历史文字资料、实物资料等结合上一阶段的相关文献放在一起进行研究。通过对前述几种文献或资料的对比分析，不仅可以拓宽研究者的视野，丰富相关背景信息，也有助于发现疑点，达到去伪存真的目的。

2. 口述史法

（1）确定访谈对象

为真实记录和全面掌握新中国汝瓷恢复发展各个时期的经验和教训，项目组确立的原则是尽可能多地、全面地选择不同层次的受访者，搜集各种历史观点。基于此，最终确定的受访对象有国家级、省级非遗传承人，有已故汝瓷大师的后人，有曾在不同时期担任过汝瓷厂厂长、副厂长等职位的领导者，也有最基层的汝瓷匠人，还有重要的见证人，等等。希望在“众声喧哗”中为“辨伪求真”提供更多线索，让历史的面目变得更加清晰。

（2）拟定口述提纲

基于访谈前文献调研的成果，分别对新中国陶瓷、汝瓷的发展历程进行详细梳理、归纳总结，然后针对不同的口述对象所处的不同历史时段、发挥的不同作用或观察历史的不同角度等，分别制订口述访谈提纲，以之作为访谈的基本依据。

（3）设计研究流程

依据口述史研究规范，口述研究的流程是：先对口述人进行预采访，告知采访目的、确认采访提纲；预采访后对提纲进行调整或修订；之后，在约定的采访时间、地点进行正式的口述访谈，并运用摄影机同步录音录像；正式访谈结束后对采访所获影像材料和其他文献材料等进行整理、分析；最后一步是对口述者进行回访，对口述文本资料或其他资料进行核查，最终得到比较准确的史料信息。按照这个流程，从2017年12月起至2021年1月，项目组对25位新中国汝瓷恢复工作亲历者、参与者和见证人进行了深度口述访谈，共获得视频资料5000多分钟、图片资料2452张，根据口述访谈整理出第一手文字资料113万余字。

表1 “汝瓷恢复烧造口述史”口述访谈对象、时间和地点等信息一览

序号	姓名代码	性别	采访日期	受访人身份	受访地
1	MYJ	男	2018-01-17	汝瓷恢复重要参与者	汝州家中
2	GGX	男	2018-07-14	新生代汝瓷艺人	汝州工厂
3	GLC	男	2018-07-10	汝瓷恢复重要参与者	汝州家中
4	LJW	男	2018-07-12	汝瓷恢复重要参与者	汝州瓷器门店
5	ZTQ	男	2019-01-20	汝瓷恢复重要参与者	汝州家中
6	GLJ	男	2018-01-19	汝瓷恢复重要参与者	汝州宾馆
7	LTH	男	2019-01-16	汝瓷恢复重要见证人、创新者	汝州瓷器门店
8	LCH	男	2019-11-05	汝瓷恢复重要见证人	汝州家中
9	CWB	男	2019-11-05	汝瓷恢复重要见证人	汝州医院
10	WZY	男	2019-01-18	汝瓷恢复重要见证人	汝州家中
11	CSJ	男	2019-01-15	汝瓷恢复重要参与者	汝州瓷器门店
12	WHH	男	2019-01-18	汝瓷恢复重要见证人	汝州家中
13	GXQ	女	2019-07-19	新生代汝瓷艺人	汝州瓷器门店

续表

序号	姓名代码	性别	采访日期	受访人身份	受访地
14	LXM	男	2019 - 07 - 21	新生代汝瓷艺人	汝州家中
15	HQL	男	2019 - 07 - 22	汝瓷恢复重要参与者	汝州家中
16	YJD	男	2019 - 07 - 16	汝瓷恢复重要见证人	汝州家中
17	ZBQ	女	2019 - 07 - 24	新生代汝瓷艺人	汝州瓷器门店
18	ZYJ	男	2019 - 07 - 24	新生代汝瓷艺人	汝州瓷器门店
19	FLL	男	2019 - 07 - 27	汝瓷恢复重要参与者	汝州瓷器门店
20	MYS	女	2019 - 07 - 16	汝瓷恢复重要参与者	汝州瓷器门店
21	LBL	男	2019 - 07 - 12	汝瓷恢复重要见证人	平顶山家中
22	ZWL	男	2019 - 07 - 28	汝瓷恢复重要参与者	汝州瓷器门店
23	GWX	男	2018 - 07 - 14	新生代汝瓷艺人	汝州家中
24	YGR	女	2018 - 01 - 18	汝瓷恢复重要参与者	汝州家中
25	SHH	男	2020 - 10 - 18	汝瓷恢复重要参与者、见证人	汝州家中

二 新中国汝瓷恢复和发展历程

1. 艰难摸索阶段（1955—1960）

这个阶段是新中国汝瓷恢复的初始期。在党和政府的领导下，虽然条件极其艰苦，汝瓷人仍苦苦摸索，开辟着前进的方向，最终凭经验烧造出了新中国早期汝瓷“豆绿釉试烧品”。即便性质还不够稳定，但经此汝瓷恢复迈出了关键一步。在这一过程中汝瓷人丰富了对汝瓷的感性认知，增长了才干，积蓄了人才力量，为进一步的恢复工作打下了基础。

1955 年底，中央和河南省都指示临汝县（今汝州市）要恢复汝瓷的生产，周恩来总理发出了“发掘祖国文化遗产”的号召。① 任务交给

① 中央和河南省究竟是什么时间发出指示要恢复汝瓷的，有多种说法。仅《汝瓷志》（中华书局 2018 年版）就有两个时间：一个是 1957 年，一个是 1955 年，而且都找不到依据。经笔者考证，《河南日报》1956 年 11 月 4 日刊登有贾峨的文章《汝窑行》里面提到“去年 12 月我省召开了陶瓷会议，有关领导部门已指示临汝供销社恢复汝窑的生产……”，因此，1955 年这个时间应该是比较可信的。

了县供销社办的严和店窑场，即复兴瓷厂。该厂的前身是民国时期开办的民生瓷厂，曾进行过汝瓷的试烧，但新中国成立后该厂只能烧低劣廉价的粗瓷。1956 年 2 月，新中国汝瓷的恢复工作从漫山遍野地寻找釉料开始了，其中，时任窑场经理赵金栓、烧窑工郭遂发挥了重要带头作用。贫苦农民出身的郭遂因家里在土改中分到了土地，浓重的报恩情结驱使他忘我地工作。没有受过系统训练的郭遂只能比照着从宋代窑址寻到的古瓷片，通过大量反复试烧，逐步摸索和积累经验。“那时候郭遂老师是咋试验呢？就是把釉料这一勺、那一勺、这半勺先记着，然后这一种（拿纸）包住一团再记着。他也没有文化，都是暗地里记着，慢慢的这种矿石添一点，再添加一点别的，就靠着那股子劲儿实验的。”（YGR－1－20180118－2）场里还专门成立了汝瓷试验组，杨桂荣（雕刻）、裴庭甫（绘画）、孟祥泰（拉坯）、杨文尧（烧窑）等各路人才先后进组。各级政府和有关部门给予了大力支持，首先是将窑场由集体性质改为国营，厂名于 1957 年变更为地方国营临汝县汝瓷厂；其次，邀请省轻工厅顾问、临汝县原古董商人周凤祥多次现场指导，安排郑州艺术学院的老师帮助设计造型等。“我们都没见过完整的汝瓷，后来从省里调来一个轻工业局的叫周艺人的，他好弄这个古董，他来了以后给我们画这个瓶啊，碗啦，内花碗啦，人家画画。”（YGR－1－20180118－1）“我的老师梁冰潜，还有我的同学李绍翰专门给汝瓷厂设计图样，包括后来送给人民大会堂陈列的透雕大花盆都是他们设计的。”（MYJ－1－20180117－5）当时的生产条件简陋，生活条件也十分艰苦，“有的就在车间里睡呢，就在那作坊里头，作坊有个不宽的地方，就搁里头睡，清早起来，给席子一卷卷起，就那儿，哈哈”（YGR－2－20201018－1）。

郭遂最终在严和店南面 10 多公里的山上找到了“药釉”原料，“经过十个月的多次试验，试制成功一种豆绿色的瓷碗”，[①]“这种新制的汝瓷已经具备宋代汝窑出产的豆绿色瓷碗的各种特点”。[②] 这种豆绿

① 洛阳专区文物管理委员会：《汝窑址调查简报》，《文物参考资料》1956 年第 12 期。

② 贾峨：《汝窑行》，《河南日报》1956 年 12 月 5 日，第 3 版。

釉瓷碗虽属于汝瓷的民窑品，但仍然引起了广泛关注。1959 年汝瓷豆绿釉透雕大花盆被送到北京新建成的人民大会堂河南厅陈列，郭遂因此被评为全国劳动模范，出席 1959 年在北京召开的全国工交群英会，并受到周恩来、朱德、李富春等国家领导人的接见。虽然汝瓷恢复的早期成果得到了政府和社会的鼓励与好评，但历史地看，当时的汝瓷配方还难以固定，成品率非常低，应属于“试烧品”。

2. 学习提高和转折阶段（1961—1965）

这一阶段，恢复汝瓷被当作一项重要的政治任务。厂党支部立足实际提出新的汝瓷厂管理观念和汝瓷烧造理念，并引入高层次艺术人才，积极向先进窑口和专业老师学习请教，逐步由传统经验科学阶段迈入现代理化科学轨道——这也是该阶段汝瓷恢复的显著特点。最终，努力烧制出的早期汝瓷的升级品“豆绿釉产品”通过了省级鉴定并开始量产。

1961 年 11 月，张全受县委指派就任汝瓷厂党支部书记，在充分听取党员和群众意见的基础上提出了“以粗瓷养汝瓷”的办厂方针，解决了瓷厂一个时期的发展方向和汝瓷试验基本经费来源问题。厂领导重新做了分工，张全总负责并亲自统筹汝瓷恢复工作。针对民国年间遗留下来的两座窑炉残破老旧、效率低下的情况，筹款进行了改造，主要烧造粗瓷；同时另建一座小型试验窑试烧汝瓷。1962 年汝瓷厂历史上的第一位大学生——郑州艺术学院的马永杰进入汝瓷试验组，从此，精确计量代替了一勺一瓢的经验配比。在中央工艺美术学院进修学习结束的杨桂荣也回到了试验组雕刻岗位，更加精细传神的雕刻工艺被运用。但整个汝瓷恢复工作仍在十分艰难地缓慢前行，直到发生了一次转机。在一次大窑代烧汝瓷碗的过程中，因为意外发生了捂火，瓷碗出现了各种釉色。“有蓝的，有绿的，有黑的，有白的，为啥形成这了？于是我就背着这一大包碗，到禹县神垕去见正在那里培训陶瓷人才的河南省轻工业厅工程师李志伊，李老师说从出现的颜色看有的十分接近汝瓷，原因是使用了还原火，而钧瓷烧的就是还原火，我就仔细研究了钧窑炉的结构并画了图纸，回到汝瓷厂建了一座新窑炉，果然烧出了很好的豆绿色汝瓷。”（MYJ－1－20180117－6）改氧化火为还原火，是汝瓷恢复过程中的一次转折，试验组通过反复试烧最终固定了汝瓷烧造配方，于1964年形成量产。虽然当时的烧成率只有10%左右，但已经比之前迈进了一大步。同年，豆绿釉烧造工艺通过了省科委、省轻工业厅等部门组织的，省陶瓷专家徐国桢、王俞英参加的鉴定，这代表了官方的正式认可。汝瓷的器型也逐步丰富，从原来只有碗、盘、花盆等几个品种逐步开始仿制宋代的瓶、洗、尊、炉等。1965年汝瓷厂用上了工业电力，除了照明，还从神垕引入了电动制碗设备，购置了球磨机，生产效率大大提高。

3. 停顿和曲折发展阶段（1966—1976）

这一阶段，"文革"使汝瓷恢复工作受到严重影响甚至一度停滞。在极其困难的条件下，通过走出去即参加广交会，汝瓷人进一步认识世界、认识汝瓷，增强了对传统文化的自豪感和自信心，从而以更饱满的情绪进行汝瓷恢复和生产。同时，汝瓷人还牢牢抓住了因"走出去"带来的重大历史机遇，争取到了资金，扩大了规模。汝瓷在曲折中艰难发展。

"文革"开始后，汝瓷厂主要领导下台，郭遂等人被批斗，试验组解散，大量汝瓷产品被砸烂，汝瓷恢复工作停顿。直到1970年张全复出，才重新成立汝瓷试验组重启试验。此时汝瓷厂和汝瓷恢复工作迎来了一个重大的历史机遇。1971年秋，根据河南省革委会要求，在省外贸部门的安排下，汝瓷作为代表河南省的重点文化商品首次参加广交会（中国进出口商品交易会），没想到引起了轰动。"汝瓷产品第一次上广交会，外宾抢购一空，其中有日本，有新加坡，有香港还有澳门，这几个国家和地区把它抢购了。"（MYJ－1－20180117－15）张全所撰回忆文章这样记载："广交会一开幕，276件样品便被抢购一空，不少人当场签订了新的合同……合同金额3万多元。"（ZYJ个人文献－回忆录，未发表）在随后的1972年广州春交会、秋交会上汝瓷都代表河南参展，每一次都取得了"火爆"的交易成果，甚至一匹高锰酸钾配釉烧制的起价400元的"唐马"也被当作汝瓷卖掉。汝瓷在国内乃至世界的知名度让汝瓷人的自信心、自豪感倍增，从而继续加大了汝瓷的试验力度，并于 1973 年成立化验室。这对于汝瓷的恢复和发展以及步入现代化轨道有着重要意义。汝瓷在广交会上的表现也引起了政府部门的重视，政府部门决定扩大汝瓷生产，为国家多创外汇。1973 年由国家轻工业部拨款 41 万元（后来又追加了 90 万元），在紧邻县城、交通便利的赵庄村新建“汝瓷二厂”。1975 年新厂建成，老厂的主要骨干力量共 70 多人全部被新厂承接。实际上，无论过后厂名怎么变化，“汝瓷二厂”一直到破产前都是汝瓷生产和恢复的领军者、主导者。而位于严和店的老厂，此时改称“汝瓷一厂”，在未来的汝瓷发展中亦有建树，但长期居于追随者位置。

新厂不再生产粗瓷，主要产品是“二细瓷”和仿古汝瓷，亦开始试验卫生瓷、瓷砖等新品。但是，因新厂内部工作思路不一致和其他复杂的人事纷争，厂领导班子被调整，张全被调离汝瓷厂。汝瓷发展再次陷入低潮。

4. 面向市场、不断学习，步入快速发展阶段（1977—1983）

随着“文革”的结束和党的十一届三中全会的召开，中国进入社会主义现代化建设和改革开放的发展时期，汝瓷也迎来了崭新的发展阶段。濒临破产的现状促使汝瓷人再一次“走出去”学习先进，求新求变。同时，市场意识的觉醒使汝瓷真正步入大生产阶段，汝瓷厂开始走向崛起。

1978 年秋，张全再一次复出，继续担任汝瓷二厂厂长。当时企业的问题是工艺落后、产品落伍，技术工人青黄不接，质量没有保证，产品没有市场，已经连年亏损。企业曾组织员工自行销售大量积压产品以抵拖欠的工资。新的管理层首先要解决工人吃饭问题，除了面对市场别无他途。通过调研发现，白酒用高档包装瓷十分抢手，但本厂没有技术和能力生产。新的领导班子大胆决策，组织全厂 50 多名骨干——约占当时全厂职工总人数的三分之一，于 1979 年 2 月远赴千里之外的浙江龙泉瓷厂进行长达 7 个月的学习。学习采取工种对口、拜师跟班的方法，在干中学，在学中干。“我有个师傅，姓钱，是个中专生，搞过隧道窑的安装，整天我就跟着他，他对我也比较喜爱，到那没给我分工种，想跟着谁就跟着谁，图纸也给我看，学到了真东西。”（LJW－1－20180712－

4）“实际他各道工序都是首先学习龙泉的，你比方说，模型车间啊，成型车间啊，这个烧成啊，大家都属于青瓷系统，他们走过的路那正是我们所需要的。”（ZWL－2－20190728－1）龙泉学习的意义深远，首先是开阔了汝瓷人的视野，增长了才干，为汝瓷未来的大发展和复兴储备了人才。参加学习的技术骨干返厂后在相关建设和生产中发挥了主力军作用，有的还成长为汝瓷厂未来的负责人、21 世纪民营窑口的主力，甚至国家级、省级工美艺术大师等。其次是技术升级，产品换代。汝瓷二厂积极学习龙泉瓷厂成熟的工艺，在 20 世纪 80 年代新建了 65 米隧道窑、灌浆车间，增添球磨机、滤泥机、滚压成型机等设备，使生产效率大幅提升。产品上将没有市场的“二细瓷”彻底停掉，全部改烧汝瓷。最后，汝瓷恢复也取得了新进展。青年工人朱文立在龙泉学习期间就成功地研制出“石灰釉”配方，使豆绿色更加鲜亮晶莹且烧成稳定，成为大规模生产汝瓷的定型配方。

1983 年初，不愿被误读为“二流”的汝瓷二厂更名为临汝县工艺美术汝瓷厂（简称“工美厂”），不仅名字是新的，效益也在不断刷新记录。1983 年汝瓷产量达 82.3 万件（大多是宝丰、杜康、仰韶等知名白酒品牌的酒瓶），产值 43.1 万元，均是上一年度的 2 倍还多。这既是该厂主动投身市场的结果，也与工美厂发展史上第一次打破“大锅饭”、实施经济责任制有着密切关系。虽然现在看起来这还不是一个完整的承包方案，却是工美厂在管理上走向现代化的重大突破。

在取得良好经济效益的前提下，工美厂增加研发资金和人员，积极研发汝瓷天蓝釉。天蓝釉在古窑遗址中是被发现最多的一个汝瓷品类，其做工精巧、釉色优美，恢复难度远高于豆绿釉。在考察大量古窑址和科学化验的基础上，工美厂先后调配出 48 种釉料配方，经反复试烧最终发现呈色机理与铁的含量、烧成曲线等有密切关系。天蓝釉于 1983 年 8 月通过省级鉴定。鉴定会议盛况空前，徐国桢、叶喆民、耿宝昌等 13 位国家级陶瓷专家出席并对汝瓷天蓝釉的恢复给予了肯定，专家还联名倡议“希望在此基础上对汝窑典型产品‘汝官窑’做进一步的研究”。[①]

5. 汝瓷恢复和发展的鼎盛阶段（1984—1989）

在以经济建设为中心的时代背景下，工美厂保持着快速发展势头，汝瓷生产和恢复都迎来了历史上的鼎盛期。这个阶段的主要特点是包装瓷市场供不应求，产值利润节节攀升，带动一大批地方小厂纷纷上马汝瓷项目。另外，完整全面的大承包进一步激发了企业活力，产品质量、效益大幅提升，新品种层出不穷，汝瓷恢复再结硕果。

白酒包装瓷销售的持续升温极大地刺激了汝瓷生产。工美厂 1985 年 9 月又增设一条 15 米推板窑生产线，以氧化火、一次烧成和加颜色的仿汝彩釉等工艺进行快烧，月产量新增了 7 万多件，即便如此，产品仍然供不应求，曾有过 1 天内 7 家客户坐等酒瓶装车的盛景。为满足市场，工美厂又通过合作、联营等方式成立了陵头、尚庄、塔寺三家分厂，开足马力进行生产。汝瓷的旺销引起了县委、县政府的重视，号召和鼓励有条件的乡镇和企业都投入汝瓷生产，并专门成立了临汝县汝瓷开发总公司，负责组织新厂的建设、技术指导和市场管理等事宜。相继有马窑兴华瓷厂、骑岭陶瓷厂、803 第三汝瓷厂、三寨胜利瓷厂等 18 家汝瓷企业如雨后春笋般冒了出来，一时间乡乡冒烟，村村烧瓷，形成了窑炉相连、“烽火连天”的热烈生产景象。“县里面要扩大汝瓷的生产，希望它真正成为一个支柱企业。最后全县光汝瓷工人发展到几千人，规模相当大。”（WZY－1－20190118－4）

全县大上汝瓷带来了汝瓷业的繁荣，也促进了新产品的研制和开发，工美厂甚至成立了多达 40 人的新产品开发车间，围绕包装瓷市场先后开发出新汝釉、17 号豆绿釉、棕色釉、兵马俑灰陶釉、石头釉等新釉色，酒瓶市场也开拓到安徽、浙江和江苏等省。加入“酒瓶大战”的汝瓷一厂在造型设计上独出心裁，率先设计出“八仙酒瓶”、乌龟酒瓶等，引领包装瓷的时尚潮流而一时风靡全国。汝州市中国汝瓷研究所

① 见张迎军收藏汝瓷厂档案资料《汝窑天蓝釉技术鉴定书》（1983 年 8 月 25 日），第 3 页。

成立，增加了汝瓷研究的专门力量。1986 年 9 月，工美厂“双龙瓶”“内花碗”“鸡心碗”等 9 种产品获第三届中国工艺美术“百花奖”评审金杯奖，汝州牌汝瓷经国家质量奖审定委员会批准获中国工艺美术“百花奖”金杯奖，这是中国工艺美术行业的最高奖，汝瓷也因此走向全国。“汝瓷得到金杯以后，迎来了发展机遇，江苏的三沟加一河都是酒厂，他们都开始用我的酒瓶，卖给他们的价格很好，你看洋河一支酒瓶最贵的卖到一块八毛五，利润很高。还有四川沱牌酒厂、海南的酒厂，全国各地酒厂都愿意用我们的酒瓶。”（LJW-1-20180712-7）有关数据显示，工美厂 1983—1986 年呈现跨越式发展态势：1986 年汝瓷产量 223.5 万件，是 1983 年的 2.7 倍；1986 年产值 183.5 万元，是 1983 年的 4.3 倍。全县汝瓷生产在 1984 年的统计数据是：产量 1620 万件，产值 1963 万元。汝瓷生产已经成为临汝县的支柱产业。“那成天酒瓶都供应不上，那时候效益可好了。”（GLC-1-20180710-9）

通过长期实践，工厂终于掌握了汝官瓷天青釉的烧造原理，攻克了这一陶瓷界公认最难烧造的汝瓷釉色的难题。天青釉是宋代宫廷御用、世界知名度最高的汝瓷代表性釉色。其恢复采用的基本工艺是用手拉坯或机制坯的成型工艺，以氧化铁、玛瑙等制釉，用支钉、叩垫加还原火烧成，温度一般控制在 1150—1200℃之间。试制品经检验呈现的天青色与古汝瓷色调一致，理化分析结果与古汝瓷亦基本一致。1988 年 7 月 28 日，由国家轻工部和河南省科委组成的专家组一致认为，汝官瓷研制是成功的，对于恢复中国名窑做出了较大贡献。“到烧最后一窑、配到 328 个配方的时候，我给他们说，再烧不成，我真不烧了。一直烧了两天三夜，烧一窑出了几件天青，叶喆民先生来考察，我一拿，拿出来让他看，他说成功了，这天青釉汝瓷重回人间了。”（ZWL-1-20190728-9）“恢复天青釉有四大因素，第一是必须要完全使用当地的原材料；第二要控制釉配方中的三氧化二铝的含量，这是关键，要达到 17%；第三是为增加乳浊的效果添加玛瑙；第四是烧成曲线有一套制度，这是关键中的关键。”（MYS-1-20190716-15）值得一提的是，这次鉴定是对汝瓷一厂和工美厂两家单位的合并鉴定，虽然“明争暗斗”的它们并不乐意这样做。两个厂的主研人员分别是朱文立和孟玉松。当天，汝瓷月白釉也通过鉴定。至此，汝瓷各主要釉色全部恢复，宋代瓷中珍宝汝瓷全面地复生了。同样在 1988 年，工美厂技术副厂长马永杰、化验室主任孟玉松分别参加了在北京举行的第三届全国工艺美术艺人专业技术人员代表大会和中国妇女第六次全国代表大会，受到党和国家领导人的接见，这些都为汝瓷带来极大的声誉。

20 世纪 80 年代末国内酒瓶市场渐趋饱和，已经颇具市场意识的工美厂未雨绸缪、主动求变，在多年为北京料器厂配套生产汝瓷花盆的基础上，大胆引进了料器（一种玻璃工艺品）全套生产线，再一次在全县掀起了仿制和争相上马的新风。料器的全线投产对于消化汝瓷的过剩产能、稳定汝瓷员工队伍和增加效益具有十分重要的意义。

1989 年 1 月，汝州市美术汝瓷厂（1988 年 8 月，工美厂随着临汝县更名为汝州市而再一次变更厂名）积极贯彻国务院《全民所有制工业企业承包经营责任制暂行条例》，出台了“1989 年度经济承包方案”，该方案涉及全厂 12 个生产管理单元，几乎覆盖了所有工种，十分细致而明确地规定了各岗位的目标任务、奖罚措施等。该方案极大地调动了生产者的积极性、创造性，也代表着汝瓷厂的管理水平又迈上了一个新台阶。

6. 跨行业扩张和停产破产阶段（1990—1999）

20 世纪 90 年代是中国从传统的计划经济体制向社会主义市场经济体制转变，经济增长方式从粗放型向集约型转变的重要时期，也是中国陶瓷行业由以日用美术瓷为主转移到以建筑陶瓷为主的阶段。一大批不适应改革发展要求也没有市场需要的企业最终走向破产，汝瓷企业也不例外。

因白酒行业遭遇重挫，曾热闹一时的各乡镇汝瓷厂逐渐偃旗息鼓、窑冷烟散。深受影响的美术汝瓷厂采取“两条腿走路”策略，把汝瓷酒瓶和料器当作两大主导产品发展，而料器也确实不负众望，1990 年，料器销售额已达 503.2 万元，创利税 44.65 万元，创外汇 37.64 万美元。料器生产解决了大量工人（鼎盛时仅仅料器一项用工就达 1200 人）

的“吃饭”问题，但也暴露出劳力密集型产业的弊端，其最终也成为企业难以背负的沉重包袱。

1992 年，汝州市政府提出“发个子、长胖子”的扩大企业规模、做大企业集团的思路。美术汝瓷厂在两年间，与香港伟裕公司合资成立了河南万兴玩具有限公司、特种水泥有限公司、塑胶棉制品有限公司和电脑绣花制衣有限公司共四家公司。“我们的市委书记问，你这合资公司，香港方面拿钱了没有？我说拿了，现款汇到咱账上的，100 万美元啊，就等于咱 1000 万块钱了啊，他说咦，你咋这么捣蛋呢啊，坑住他们了啊，以前合资的可都是他们把咱坑住了。”（LJW－1－20180712－2）“市里边决定把一个停产的县砖瓦厂并到我们厂，人员调到我们厂，让我们来扩大生产，这个特种水泥项目当时是我们汝州市的十大建设项目。”（CSJ－1－20190115－15）1993 年 4 月，美术汝瓷厂在“发个子”竞赛中一跃成长为万兴企业集团公司，生产工人有 2500 人，年产汝瓷 800 万件，产值 1600 万元。[①] 就在企业似乎进入全盛时期之后，国际国内形势突变，1997 年金融危机爆发，国内银行银根紧缩，企业运转出现严重困难，经济效益急转直下。“那时候挣了有钱，企业滚雪球似的发展，急于发展新产业，资金也投入那上面，到最后资金周转不通了，你正发展个厂投资一部分设备呢，你这边一压住，那边这几个小厂，几个小公司也投了好多钱，整个一牵连了，滚不动了。”（GLC－1－20180710－9）“由于投资急剧扩大，像水泥、制衣，投向这些与我们不是很了解、不相干的，像制衣、电脑绣花这些不相干的企业，我们企业还得背负这个压力，就是没法消化，再一个国家也要求县级国有企业生产不好的要逐步改造转入民营，那时候就准备改制，经济也陷入困难，从 1999 年开始我们这一厂四公司几乎是全部陷入停产。”（CSJ－1－20190115－15）

已经经营不善多年的汝瓷一厂随后也宣布停产，与万兴集团先后开始进入核资、破产清算等环节。

① 《汝瓷志》编纂委员会编《汝瓷志》，中华书局 2018 年版，第 168 页。

无论是在汝瓷恢复和发展的鼎盛阶段，还是跨行业扩张和停产破产阶段，经过无数人努力恢复的汝瓷，除豆绿釉外，其他无论是月白、天蓝还是天青等釉色，都没有大批量生产的机会，直到国有汝瓷企业退出历史舞台。而随着市场经济的兴起，汝州市另一种汝瓷发展的力量却在悄然抬头。1997 年，汝州市第一家民营陶瓷企业新嘉诚汝瓷开发有限公司进入市场并一鸣惊人，其研制的仿汝官瓷“凤耳尊”2 件、“八卦鼎”1 件被国务院办公厅收藏。此后，民营汝瓷企业为主导的汝瓷烧造活动风起云涌，汝瓷发展的另一个全新时代到来了。

三　新中国汝瓷发展历史经验

1. 坚持党的领导和政府主导的制度优势

新中国汝瓷的恢复和发展是与党的领导、政府主导，以及各相关部门的大力支持密不可分的。首先，恢复活动始于政府发出“发掘祖国文化遗产”的号召，此时刚刚成立的新中国百废待兴，但已经开始关注传统文化的复兴问题，并向汝瓷厂派驻党支部书记领导汝瓷生产恢复工作，这充分说明中国共产党和政府是中国先进文化的弘扬者、引领者，也是中华优秀传统文化的传承者和践行者。这是此前多年无法恢复的汝瓷在新中国得以再现的根本原因。其次，整个恢复过程都是在党和政府的领导之下进行的，政府在极其困难的情况下仍给予资金、人才、设备等方面的支持和帮助，而且是长达数十年的持续的支持，这是汝瓷恢复工作能长期进行下去并不断取得突破的决定性因素。党和政府的支持成为汝瓷厂、汝瓷研发人员强大的精神支柱和前进的动力源泉。“周总理下的指示，叫恢复汝瓷，祖国的遗产，这不管怎么着，咱都要生产汝瓷，不管怎么着都要搞成。”（YGR－1－20180118－2）历史也证明，在汝瓷恢复发展的不同时期，凡是加强了党的领导的阶段，汝瓷恢复和发展的步伐就更加轻快一些，反之，汝瓷发展就受到重重阻力，脚步蹒跚。因此，汝瓷的恢复和发展就是坚持了党的领导和政府主导这一制度基础、制度优势的结果。

2. 科学态度加苦拼精神

在具体的汝瓷恢复研制工作中，科学态度和苦拼精神二者缺一不可。科学态度是做好汝瓷研究工作的前提。科学态度又分为两层含义。一是要坚持求真求实的科学态度。汝瓷人在深刻的教训中逐步认识到汝瓷烧造是一门科学，只有通过科学分析、科学试验才能最终实现科学目的，一切违背科学规律还有所谓走近道、急功近利的思想都是有害的。二是要有科学的方法。古人发明汝瓷是长期的低水平经验的重复和积累，而新中国汝瓷的恢复是建立在古窑址考察、现代理化分析技术的基础上，并结合了力学、电学、磁学、热学、美学等学科相关知识的新创造。“轻工部科学研究院、上海硅酸盐研究所将这（古）瓷片化验了以后，把成分公布出来了，这对我来说可是一个很重要的信息，我一看那汝瓷釉的三氧化二铝含量真高，以往我做酒瓶三氧化二铝的含量也不过就是百分之六七，哎，他们公布的铝含量是17%，氧化钙的含量是15%，我从来都没有见到过这么高的。我对汝瓷的研究离不开这些数据。”（MYS－1－20190716－12）有了科学态度做指引，汝瓷人在长期的探索中形成了勇扛重任、埋头苦干、锲而不舍和奉献报国等一系列优秀品质，最终凝结成为汝瓷人的“苦拼精神”。这种精神是不惧困难的勇气，是奋发图强的信念，是主动作为的担当，也是苦苦探索的毅力和坚持。集中体现汝瓷人这种精神的代表是被称为新中国汝瓷恢复第一人的郭遂。“他不愧是共产党员，吃苦耐劳，他上山采石头，至少二三十斤，从严和店背到汝瓷二厂，步行啊。可吃苦，可真吃苦。”（MYS－1－20190716－5）“郭遂师傅是全国劳动模范，勤勤恳恳兢兢业业，正直正派。”（ZWL－1－20190728－3）“郭遂是老共产党员，出一辈子死力，那人真是十乘十嘞好人，张全那时是书记，给他啥荣誉他都不要，张全说，你咋恁实在呢，他就是不愿意，我佩服他，实干家，就是个实干家。”（GLC－1－20180710－4）“俺家人多，条件也艰苦，我没有见我爸穿过新衣裳，从来没有见过，成天穿那鞋子呀都是烂的。”（GXQ－1－20190719－3）“他（家）离厂里有一里地，他那股劲儿，都没有回过家，成天搞这搞汝瓷实验，就盖一个被子，溜光席。”（YGR－1－

20180118－1）科学态度是汝瓷恢复的指路明灯，苦拼精神是为寻找汝瓷恢复之路而迈出的坚实脚步。

3. 积极走出去，广泛学习交流融合

积极走出去，广泛学习交流融合使汝瓷人克服了偏处一隅、人才匮乏、信息闭塞和交通落后的劣势，是汝瓷恢复和发展的重要经验。在汝瓷恢复发展的重要历史时期、关键节点，汝瓷人通过走出去的方法开阔了视野，寻找到新的机遇，开辟了新的发展之路。比如当出现“捂火”后，通过请教陶瓷专家才知道还原火及其使用；还比如参加广交会之后，汝瓷人才真正开始思考企业该向何处发展的问题。

通过走出去拜得名师，求得真知。对于后发的汝瓷厂（主要指“二厂”）来说，学习不仅帮助其掌握了最新技术、大大缩短了自行苦苦摸索的时间，也为汝瓷发展积累了大量人才。据统计，汝瓷厂建厂以来送往景德镇、湖南醴陵、河北唐山、江苏宜兴等瓷区和大专院校进修学习的人数达100多人，学成归来的陶瓷人才在相关岗位都发挥出积极作用。在走出去学习交流的过程中，自然而然地就会与其他瓷种发生碰撞或对话，对先进瓷区的文化借鉴、吸收、融合，促进了汝瓷自身的创新与发展。其实，汝瓷从诞生起就是交流的产物，它还将在持续的交流融合中发展下去。

4. 面向市场求新求变

汝瓷厂的市场观念是在市场营销实践的基础上形成的，并随着国家社会生产力水平的提高、商品经济的发展而不断演进。汝瓷厂第一次面向市场是在1971年参加广交会之后，大量订单纷至沓来，汝瓷人在激动之余开始被动地应对市场——显然这个市场还不是一个真正意义上的市场。在交过“学费”后（曾因延期交货而蒙受了损失），他们不得不重视市场、研究市场。改革开放之后，在不进则退的商品经济大潮冲击下，汝瓷人开始主动走向市场，积极开拓市场、拥抱市场，并根据市场需求研制开发适销对路的产品，创新产品类型和花色。“当时不知道生产啥，我看那古书说宋代这汝瓷酒瓶就很珍贵，当时送王爷的东西都有酒瓶，我就往那宝丰酒厂啊，杜康酒厂啊，仰韶酒厂啊，安徽亳州这个古井贡酒，这样一趟一趟跑，他们都愿意使汝瓷瓶。日本对这汝瓷很感兴趣嘞，他一看汝瓷瓶，马上就要这酒，所以也（为酒厂）带来好的生意。我负责对外联系，这些酒厂都是我去，我亲自联系。”（WZY－1－20190118－3）“比如做一个如意酒瓶，喝了酒了盖儿一弄掉，这就是一个瓶儿，很美的瓶。还比如做一个大象酒瓶，这里装一斤酒，这个象尾巴呢，是个把儿，象嘴呢是倒酒的口，喝了酒了，这瓶儿还可以用，可以当一个酒壶。后来还创作了八仙过海，西游记啊、竹林七贤都搞成酒瓶了，整个酒瓶变成艺术品了。”（LJW－2－20190117－5）汝瓷厂通过举行用户恳谈会、走访用户等形式，了解市场最新动态并及时做出反应。在现在的汝瓷收藏品市场，还能看到20世纪80年代生产的一些与百姓日常生活相关的如汝瓷电熨斗、火锅盆、台灯座等产品，显然是顺应了改革开放之初人们求新求变的消费心理。

5. 科学管理提升质量效益

20世纪80年代国企改革的重点包含大量现代企业如何科学管理的内容，在国家出台了一系列政策、制度和办法之后，汝瓷厂科学管理的相关实践开始起步。应该说，起初这家脱胎于生产粗瓷的小厂改革的意愿并不强烈，是被地方政府指令、市场竞争形势等因素一路裹挟着前行的，但汝瓷厂作为执行者在落实相关改革要求时态度是认真负责的，做法也扎实有效。

汝瓷厂的科学管理主要体现在考核管理制度和全面质量管理制度的落实两个方面。1983年1月，汝瓷厂推出了历史上第一个经济承包制度，当年年底取得效益翻番的佳绩。1984年继续实行承包制，完成产值75.2万元，比1983年提高了74.8%。1985年完成124.13万元，比上年增长了65.07%。利润也连年大幅增长。是考核制度逐步打破了“大锅饭”，激发了员工的积极性。“你像这一座窑，承包给我了，工资高低，厂里给作价，一个酒瓶多少钱，工人工资高低你决定着的，你发，这样工人的积极性都起来了啊。”（LJW－2－20190117－6）“我们当时一个月定的工资是35块钱，实行承包制以后，产值多高就给你出多高的工资，最高的一次我记得是拿到了170块钱。”（CSJ－1－

20190115－14）1985 年，汝瓷厂建立了以厂长为首的全面质量管理小组（TQC）和以各车间主任为负责人的涉及原料、半成品、烧成、造型、设计等环节的 5 个 QC 活动小组，对各个工种、岗位的质量标准、奖罚措施都做了详细、明确的规定，并设立专职质检员 31 名，通过抽查、自查、互查等手段促使产品质量稳步提升。1986 年 5 月 30 日，河南省标准局正式发布并施行“汝瓷地方标准”，这一标准是在汝瓷厂多年实践的基础上由汝瓷厂相关人员执笔完成的，不仅使汝瓷生产有了更加科学合理的质量依据，也提高了保护传承民族文化遗产的成效。

四 新中国汝瓷发展启示

1. 坚持和完善党的领导与政府主导的制度

历史经验证明，党的领导和政府主导是汝瓷恢复、发展的根本原因，是我们的制度优势。在中国特色社会主义新时代，这项制度不仅不能变，反而应该进一步发挥和完善。2021 年 8 月，中共中央办公厅、国务院办公厅印发《关于进一步加强非物质文化遗产保护工作的意见》，明确提出了“坚持党对非遗工作的正确领导，巩固党委领导、政府负责、部门协同、社会参与的工作格局”。这是我国非遗保护工作的总原则，也是汝瓷未来发展的重要指引。首先，汝瓷所在地相关党组织要关心和支持汝瓷事业发展，加强党对汝瓷非遗保护工作在政治、思想和组织等方面的引领与指导，带领汝瓷人继续探索汝瓷未来发展新路径。其次，地方政府及其相关部门要积极履行汝瓷保护的义务和责任，积极编制汝瓷保护传承发展规划，在人力、财力、物力上做出保障。同时积极探索和创新由政府、行业协会、企业和个人多方参与的汝瓷非遗保护、行业发展管理机制，进一步完善非遗传承人评选制度、奖励制度和人才培养制度等，增强汝瓷发展动力，激发汝瓷发展活力。除此之外，政府更应该在非遗文化圈建立自觉培育机制，启发圈内居民的文化自觉，这可能是一项更为长远也是根本的工作。[①]

2. 把握市场趋势，推动“双创”迈向更高水平

习近平总书记在党的十九大报告中提出，要“推动中华优秀传统文化创造性转化、创新性发展”，[②] 为今后我国文化建设事业的发展指明了方向。具体到汝瓷而言，就是要把汝瓷非遗所具有的历史价值、文化价值、艺术价值等充分挖掘出来并与市场要素紧密结合，进行创造性转化和创新性发展，这样才能把汝瓷文化产业做大做强。其主要途径包括：第一，在认真分析研究现存各中华名瓷历史渊源、文化特质以及产业发展现状、问题和趋势的基础上，梳理和总结汝瓷资源的丰富内涵，明晰其发展特点，明确其在现代名瓷市场中的位置；第二，积极利用汝瓷非遗资源、技术、传承人和品牌等优势，寻求其与市场经济的最佳结合点，用现代产业理念和市场经济法则进行开发，努力创建中华优秀传统汝瓷非遗产业品牌；第三，融合现代审美思维和现代科技进行创造性转化，生产出更多具有鲜明时代特征和民族特色的、为大众喜爱的汝瓷产品；第四，积极对接融入国家战略，紧紧抓住“一带一路”、黄河流域生态保护和高质量发展等重大机遇，在加强汝瓷文化保护传承的同时，讲好中国汝瓷千年故事，开展国际陶瓷文化交流活动，推动文旅、文创融合发展。

3. 继承优良传统，发挥领军人物的核心和带动作用

继承新中国汝瓷发展的优良传统，主要是要继承汝瓷人在长期的探索中凝练出的“科学态度加苦拼精神”，这是汝瓷人最为宝贵的精神财富，是凝聚和激励汝瓷传承人团结奋斗的强大精神力量，是促进汝瓷非遗不断创新发展的巨大动力。继承和弘扬“科学态度加苦拼精神”，则要充分发挥领军人物的核心和带动作用。这里所说的领军人物指的是经

① 何平：《非物质文化遗产保护中的政府责任》，2006 年 4 月 16 日，https://mct.gov.cn/whzx/bnsj/zcfgs_bnsj/201111/t20111128_821517.htm，访问日期：2022 年 9 月 22 日。

② 新华社：《习近平：决胜全面建成小康社会 夺取新时代中国特色社会主义伟大胜利——在中国共产党第十九次全国代表大会上的报告》，2017 年 10 月 27 日，中国政府网，https://www.gov.cn/zhuanti/2017-10/27/content_5234876.htm。

过市场洗礼的汝瓷各知名窑口窑主、经相关部门评选认可的各级非遗传承人和掌握汝瓷制作技艺的陶瓷艺术设计大师、工艺美术大师等，他们一般具有较高的价值追求、出类拔萃的专业素养、强大的创新能力和卓越的领导才能。“领军人才最大的作用是培育或传播一种文化或精神，让整个团队有一个共同理念、共同目标、共同行为准则。”[①] 汝瓷发展的成功经验也一再证明，无论对于一个团队，还是对于整个行业的发展，领军人物都发挥了重要而独特的作用，比如张全、郭遂等人。因此，有关部门一方面应规范相关荣誉颁授制度，把是否倡导和发扬了“科学态度加苦拼精神”、是否为汝瓷发展做出了突出贡献等作为选拔标准，使真正的领军人才脱颖而出；另一方面应通过宣传导向指引、重点扶持政策落实等保证领军人物带动和示范作用的发挥，以引领整个行业良性有序发展。

4. 注重人才培养，做好传承传播

当前，汝瓷专业人才年龄结构偏大，文化素质较低、创新意识和能力不足等问题十分突出，亟须新鲜血液注入。但因收入不高、工作脏累等原因，年轻人不愿意进入此行业，汝瓷人才匮乏，有的窑口已经出现青黄不接甚至后继无人的情况。其实，即便现在有人愿意学，汝瓷现有的传承方式因传承效率不高、效果不佳，也难以使年轻人真正成材。以“师徒传承”“家族传承”为主的汝瓷非遗传统传承方式在历史上曾发挥过积极作用，但目前看来其弊端也十分明显。师徒传承因其封闭性与局限性很可能导致部分制瓷技艺失传，家族式传承往往限于特定的血亲关系范围内，虽有利于家族生存，但不利于技艺的良性发展和创新。上述这些情况严重制约了汝瓷的生存与发展。如何解决？结合汝瓷发展的历史经验和发展现状，本文提出“政企配合，分类施策，拓宽渠道，留住人才，培育新才，壮大队伍，完善结构”的思路，具体路径如下。第一，要建立政府和企业关于人才培养的深度合作机制，摸清底数，找准

① 桂乐政：《领军人才在科技创新团队建设中的核心作用》，《武汉工程大学学报》2010年第4期。

原因，分类施策。第二，留住现有人员并促使其早日成材。对已经在汝瓷行业中工作的、有一定发展潜质的人员可以直接由政府或企业出资送到专业院校、先进瓷区进行中长期培训，以开阔眼界、更新知识，减少封闭传承模式带来的负面影响；对学习意识、能力一般的人员则鼓励其参与在职培训、脱产进修等，提升其在制釉或造型等某一专项上的能力水平。这两种培养方式的目的都是帮助从业者尽快成长，成为独当一面的专业技术骨干，企业则根据水平、业绩给予相应的人才待遇。这样不仅可以留住培育的大量人才，也能让更多对汝瓷行业心存疑虑的年轻人看到事业发展的希望，从而吸引他们进入行业。第三，拓宽人才培养渠道，促进传统传承方式和现代教育体系相结合。政府应积极创造条件，通过与大学和高职院校联办相关专业班、在技校常设汝瓷专业、在企业开设短训班等方式培养多种层次的汝瓷专业人才，实现汝瓷人才培养的差异化、多样化。第四，转变人才观念，完善人才结构。汝瓷发展不仅需要技能高超的汝瓷烧造人才，也需要与互联网时代紧密结合的汝瓷传播人才、营销人才、管理人才等的加入。通过“招才引智”战略的实施不断提高人才吸纳能力，壮大人才队伍，促进汝瓷文化产业的持续繁荣与发展。

Experience and Enlightenment: A Study on the Oral History of the Development of Ru Porcelain in China (1949—1999)

Zhao Yafeng　Zhao Yixiang

Abstract: The recovery and development of Ru porcelain in China was deeply affected by the social, political and economic development of the country, and was closely linked with the fate of the original Linru County Ru porcelain factory, the main place for the recovery of Ru porcelain. Relying on the oral historical materials collected by the "oral history of Ru porcelain restoration and firing", on the basis of systematically sorting out the history of the restoration and development of Ru porcelain in China spanning half a century from 1949 to 1999, five major experiences are summed up, including adhering to the institutional advantages of the CPC and the government's leadership, working hard with a scientific attitude, actively going out, extensive learning, exchange and integration, seeking innovation and change in the market, and scientific management to improve quality and efficiency. It is believed that in the future development, we should adhere to and improve the system of the CPC and government's leadership, grasp the market trend, promote "mass entrepreneurship and innovation" to a higher level, inherit the fine tradition, give play to the core and leading role of leading figures, pay attention to personnel training, and do a good job in inheritance and dissemination. The research has important rescue value for the protection of socialist Ru porcelain new culture, and also has reference significance for the cultural inheritance and protection of other traditional famous porcelain in China.

Keywords: Oral History; Ru Porcelain; Experience and Enlightenment

中国公共史学集刊　第五集
第 65～78 页

中国当代建筑口述史研究综述

——基于“中国建筑口述史学术研讨会”与《中国建筑口述史文库》的观察

于　涓　张　缘*

摘　要　近年来，口述史逐渐引起中国近现代建筑史学界的重视，越来越多地成为从业者和学者关注、使用的研究方法之一。自 2018 年 5 月至今，中国建筑口述史学术研讨会形成每年举办一场研讨会，出版一辑《中国建筑口述史文库》，成为建筑口述史理论、实践和工作经验等交流的重要平台与成果的集大成者。本文通过对 5 届研讨会发言内容及《文库》收录的 135 篇文章进行梳理、分析、综述，勾勒出中国当代建筑口述史发展的现状、特点、困境，对其未来发展机制进行思考。

关键词　口述史；中国建筑口述史学术研讨会；《中国建筑口述史文库》

* 于涓，山东建筑大学建筑城规学院 ADA 研究中心副研究员；张缘，山东建筑大学建筑城规学院 2021 级硕士研究生。

“史料为史之组织细胞，史料不具或不确，则无复史之可言。”① 不治史学，不知史料之可贵与散佚之痛惜。然而，由于长期以来国内建筑界对自身历史记录忽视的惯习，以及大批当事人多已辞世，造成大量近现代史料未能及时记录与整理，仅过去几十年的人和事因此变得难以考证。文献史料缺失的现象在中国及地方建筑史研究中具有普遍性。

梁启超有言，诹询故老，搜其口碑传说，用种种方法取其谈话经历，此采集史料之法，“必如此方为合理”，亦将“现实之实迹及口碑”列入甲等史料。② 20 世纪 20 年代，朱启钤在中国古代建筑研究过程中，开启向传统匠师访谈的先河，后刘敦桢、梁思成走访各地匠师，访谈匠人、了解匠艺。但此后，口述史并未得到中国建筑界学人的重视。

近年来，口述史正逐渐得到学界的青睐，因过去的六十余年恰在口述可及的取材时限之内，收集、整理建筑学人的口述史对中国近现代建筑史的研究将直接起到完善体系和丰富史料的作用。抢救“口述记忆”，开展相关的口述研究，“对于完善我国现当代建筑史、学术史、机构史、人物史、建筑教育史等具有重要的意义”，③ 不仅为建筑史提供了更多的研究素材，同时也是拓展专业研究广度的重要途径。带有生命温度的个体记忆及学术成果，正逐渐引起中国近现代建筑史学界的重视，越来越多地成为从业者和学者关注、认可、用以研究的内容之一。

2018 年 5 月，在学术召集人赖德霖教授的积极推动下，沈阳建筑大学率先发起第一届中国建筑口述史学术研讨会暨工作坊（简称“研讨会”），并主编《中国建筑口述史文库：抢救记忆中的历史》（简称“《文库》”），对建筑口述史理论、实践和工作经验进行交流。研讨会与《文库》将建筑口述史作为一个学术性议题集结呈现于学界，此后，由华侨大学、西安建筑科技大学、青岛理工大学和华中科技大学相继传棒接力。中国建筑口述史形成每年举办一场工作坊、出一辑《文库》的

① 梁启超：《中国历史研究法》，商务印书馆 1947 年版，第 54—55 页。

② 梁启超：《中国历史研究法》，第 54—55 页。

③ 《关于广泛深入开展中国建筑口述史学术研究的倡议》，《新建筑》2022 年第 3 期。

惯例。本文通过对5届研讨会主题、分论坛发言及5辑《文库》中收录的135篇文章进行梳理、分析、综述，尝试勾勒中国当代建筑口述史学研究现状的版图。

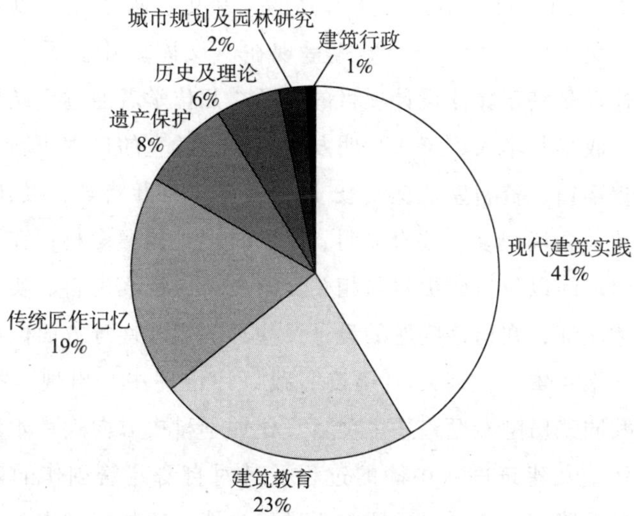

图1　5辑《文库》收录文章内容分布

一　现代建筑实践口述史：抢救建筑师记忆，问题导向型选题

“记忆比实物和文献更难以保存，也更容易消失，所以也应是‘遗产保护’工作的对象之一。”①经历了现代建筑转型期、保有大量珍贵集体记忆的从业者正在走向暮年，很多都已是耄耋老人，记忆的抢救刻不容缓。5辑《文库》中有52篇访谈是针对建筑师与其他从业人员、设计方案和作品等各地建筑与遗产保护中的人、物、事的记录与梳理。5届研讨会均设置了“现代建筑实践”的主题板块，探讨在访谈实践过程中关于口述史方法、规范的反思与经验分享。

① 《关于广泛深入开展中国建筑口述史学术研究的倡议》，《新建筑》2022年第3期。

《文库》第一辑以“抢救记忆中的历史”为主题，“旨在保存人人记忆中有关中国建筑的历史”。“现代建筑实践”栏目中，赖德霖、王军、李浩等几位学者将谭垣、唐璞、张镈、汪坦、贝聿铭、陈式桐等13位第一代、第二代、第三代建筑师的生命史、求学经历以及设计创作思想等，集中以访谈实录的形式呈现在《文库》中。无论是个人生平片段讲述还是基于具体设计项目的专题，几位学者通过半结构式到结构式提问，收集其本人、家人、朋友、同事、学生的口碑史料；在城市及单位的档案馆、资料室收集历史资料档案、人事档案、报刊、图片、图纸、照片、会议记录、政府证明、私人日记等档案史料；在不同来源的口碑史料之间以及口碑史料与相关文献史料、档案史料、实物史料之间进行多重互证，在访谈问题的设计及注释的规范性等方面做出示范。

在接下来4辑《文库》的建筑实践口述记述中，出现一批颇具问题意识的共同经历型专题口述史项目。比如学科史方向，卢永毅、王伟鹏以后现代主义建筑进入中国的过程及其对自身建筑创作的影响为主题，先后对关肇邺院士、马国馨院士进行访谈；比如规划史方向，李浩就“一五”时期中国城市规划工作，以及城市景观风貌和规划建设为主题，先后对邹德慈院士、彭一刚院士进行访谈；比如行业机构史方向，高校设计院是中国特有的一种建筑设计组织机制，而同济设计与同济学派在中国建筑界又是独树一帜的存在，华霞虹对其展开的口述资料收集和研究是富有历史价值和理论深度的；比如历史事件方向，以三线建设为主题，对其中的建筑设计和建筑师进行访谈，对动态社会变革如何促使计划经济时期的中国现代建筑教育模式发生转变，相关群体又是如何在新范式指导下开始新的设计工作等问题进行考察，将三线建设时期建筑教育及培养方式的特点生动地展现出来；比如遗产保护方向，华侨建筑是随着华侨华人在海内外交流、迁徙、定居过程中形成的具有中外文化交流特点的建筑文化现象，华侨大学陈志宏教授团队结合有关族谱、侨批等的民间文献史料，借助口述的方法，以华侨建筑为主题，探讨了相关建筑文化在东南亚、闽南侨乡传播的源流关系与演变过程。

另外，研讨会专家主题发言及《文库》收录的文章中集中出现了对口述史方法的反思、总结。从概念辨析出发，有学者考释了传统史学中“文”与“献”的深层含义，认为文、献结合，文、献互证，文、献互补，是中国史学的宝贵传统。口述史的准确性和可靠性如何判断、如何使其成为建构历史研究的史料，是几届研讨会上学者讨论的热点问题，有学者从口述与文献互证的角度出发，将日记与口述实录同时作为特殊的历史资料，探讨其在建筑规划史研究中的独特价值；有学者则将口述史与华侨族谱、侨批书信、碑刻、历史图纸、老照片、契约文书、侨刊乡讯等民间史料相结合，为闽南侨乡和海外华侨建筑的研究提供了丰富的研究素材与崭新的研究视角。对口述史真实性的反思，也是学者思考讨论的重要维度，有学者提出在口述史研究中须分清历史的真实与讲述者思想的真实，信以传信、疑以传疑，坚持对完整事实的追求；有学者则从加强组织策划、撰写谈话提纲、谨慎选择口述环境、研究者全程参与访问和整理、多渠道史料互证等角度，提出具体提高口述史作品可靠性的对策及建议。从口述史访谈技巧出发，有学者就如何规范口述史的程序与方法提出意见，有学者从访谈如何超越自己的视野、知识和价值观的局限，建立一种对历史的同情感做出阐述，有学者则对访谈如何做到既有敏锐的洞察，又让自己的观点悬置，让口述者的回忆打开等进行了总结。

二　传统匠作记忆口述史：整体性系统记录缺失，平台聚合优势尚待利用

在飞速发展的现代化社会中，各地、各民族的传统匠作正面临着被淘汰的困境，传统工匠的“技艺”与“记忆”亟待搜集和整理。传统匠作一直是口述史方法实践的重要场域，在5辑《文库》中共收录了20余篇匠人记述。

其中，华侨大学建筑城规学院所做的华侨建筑与匠作口述访谈有11篇，是目前匠作记述中最为系统、持续的记述。2019年，在由华侨大学建筑城规学院承办的第二届研讨会上，专家专门就华侨建筑与传统

匠作记述主题进行了学术交流。华侨大学许金顶教授、成丽教授等六位专家，分别从基于田野调查的侨乡历史文化资料构建和闽南传统建筑营造技艺研究、匠师口述史等不同方面，归纳总结了闽南地区传统匠作访谈及研究经验和成果。马来西亚槟城遗产保护专家陈耀威，以马来西亚陈忠日等匠师的口述资料作为基础素材，记录了木屋的建造程序及相关营造技艺，从类型、材料、构造、规模名称及空间布局等多个方面，介绍了马来西亚华人木屋的基本情况，分享了境外匠师口述研究的成果和经验。在接下来的几辑《文库》中，华侨大学建筑城规学院陈志宏、陈耀武、涂小锵等持续对马来西亚华侨建筑、闽南匠师与东南亚华侨建筑、客家土楼营造记忆等进行了匠作的访谈、收集与记录。

与华侨建筑相比，其他地区的匠作记述虽零星出现，比如有关古磁州窑场生产工艺、四川民居中的编壁墙、临清冀家大院贡砖匠作工艺、黄河晋陕沿岸风土建筑等匠作技艺的访谈，但再未出现具有研讨会承办高校所在属地独特地域特点的匠作记述"抱团"呈现的情况，因此，很难形成整体性的系统记录，这使研讨会与《文库》在传统匠作口述史领域本应发挥的聚合效应及平台优势大打折扣。

在 2022 年由华中科技大学承办的第五届研讨会上，汤诗旷做了题为"武陵地区的匠人与匠艺——多民族地区的营建技艺调查研究概要"的主题报告，他从地理的武陵、历史的武陵、居住的武陵、营造的武陵四个方面介绍了武陵匠人和匠艺，并从匠人与匠艺的视角对华中科技大学团队近三年的调研概况与成果，尤其是对匠人的族际交流、营造职业化、匠艺的传承方式、传播和传承的动力，以及匠人术语、侧样设计及地域做法、营造丈杆等方面取得的研究进展进行了总结。但略为遗憾的是，武陵地区的匠作记述和访谈实录未在华中科技大学主编的第 5 辑《文库》中呈现。

就传统匠作的访谈实践来讲，整体性系统记录仍是大部分地区面临的困境，但关于匠人口述史方法的探讨、总结，引起相关青年学者的关注。"口述史访谈如果不能结合研究，材料本身的价值就难以充分显现，同时口述访谈的深度也会打折扣。”[①] 香港珠海学院的吴鼎航博士，在采访和解密匠师口述传统的基础上，持续形成理论性研究成果。被第2辑《文库》收录的《中国传统建筑营造中的口述传统》一文，通过《营造法式》《木经》《鲁班经》中关于口述传统的佐证，阐释了口述传统是中国传统建筑营造的根本。这是对口述传统与中国传统建筑及匠人关系较为深入的再思考。在第3辑和第4辑《文库》中，又分别撰文《中国传统民居建筑中的权衡之美——匠师口述传统中的模数与比例》《中国传统建筑营造中的口述传统风水术之“辨方正位”与“取尺定寸”》，探索隐藏在匠师营造口诀中的权衡尺寸及关于方位、朝向的秘密，追本溯源，论证中国传统民居建筑的权衡之美和中国传统建筑营造中风水术背后的哲学理论依据。

另外，河南理工大学的刘军瑞关于口述史方法在收集和整理传统营造技艺、匠师访谈中的运用的研究也同样值得关注。在被第3、4、5辑《文库》收录的多篇论文中，他通过对乡土营造的口述史料、口述方法和口述历史等重要概念的解析，提出乡土营造口述人员要以匠师为主，兼顾屋主、邻里等人群，利用建成或营造中的建筑实物、测绘图和照片等作为引导材料启发受访者思路，并对如何提高匠师采访效率、质量以及口述史料的知识产权等问题，从方法层面上进行了论述。

三　建筑教育口述史：“双主体”集中单一，“共同经历型”多元转向

中国近代建筑史的研究多集中在建筑史观、建筑实体、建筑风格等方面，建筑教育方面的内容零星分散；同时，基于传统的文献、实物史料的学术脉络力有不逮，研究的范围和深度也深受局限，现代建筑教育体系的相关历史没有得到充分挖掘和系统整理。近年来，梳理建筑学

① 董哲、赖德霖：《中国当代建筑口述史学研究历程与观察——赖德霖教授访谈》，《新建筑》2022年第2期。

人、教育者的口述史料，对中国及地方现代建筑教育史研究所起到的作用正逐渐引起中国近代建筑史学者的重视。已举办的五届研讨会均设置了建筑教育口述史的分会场，对其进行专题研讨。在已出版的5辑《文库》中，设置了现代建筑教育专栏，共收录了29篇访谈。

从总体来讲，建筑教育口述史体现了“双主体”的“集中且单一”的特点。一是受访主体大多集中在清华大学、东南大学、天津大学、同济大学、华南理工大学等“老八校”（如表1所示）。比如，《罗小未先生谈同济大学西方建筑史教学的历程》《罗小未先生谈外国建筑史教科书的编写》（《文库》第1、4辑），《刘先觉教授谈东南大学外国建筑史教学》《刘先觉先生谈后现代主义建筑及外国建筑史教材的编写》（《文库》第2、4辑），通过学者细致入微的访谈和整理，再现了教材编写者在几十年对西方建筑史的不断学习、移植和消化过程中积累的成果。这既是个人记忆的一部分，又是构成中国建筑史学进程部分形态特征的宝贵的集体记忆。

表1 《文库》建筑教育部分受访者所在单位概览

受访者所属院校	受访者	访谈题目
清华大学	高亦兰	《高亦兰教授谈清华大学早期建筑教育》
	王其明	《王其明教授谈单士元对建筑理论与历史研究室早期工作的贡献》
	赖德霖	《赖德霖教授谈清华大学外国建筑史教学》
	高亦兰	《高亦兰教授谈清华大学20世纪50年代学习苏联时期的教学情况》
	奚树祥	《奚树祥先生忆郭湖生先生》
	阙永魁	《清华大学阙永魁老师谈留学苏联》
	黄汇	《黄汇先生忆20世纪五六十年代清华大学建筑系教学情况》
东南大学	钟训正	《钟训正院士关于东南大学建筑教育的回忆》
	刘先觉	《刘先觉教授谈东南大学外国建筑史教学》
	刘先觉	《刘先觉先生谈后现代主义建筑及外国建筑史教材的编写》

续表

受访者所属院校	受访者	访谈题目
天津大学	黄为隽	《黄为隽先生谈个人学习工作经历与天津大学建筑教育》
	荆其敏	《荆其敏谈改革开放初期赴欧美院校访问经历》
同济大学	罗小未	《罗小未先生谈同济大学西方建筑史教学的历程》
	童勤华	《童勤华先生谈同济大学早期建筑设计教学》
	黄承元	《黄承元教授谈20世纪50年代留学苏联的经历》
	来增祥	《来增祥先生谈留学苏联》
	罗小未	《罗小未先生谈外国建筑史教科书的编写》
	李振宇	《李振宇教授谈参与和推动同济大学建筑与城市规划学院国际化发展的经历》
华南理工大学	陆元鼎	《陆元鼎的华南建筑故事》
	刘管平	《刘管平的华南建筑故事》
	金振声	《金振声先生谈华南理工大学早期建筑教育历史》

二是采访主体的“集中且单一”。访问者多为上述老牌建筑院校中任教的中青年学者，且每年被收录的作品大多均由这几位作者提供（如表2所示）。学者结合文献、档案、实物等资料，在对口述史料的收集、整理、考证、分析的方法层面上已日益成熟，并且能够很好地运用到中国建筑教育历史研究中去。

表2　《文库》建筑教育部分访谈者所在单位概览

访谈者所属院校	访谈者	访谈题目
同济大学	钱锋	《高亦兰教授谈清华大学早期建筑教育》
		《高亦兰教授谈清华大学20世纪50年代学习苏联时期的教学情况》
		《童勤华先生谈同济大学早期建筑设计教学》
		《黄承元教授谈20世纪50年代留学苏联的经历》
		《李振宇教授谈参与和推动同济大学建筑与城市规划学院国际化发展的经历》
		《金振声先生谈华南理工大学早期建筑教育历史》

续表

访谈者所属院校	访谈者	访谈题目
同济大学	卢永毅	《刘先觉先生谈后现代主义建筑及外国建筑史教材的编写》
		《罗小未先生谈同济大学西方建筑史教学的历程》
		《罗小未先生谈外国建筑史教科书的编写》
华南理工大学	张弯	《陆元鼎的华南建筑故事》
		《刘管平的华南建筑故事》
天津大学	戴路	《黄为隽先生谈个人学习工作经历与天津大学建筑教育》
		《荆其敏谈改革开放初期赴欧美院校访问经历》

另外一个特点，是从事建筑教育口述史的中青年学者对有历史价值的议题保有足够的敏感性，从传统口述研究的“历史中的个人”访谈转向“共同经历型”访谈，选题基本围绕着新中国史宏观背景下的重要议题展开，研究其对中观层面的建筑学科教育所产生的影响，具体落脚点是在微观个体层面进行群体访谈，最终，积沙成塔，完成某一历史事件聚焦下的口述史料的汇聚。比如，20 世纪五六十年代，我国曾派出数千名大学生留学苏联，尤以 1954 年、1955 年最为集中。这一代建筑专业留苏学生的求学经历，对中国建筑学科以及建筑行业发展具有不同程度的影响，他们的经历在 20 世纪中国教育史上也具有特殊意义。围绕这一主题，钱锋和李萌等青年学者，通过对高亦兰、黄承元、来增祥、阚永魁、许纪蔚等有留苏经历的老先生进行访谈，并对其求学经历和职业生涯展开研究，分析、梳理了留苏建筑界人才对学科建设和工程领域发挥的作用。戴路、谭峥等青年学者，通过对黄锡璆、荆其敏、李振宇等学者的访谈，分别就改革开放初期赴欧美院校访问经历及建筑学科的国际化教育线索等方面进行补遗。

四　评价与展望

1. 建筑口述史成果较丰富，但研究性偏弱，标准规范亟须建立

在中国，进入 20 世纪 90 年代（尤其是进入 21 世纪）以后，口述

史被广泛应用于多学科，呈现一种“多源多流”的多元化特征，实践成果远多于理论探讨。在不断实践的过程中，多数中国学者逐渐达成理论共识：口述历史是研究者基于对受访者的访谈口述史料，并结合文献资料，经过一定稽核的史实记录，对其生平或某一相关事件进行研究；是对口述史料的加工、整理和提升，而不是访谈史料的复原。

目前，《文库》在如何将口述信息进行记述与整理的规范上，结合建筑学科特点，在“人”“物”“事件”三个维度上提出具体而微的要求，包括在受访者、采访者、访谈中谈及的人物等人的层面，在“出版物”“建筑材料”“建筑构件”“工具”等物的层面，在建构、工作、街区等事件的层面，都给出详细的规范。但从目前被《文库》收录的口述史访谈中可以看到，仍有一部分访谈成果处在不规范的、只做到一些简单文字处理的“口碑史料”的层面。这既破坏了口碑史料的原真性、完整性、情境化，又失去了口碑史料的档案价值；既未做到与文献、实物等其他史料类型进行细致翔实的“二重证据”的互证核实，又缺乏阐释历史的洞察，从严格意义上来讲，未达到口述历史著作的要求。

华裔历史学者唐德刚认为，“所谓口述历史并不是一个人讲一个人写就能完成的，口述部分只是其中史料的一部分。一般而言，大学者的口述史料大概有百分之五六十；非学术人士的口述史料只有百分之十五、二十左右”。[①] 他在《胡适自述自传》中，创造了“口述＋注释”的写作模式，还做了大量引证“著述史料”的注释，注释的文字几乎与正文相当，成为具有较高史学价值的口述史著作范本。这些口述史著作均为建筑口述史访谈成果的考证、注释、整理、规范提供了圭臬。

2. 口述史意识日渐增强，但发展仍不均衡，长效机制亟待完善

经过几年来中国建筑口述史学术研讨会及《文库》的推广、出版，近现代建筑史学界多数学者基本达成共识：记忆与实物、文献、档案、图纸等其他史料类型一样，都是“记忆遗存”，也都是“遗产保护”工

① 唐德刚：《文学与口述历史》，《传记文学》1984 年第 12 期。

作的对象。不论是经历过中国建筑转型时期的从业者、教育者，还是正在逐渐被现代化进程湮没的传统匠人，对这些记忆的抢救性整理和保护工作刻不容缓。第五届研讨会后，中国建筑口述史委员会发出《关于广泛深入开展中国建筑口述史学术研究的倡议》。

建筑口述史的意识深入人心，并产生了较丰富的口述实践，但同时，也呈现较明显的发展不均衡性。以人、物、事三个维度为例，从研究对象来看，多集中在名校、大师、重大项目、重要历史事件的参与者中；从研究者来看，口述史方法的使用远远不够普及，目前仅限于几所重点高校的少数学者、研究生在学术研究中使用。但现代意义上的口述史，绝非囿于学术高地的工具，它不仅是新史学倡导的史观和方法论孕育出来的产物，更具有“新史学”所有特征——它的书写关系每一个普通人的文化话语权，是一个平民化书写的过程。借由口述史方法所获取的资料，不能仅是传统史料的另一种形式。这种“自下而上”研究视角的根本变化，要将历史研究关注的对象从社会的、学术的精英人物转为各地区基层建筑从业者、乡村的普通工匠、普通院校的建筑教育者等。

同时，另一种不均衡性表现在方法维度的单一。在“新史学”的研究方法里面，口述史是最具“个人性”的一种。口述史以记录由个人亲述的生活和经验为主，从微观个体的角度来体现对宏大历史事件的记忆和认识，这样既能帮助研究者观察到冷冰冰的制度和结构以外的人性与心态，同时，又对历史进行了多层次、多方面、整体性的把握，往往能够获得历史文献无法获取的珍贵史料。目前，建筑学人在把口述史当作“恢复历史史实”的应用手段的同时，在实践过程中形成的基本程序、步骤、方法也都在日臻完善，但是，仅把它作为史料的来源，显然是低估了口述更为深远的价值。当历史学者将其作为“社会记忆遗存”来审视，在自觉地探究、辨析记忆如何被选择、扭曲、虚构、强调或忽略的过程中，一段历史背后的社会本质的形成或变迁，才能够真正浮出水面。

“口述史是人人记忆中的历史，口述史记录关心人人亲身经历过的历史，口述史工作是人人都可以做出贡献的历史。"（《中国建筑口述史文库》篇首语）多元主体的参与与书写才是建筑口述史的应有之义，而建立长效工作机制是广泛深入开展中国建筑口述史学术研究的保障。年轻的从业者、教师、研究生以及本科生，必将成为建筑口述史收集与书写的主体。对投身这项工作的师生和研究者开展口述史工作的相关培训，应是建立长效机制的第一步：一是让更多的年轻人了解、产生兴趣，并逐渐养成访谈、记录、整理的习惯；二是与设计、学术研究结合，规范地学习口述史的工作方法。建筑口述史是一个"一揽子"工程，要发挥专业、行业内的各种力量，在高校、设计生产单位、行业协会、社会媒体中实现联动，建设以数字化形态存在的口述历史文本、音频、视频、图像等相关信息的数据库平台，实现对建筑口述资源的共享、解读与利用的多元探索。

A Summary of the Current Situation of Oral History of Contemporary Architecture in China: Observation Based on "Academic Seminar on Oral History of Chinese Architecture" and *Library of Oral History of Chinese Architecture*

Yu Juan　Zhang Yuan

Abstract: In recent years, oral history has gradually attracted the attention of Chinese modern architectural historians, and has become one of the research methods that practitioners and scholars pay attention to and use. Since May 2018, the academic seminar on the oral history of Chinese architecture has formed the practice of holding a seminar every year and publishing a collection of *Library of Oral History of Chinese Architecture*, which has become an important platform for the exchange of theories, practices and work experience in the oral history of architecture. This paper outlines the current situation, characteristics, difficulties and thinking about the future development mechanism of the oral history of contemporary Chinese architecture by combing, analyzing and summarizing the contents of the speeches of 5 seminars and 135 articles included in the Library.

Keywords: Oral History; Academic Seminar on Oral History of Chinese Architecture; *Library of Oral History of Chinese Architecture*

中国公共史学集刊　第五集
第 79 ~ 100 页

淡出的理想图景：多重制度逻辑下托儿所的兴衰变迁*

——以 C 村妇女口述为基础

张　茜**

摘　要　本文以人民公社初期四川省 C 村托儿所的创建过程为例，探讨多重制度逻辑下托儿组织兴衰的变迁问题。研究表明，托儿所是我国工业化转型时期国家发展的工具理性、地方政府的政绩邀功逻辑以及村落社会的家户制传统共同催生出的时代产物，反映了国家、科层和乡村三种不同制度逻辑在特定时期的交织与互动。作为时代产物的公共福利组织，C 村托儿所经历了发轫—创建—短暂兴盛—消亡的兴衰变迁过程，分别展现出行政式执行、正式权威的非正式化、公共服务功利化以及整合能力弱化的阶段性特点，体现了党和国家、地方官员以及村民三类行动主体之间的策略互动。本文以多重制度逻辑为分析框架，揭示托儿所兴衰过程的背后所隐含的运作机制和逻辑。

*　本文系国家社科基金重大项目“建党百年农村妇女参政议政资料收集、研究与数据库建设”（20&ZD139）阶段性成果。

**　张茜，华中师范大学中国农村研究院博士研究生。

关键词 ┊ 人民公社初期；村办托儿所；多重制度逻辑；公共福利

一 文献综述与问题提出

新中国成立后，全国各地在中国共产党的高位推动下为实现妇女解放，提高妇女参与工业化大生产的积极性与主动性，并减轻其在家庭和社会劳动中的双重压力，创办、增设了大量惠及妇女的村办托儿福利组织。政治势能的高度嵌入使得村办托儿所在政治体系内被广泛关注并得到高度重视。1957 年，全国妇联提倡“在农村应当继续发展亲邻相帮、农忙托儿小组和农忙托儿所、幼儿园等多种多样的托儿组织”。[①] 1958 年全国托儿所数量是 1957 年的 26 倍，[②] 1960 年全国农村入托儿童约占需要入托儿童总数的 70%，[③] 但这项利国利民的村办福利事业宛若昙花一现，短暂复兴后随即陷入停办状态。其兴也勃，其亡也忽，该如何解释这种现象呢？

整理现有学界的研究发现，目前有关人民公社初期托儿所的研究相对阙如，尚没有对该阶段村办托儿所的兴衰历程及其因果机制进行专门性和整体性研究，“与此相涉的内容也多是在梳理相关女性史和教育史时才有提及。照料儿童，常被归在家庭关系和家务劳动的范畴之内，用以探讨共产党领导下的妇女解放等议题；或者仅从教育的角度去泛谈幼儿园的规模、入园人数和教育方法等”，[④] 又或者从医学发展的历史过

---

① 翟菁：《集体化下的童年：“大跃进”时期农村幼儿园研究》，《妇女研究论丛》2017 年第 2 期。

② 《进一步动员全国妇女热烈投入增产节约运动的新高潮——全国妇联召开的省、市、自治区妇联主任扩大会议通报》，《中国妇女》1959 年第 17 期。

③ 《高举毛泽东思想的旗帜，进一步发动妇女为实现 1960 年继续跃进而奋斗——蔡畅主席在全国妇联第三届第二次执行委员会上的报告》，《妇女工作》1960 年第 5 期。

④ 翟菁：《集体化下的童年：“大跃进”时期农村幼儿园研究》，《妇女研究论丛》2017 年第 2 期。

程出发，探讨我国医疗卫生事业的变化。概而言之，学界主要存在三种研究视角。

（一）妇女解放论

该论者主要聚焦托儿所与妇女解放的关系，强调托儿所对于妇女参与社会化生产的重要性，这是当前被采用的一种主要的研究视角。翟菁以河南省渑池县个案为例，探讨农村托儿所对妇女解放的意义，认为它既提高了农村女性政治、社会参与水平，又开启了新的职业机会。[①] 刘洁通过论述托儿互助组的产生、运行机制、保姆工分以及作用，认为托儿互助组激发了妇女参加生产的积极性，为妇女解放奠定了基础。[②] 宋净指出农村开办的公共食堂和托儿所使大部分妇女从“三台”（锅台、碾台、磨台）和带孩子的家务中解放出来，从而大幅度提升了农村的整体劳动力。[③] 黄桂霞认为社会主义建设时期的公共福利事业在变革时期遭遇寒流，是因为劳动的去性别化以及针对妇女的劳动保护制度的停滞，从而导致男女平等异化。[④] 张栩华、黄利新则关注大跃进时期城市托儿所的兴办过程、运作难题与妇女解放之间的关系。[⑤]

（二）教育发展论

该论者着重从国家发展教育事业的角度研究托儿所的教育服务功能。韩晓丽以山西省农村为研究个案，利用地方档案资料、口述史访谈和报刊资料，对合作化到人民公社时期托儿所的建立、发展、组织管理机制进行考察，认为合作化时期的农忙托儿所以解放妇女、增加劳动力为主要目的，而人民公社时期，随着幼儿托管性质、服务对象

---

① 翟菁：《集体化下的童年：“大跃进”时期农村幼儿园研究》，《妇女研究论丛》2017年第2期。

② 刘洁：《集体化时期太行山区的农忙托儿互助组论述》，《台州世界》2015年第19期。

③ 宋净：《妇女撑起半边天》，《北京档案》2014年第5期。

④ 黄桂霞：《新中国前期妇女福利发展的思想与实践》，《中华女子学院学报》2011年第1期。

⑤ 张栩华、黄利新：《“大跃进”时期广州市托儿组织研究》，《广东第二师范学院学报》2019年第4期。

的改变，培养共产主义接班人则成为托儿工作的重心。[①] 王卉、许红指出新中国成立初期，由于领导的高度重视，托儿所数量迅速增长，幼儿教育制度、内容与方法也随之改变，有力推动了幼儿教育事业的发展和提高。[②]

（三）医学进步论

该论者试图从卫生保健的角度对村办托儿所的意义、改善措施进行简略阐释，重点在于分析妇幼卫生事业的发展。例如，刘丽平、张玲认为新中国成立后在各地试办的农忙托儿所提高了人们的卫生保健常识，促进了我国医疗卫生事业的发展。[③] 李慎指出为更好地完成托儿所培育身心健康的第二代以及解放妇女劳动生产力的双重任务，必须做好托儿所的卫生保健工作，因此他重点阐释了如何防止传染病侵入托儿所的问题。[④]

综合既有研究，当前学者对村办托儿所的研究多于对城市托儿所的研究，这些研究虽为本文提供了重要参考价值，却难以解答村办托儿所迅速消亡的原因，因此仍具有继续推进的空间：一是当前研究主要是对村办托儿所进行简单的叙事研究，尚未将其置于理论框架下进行专门的理论研究；二是当前大多数研究通常着墨于村办托儿所对妇女解放和幼儿教育带来的好处，较少揭示这项政策迅速淡出国家制度安排背后“隐形”的因果机制；三是部分学者虽然解释了村办托儿所的制度变迁，但缺乏从多重制度逻辑相互作用的整体性视角对不同行动者群体的行为逻辑进行深入讨论。

---

① 韩晓丽：《从农忙托儿所到模范幼儿园——20 世纪 50 年代山西省农村的幼儿托管组织》，《当代中国史研究》2013 年第 3 期。

② 王卉、许红：《新中国成立初期北京市托儿所、幼儿园的改革与发展》，《北京党史》2011 年第 2 期。

③ 刘丽平、张玲：《建国初期四川省妇幼卫生事业研究（1949—1955）》，《兰台世界》2015 年第 34 期。

④ 李慎：《对于目前开展托儿所保健工作的几点意见》，《中级医刊》1958 年第 6 期。

本文研究的托儿所是人民公社初期（1958—1962），国家为减轻妇女劳动负担而成立的由保育员看管与教育0—7岁婴幼儿的各类型的托儿所。C村作为G市试点较早的村庄之一，其托儿所的制度变迁可被视为全国村办托儿事业发展兴衰的一个缩影。因此，本文通过居住于四川省G市C村的妇女口述史访谈和多重制度逻辑作用下行动者策略互动的分析框架，深入考察托儿所组织制度变迁的内在过程，分析不同主体实施的各种影响，回答村办托儿所为何迅速消亡，背后又体现出什么样的运行机制和逻辑，以窥探四川省乃至全国村办托儿所产生、发展和消亡的现实图景。

二 理论分析框架：多重制度逻辑

（一）制度变迁中多重过程机制及其相互作用

斯科特认为制度是“为社会生活提供稳定性和意义的规制性、规范性和文化—认知性要素，以及相关的活动与资源”，[①] 而制度逻辑则是某一领域中稳定存在的制度安排和相应的行动机制，每一种制度场域都有其自身的行动逻辑，不同逻辑强调不同的评价基础，强调不同行动取向的优先性。[②] 这些制度逻辑“是一些重复再现的动因，它们在不同的情形和次序排列组合中相互作用，从而导致相去甚远但又循迹可查的结果”。[③] 但是，制度变迁很少由单一机制作用，常常涉及多重制度逻辑和过程，是在与其他制度逻辑相互作用过程中表现出来的，因其他参与的制度逻辑不同而有着不同的作用。如果我们超越具体社会背景或从统计意义上“控制”其他制度逻辑而孤立抽象地讨论某一制度逻辑的作用，常常会导致对其作用的片面认识甚至误读。因此，多重机制相互作

① 〔美〕斯科特：《制度与组织：思想观念与物质利益》，姚伟、王黎芳译，中国人民大学出版社2010年版，第56页。

② 〔美〕斯科特：《制度与组织：思想观念与物质利益》，第194—195页。

③ Tilly C.，“To Explain Political Processes,” *American Journal of Sociology*，Vol. 100，No. 6（1995），pp. 1594 - 1610.

用下的动态过程成为理解制度变迁的一个重要着眼点。[①]

从“多重制度逻辑”分析框架的角度，应该从何处入手发现、提炼村办托儿所变迁过程中的制度逻辑呢？作为研究的切入点，我们观察到托儿所在创办和运作的过程中，国家、科层、乡村三种不同的制度逻辑同时并存且相互作用。国家逻辑是党和中央政府基于特定目的和意图形成的稳定的制度安排，具有合法性强制实施能力，具有“界定各种政治、经济行动者，以及各种集体行动者的性质、能力和权利的特权”。[②]人民公社初期村办托儿所的创办是国家经济发展逻辑与社会平等逻辑交织作用的产物，两者共同构成国家逻辑的重要组成部分，其中经济发展逻辑通常强于社会平等逻辑。科层逻辑是“官僚组织履行行政职能、处理行政事务过程中需要遵循的规则和机制”，[③] 地方政府在人民公社时期为应对压力型体制下上级政治组织层层分解的数量化任务和与之配套的物质化评价体系，[④] 构建有利于个人晋升的外部环境，在政治势能的强大牵引下，政绩邀功逻辑成为地方官员推动托儿所建立和运行的首要逻辑。乡村逻辑是久远的家户经济传统对村民主体行为的影响和制约，乡村社会的基本逻辑是基于家户主义的。[⑤] 家户利益至上成为村民参与或退出托儿组织的出发点。

（二）不同行动主体及其互动逻辑

制度体现在行动者在物质和象征性活动诸方面的稳定行为方式之上。这些制度安排导致了特定行为模式的产生和持续存在，而制度逻辑的微观行为意义则体现在人们的日常行为活动中。制度变迁正是这些自

① 周雪光、艾云：《多重制度逻辑下的制度变迁——一个分析框架》，《中国社会科学》2010 年第 4 期。

② 〔美〕斯科特：《制度与组织：思想观念与物质利益》，第 107 页。

③ 谭海波、赵雪娇：《“回应式创新”：多重制度逻辑下的政府组织变迁——以广东省 J 市行政服务中心的创建过程为例》，《公共管理学报》2016 年第 4 期。

④ 杨雪冬：《压力型体制：一个概念的简明史》，《社会科学》2012 年第 11 期。

⑤ 徐勇：《中国家户制传统与农村发展道路——以俄国、印度的村社传统为参照》，《中国社会科学》2013 年第 8 期。

愿或不自愿参与其中的群体争取各自利益的过程，体现在这些不同群体的行为形式和相互关系之间的变化上。该层语境下，我们需要解读为何不同行为主体有着不同的行为方式，这些行为之间又是怎样互动的，才能对制度变迁做出令人满意的解释。[①]

在托儿所兴衰变迁过程中，有三种不同类型的行动主体发挥着重要作用，反映了各自所在领域制度逻辑的制约和塑造。一是党和国家，其能够有意识地制定那些为支持工具理性行动的理性规则系统，为经济总体发展进行宏观部署与安排。二是地方政府官员，他们在由自上而下的多方政策和行政指令所构成的“锦标赛”任务环境中，选择默认或遵守策略，为提高政治绩效，通过广泛动员群众，在经济指标上展开竞争，从而为顺利晋升寻找契机。三是村民，他们遵循家户理性，奉行家户利益至上。他们“学习如何动员资源，协调他们的活动，组织他们的利益，乡村逻辑也随之更为活跃和有效”。[②] 概而言之，党和国家、地方政府官员、村民这三个主体的行为深受其所处场域中制度安排的制约，反映了各自领域中的制度逻辑，而托儿所的兴衰变迁正是这些多重制度逻辑相互作用的产物。

三　C村托儿所的兴衰过程及阶段性特征

本文通过对C村托儿所兴衰的案例呈现，讨论多重制度逻辑相互作用的变迁问题。本文参考和使用的资料主要来源于两个方面：一是通过档案查阅，搜集1955—1963年间G市托儿所和妇联的相关资料，例如相关法律法规、县志、会议纪要、公文等；二是通过对20多位老年人进行深度口述访谈获取写作材料，为研究C村托儿所兴衰的因果机制和逻辑提供真实、全面的变迁图景。

① 周雪光、艾云：《多重制度逻辑下的制度变迁——一个分析框架》，《中国社会科学》2010年第4期。

② 周雪光、艾云：《多重制度逻辑下的制度变迁——一个分析框架》，《中国社会科学》2010年第4期。

（一）发轫（1958.8—1958.9）：行政式执行

伴随“大跃进”运动的开始，D公社于1958年8月要求各生产队建立村办托儿所，并以生产队为基本单位向村民展开宣传和动员。但这一行为策略并没有得到村民的一致体认，部分妇女对抚幼任务由家庭走向集体提出质疑，甚至表现出抵触情绪。“古人云‘不患寡而患不均’。这个政策不公平，我们家莫得娃儿，就享受不了政策带来的好处！”① “把娃放在托儿所，保育员的报酬谁来付？如果让我们付，那不是给家庭经济雪上加霜吗？”② “莫得哪个愿意当保育员，一怕别人看不起，影响家庭在村里的地位。二怕担责，这些娃儿要是出了事儿，父母都找你算账。”③ 不难发现，家户制底色浸润下成长起来的均平求富的小农意识根深蒂固，托儿所队伍建设的人力资源供给匮乏，加之部分群众尤其是年轻力壮且具有一定文化水平的农村妇女歧视保育员的守旧观念等，无疑增加了科层制政府成立托儿所的难度。

D公社囿于村民的质疑与担忧，专门成立了政策执行的“党领导小组”，试图借助政治性力量保障国家政策变现效果，获取创先争优资格。第一，加强政治教育。根据全村妇女不同阶级情况、思想和特点，分别进行“加工补课”，将国家意志高度嵌入乡土社会。对愿意参加和稍有犹豫的妇女继续进行教育，而对那些不愿参加、思想比较顽固的妇女则秉持“厚脸皮精神”，强制其学习。第二，正向经济激励。D公社根据每个孩子年龄的大小、孩子是否好带评出“阶梯式”工分，或折算成不同的现钱，又或者给予不同的实物，“明码标价”激发村民参与动力。“如果娃儿在两岁以下，公社出6个工分；2—3岁的娃儿，出5.5个工分；3—4岁的娃儿，出5个工分；5—6岁就是4.5个工分了。好带的、听话的娃儿，公社就给5个工分，不好带的、不听话的，给我们拿6个工分；会走的娃儿每天4.5分，不会走的娃儿每天5分。”最后

① 根据笔者于2017年5月1日在四川省G市C村对YZY的访谈录音整理。

② 根据笔者于2017年5月18日在四川省G市C村对ZYN的访谈录音整理。

③ 根据笔者于2017年4月17日在四川省G市C村对LQY的访谈录音整理。

由D公社对妇女参与大生产的情况和保育员的看管情况进行数量化考核，考核结果作为妇女评选劳动积极分子的首要依据。第三，推行程序民主。召开群众大会，由村民“海选”产生保育员，C村接生员XWX因其扎实的医护功底被选为保育负责人，负责保育工作的日常管理与监督。

综合上述分析，该阶段的主要特点是地方政府在行政责任强化规制下落入了“行政借道社会”的运行轨道，[①] 由此生成的行政逻辑主导的托儿政策执行模式是为回应和服务于自身政绩需求，其瞄准的是政绩激励、经济利益等自利性诉求的达成。这是一种比较典型的马克斯·韦伯的官僚制式的执行范式，下级忠诚地履行其被委托的责任，[②] 本文将其称为“行政式执行”的行为策略。这种行为策略与新中国成立初期特殊的政治氛围和制度结构有关，国家通过农业合作化与人民公社运动建立了高度集中统一的农村管理模式，中央政府的权威也为地方政府的行政性执行提供了坚实的体制基础。[③]

（二）创建（1958.10—1958.12）：正式权威的非正式运作

托儿所的创办和运作虽然由D公社统一领导，但当正式权威的日常化运作遭到大部分村民质疑和反对时，便失去了运作基础。此背景下，D公社和各生产队转而从村庄内部挖掘治理工具，借道关系维护和文化遵循来加强自身与村社环境的关联并借此助推托儿所政策顺利落地。

1. 塑造妇女“新形象”：关系庇护下的保育员培训

为保障托儿质量，国家制定了一系列选拔标准，严格保育员准入条件。但C村为打破保育员参选规则，并没有明文规定保育员的资格条

① 黄晓春、周黎安：《政府治理机制转型与社会组织发展》，《中国社会科学》2017年第11期。

② 竺乾威：《地方政府的政策执行行为分析——以“拉闸限电”为例》，《西安交通大学学报》2012年第2期。

③ 徐理响：《从动员式参与到自主式参与——农村公共事务治理中农民角色分析》，《学术界》2011年第5期。

件。其原因在于生产队长熟谙“乡土规则”，提前预测到村民通常会投票给并不符合参选规则的接生员 XWX。因此，当县里组织育儿专员对“海选”产生的保育员进行统一的卫生知识培训时，D 公社和生产队队长为维系与村民之间在长期互动中形成的关系与人情机制以完成行政任务，最终仍然决定由 XWX 参与培训，打造上级政府要求的新妇女形象。“县里的培训由 D 公社统一组织，村民都选我当保育员，但当时我的条件又不符合，干部们也没有办法，最后只得推选我去。当时集中参加培训的妇女很多，育儿专家给我们讲解的内容很全面，包括伙食准备、退烧方式、洗浴要求等。培训时间间隔不一样，有时候一个月，有时候十几天，D 公社说要把我们打造成新妇女形象。”①

2. 强化配套措施：矛盾冲突下的利益让渡

保育员经民主选出后，面临的是托儿所定点、采购问题。一方面，找好“黄金位置”。托儿所地理位置的选择由生产队干部通过召开群众大会民主讨论决定，最终确定选址的四条重要标准：第一，村民对地址的熟知度；第二，建所位置离村民居住点的远近；第三，地域的宽敞程度；第四，场所的安全程度。“位置不能太偏，也不能离大家住的地方太远，不然每天接送娃儿很麻烦。”② “范围小了不行，不然到时候娃儿多了，就莫得多少场地要，场所四周有房子的最安全。”③ 最终，托儿所落址于学堂院子，即四合房，其格局为一个院子四面建有房屋，呈“口”字型，从四面将院子合围在中间。另一方面，采购生活用品。托儿所内的物资来源有三：一是由公社出资购买，二是由孩子父母自主提供，三是由公社和家长按比例共同承担。“但由于家长死活不愿意出钱或物资，所以讨价还价后决定买东西的钱还是由公社出，再由保育员定制或者买一些娃儿要用的东西。当时孩子吃饭用的围围就是订做的，围围上印有缠农托儿所五个大红字。托儿所内有热水壶、杯子、洗脸帕、

① 根据笔者于 2017 年 5 月 4 日在四川省 G 市 C 村对 XWX 的访谈录音整理。

② 根据笔者于 2017 年 4 月 17 日在四川省 G 市 C 村对 LQY 的访谈录音整理。

③ 根据笔者于 2017 年 4 月 11 日在四川省 G 市 C 村对 ZYQ 的访谈录音整理。

盆子、玩具、书、画笔、换洗的衣物、大床、摇摇椅等等。‘麻雀虽小，五脏俱全’。”[①] 不难发现，村民强大的谈判能力使G公社不得不让渡部分利益，出资置办相关托儿物品以建构村域内的情境合法性，从而保障托儿政策的执行进度与效果。

3. 着手制度安排：道德问责下的规制行为

随着以互助合作为中心的大生产运动的快速发展，参加生产的妇女人数增多、孩子出生率和成长率增大、家庭对“大带小”[②] 看管方式的反思以及妇女对托儿所福利事业的好奇心理等因素加速了妇女对农忙互助托儿所的需求程度。1958年12月，C村农忙临时托儿所诞生。作为小规模的托儿组织形式，少部分家庭仍担心集体抚幼的质量问题，不愿意甚至拒绝将孩子送入临时托儿所。鉴于此，生产队干部与保育员就保育行为达成“多不准”的口头协议，如不准打骂孩子、不准给孩子喝冷水、不准私拿集体物品等，并积极发动村民对保育员行为进行监督，“有些家长专门从干活的地方跑回来，在那个门缝里偷看，看我有没有虐待他们的娃儿”。[③] 由此可见，地方政府和村庄在托儿所的制度建构上也呈现非制度化的特点，即“约定俗成”，没有成文，但被普遍遵从。[④] 他们试图借道“非正式问责”对保育员施以道德压力，使其对自身行为负责并形成道德问责，从而督促其提供更好的公共服务。[⑤]

（三）短暂兴盛（1959.1—1961.5）：公共服务功利化

在经济发展的迫切需要、地方干部的宣传动员、托儿所的经营成效以及村民从众心理等因素的共同作用下，孩子入托数量由最初的五六个

① 根据笔者于2017年4月17日在四川省G市C村对FSH的访谈录音整理。

② “大带小”是人民公社时期，C村出现的由自家的大孩子（7岁以上）看管小孩子（0—3岁）的一种抚幼方式，其目的在于为妇女参加社会化大生产减轻家务劳动压力。

③ 根据笔者于2017年6月20日在四川省G市C村对ZYG的访谈录音整理。

④ Acemoglu, Daron and James A. Robinson, “A Theory of Political Transitions,” *American Economic Review*, Vol. 91, No. 4 (2001), pp. 938-963.

⑤ 王惠娜：《团体特征与灌溉自组织治理：两个村庄的比较研究》，《公共行政评论》2013年第6期。

增长至三十几个。D公社鉴于形势发展，开始采取多样化的入托形式，农忙托儿所和常年托儿所逐渐取代农忙临时托儿所，成为新的托儿组织形式。

1. 上升阶段：农忙托儿所到常年托儿所

大炼钢铁开始后，C村大部分男性青壮年劳动力被抽调到龙王庙炼钢，妇女成为村中主要劳动力，她们不仅承担着照顾家庭的重担，而且还要经营土地、挖水渠、填沟壑等，劳动强度大，身心负担重，出勤率不稳。唯其如此，D公社将农忙临时托儿所改建为农忙托儿所，试图通过提高抚幼服务质量，进一步激发妇女参加劳动的积极性，超额完成上级下派的经济发展指标。这种类型的托儿所较之农忙临时托儿所而言，具有以下特征：第一，多由卫生部门直接拨款试办，或由县妇联掌握领导权，选举制度、会议流程、工作安排更为清晰、合理；第二，要求保育员除具备基本的素养外，还必须拥有更为丰富的保育经验、卫生常识等；第三，在保育员工分计酬方面，根据其工作量多少，通过领导、群众和个人共同评议，实行集体补工与家长拨工相结合的方式。集体补工每月50分，拨工则根据会走的孩子每天1分、不会走的孩子每天1.5分的标准，由公社和家长共同承担工分的给付问题。保育员工分由公社统一记工算账，从孩子父母名下扣除，保育员对社负责，保育员工分成为社内劳动工分。但值得注意的是，部分干部自利性倾向外溢，追求经济发展的高速度与快节奏，使妇女持续从事着繁重的体力劳动，原来季节性的农忙临时托儿所和农忙托儿所，逐渐发展为常年的日间托儿所。[①]“在外面参加生产的妇女很辛苦，鸡一叫就起来，大半夜才回家，甚至月经来了或者大着肚子还要做活路，幸好娃儿们在托儿所吃得是又白又胖。”[②]

2. 兴盛：入托人数剧增

随着托儿所层级升高，孩子入托数量随之增多，托儿所内生活用品

① 刘洁：《集体化时期太行山区的农忙托儿互助组论述》，《兰台世界》2015年第19期。

② 根据笔者于2017年5月4日在四川省G市C村对ZXH的访谈录音整理。

逐渐供不应求。为满足基本需求，D 公社特从卫生部门申请了部分公益金用于购置托儿所需要的生活用品。在更完善的设施和更舒适的环境的推动下，入托孩子数量猛增，这同时也加大了保育员的工作任务与看守难度。为此，D 公社一方面通过树立保育员 XWX 的正面形象和典型模范，鼓励大家向其学习，并制定了严厉的惩处机制，借助反面教材强化遵守规则的重要性；另一方面则要求保育员必须重视教育，担起教书育人的重大使命，培育优秀接班人。为展示短时间内的政策变现能力，提高托儿所的知名度，获取创先争优的优先入场券，D 公社还组织其他公社的村干部和保育员到 C 村高级托儿所参观、考察，并对其高度称赞道："别看你们是农村托儿所，都可与城里的托儿所比高低了。"[①]

（四）消亡（1961.6—1962）：多重矛盾叠加

托儿所运转至后期，其内部矛盾主要表现在以下几个方面：第一，评优争先诱导下村干部出现"精致的利己主义"倾向；[②] 第二，强社会劳动下妇女的价值诉求被无视；第三，弱政治势能信号下地方政府对保育工作不重视；第四，激励机制异变下保育员懈怠不管事。在多重矛盾隐伏导致托儿所内共享规范失灵、管理机制失序的情况下，1961 年下半年发生的"谁出工分"事件[③]进一步加速了村民的退托行动，托儿所难以为继。"刚开始我们搞得不错，后来保育员不做事，干部也徇私，个个都想创先争优，巴不得一飞冲天。当时还给我们编了一首曲子，'儿童入了托儿所，老年入了幸福院，吃饭穿衣不拿钱，妇女卸下千斤担。免费医疗真是好，孕妇分娩入产院，人人都说天堂好，公社要比天

① 根据笔者于 2017 年 5 月 2 日在四川省 G 市 C 村对 HWL 的访谈录音整理。

② 龚春明：《精致的利己主义者：村干部角色及"无为之治"——以赣东 D 镇乡村为例》，《南京农业大学学报》2015 年第 3 期。

③ C 村托儿所成立之初，在保育员工分计酬上实行的是集体补工与家长拨工相结合的办法，但当托儿所发展到后期，C 村的财力不再能够支撑起工分的补给，于是本由集体与家长共同出工分的方式在 1960 年转变为由家长独自出工分，而这一转变则引发了家户退托的一系列行为。

堂好。’实际上是他们瞎吹。”[①] 帕森斯曾将调整和协调系统内部的各套结构称之为社会整合，并指出其对于紧张关系的维系作用。[②] 但C村托儿所缺乏将分散、分化的各类因素整合到基层政权体系的能力，在很大程度上削弱了家户对治理者的认可与信任，最终只能选择闭所关张。

四 C村托儿所兴衰变迁过程中的多重制度逻辑

从“多重制度逻辑”分析框架的角度，应该从何处入手发现、提炼托儿所演变过程中的制度逻辑？通过个案阐释，我们可以看到农户个体在托儿所建设图景中的重要作用，他们参与托儿所建设的动员过程和他们质疑、监督、认可等行为构成了托儿所建设的基本内容。同时，我们可以发现D公社干部统筹和领导托儿所建设的整个过程。而在托儿所建设背后，又能感受到国家机器无处不在的影响。因此，我们不难辨认出三个行动主体：村民、基层政府官员、国家及其相应政策。这三个行为主体的角色和行为塑造了三种制度逻辑——乡村逻辑、科层逻辑和国家逻辑（见图1）。

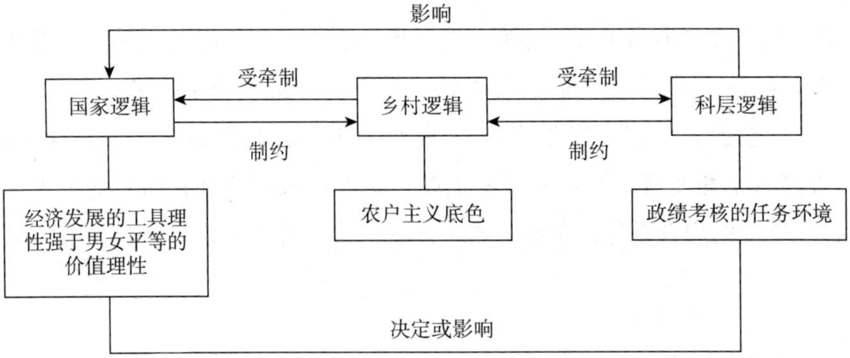

图1 村办托儿所兴衰变迁的多重制度逻辑

① 根据笔者于2017年5月4日在四川省G市C村对LWL的访谈录音整理。

② 〔美〕帕森斯：《社会行动的结构》，张明德等译，译林出版社2003年版，第61页。

（一）国家逻辑：经济发展的工具理性与男女平等的价值理性

作为后发国家，新中国成立后强权环伺、百废待兴，国家的应对策略选择以农业合作化支撑工业化，而在当时的情形下实现这一目标，最有效的途径则是举全国之力弥补机械化生产不足造成的经济低效率问题。因此，实现经济快速增长的发展目标不仅需要对农村社会进行外部性整合，而且需要从意识形态上肯定妇女的主体地位，“男女平等”便成为凝聚思想和战斗力的重要价值取向。但是“在国家所要坚持的众多价值理性中，男女平等的价值排序，其轻重缓急依国家面临的时势而定，并不经常处于优先位置。其价值排序的优先与否，往往与男女平等的工具性价值密切相关。当价值目标与当下事业成功与否的工具性目标结合在一起，其在革命事业中的重要性才会更加凸显出来”。[①] 在该层逻辑下可以推导出，村办托儿所是国家在工具理性和价值理性之间权衡政策和行动的时代产物，而工具理性始终是国家发文成立村办托儿所最重要的驱动力。

1957 年，全国妇联倡议“在农村应当继续发展亲邻相帮、农忙托儿小组和农忙托儿所、幼儿园等多种多样的托儿组织”。[②] 但就全国范围而言，托儿组织尚未形成规模，妇女参与社会劳动的热情并不高。1958 年 12 月，中共八届六中全会通过的《关于人民公社若干问题的决议》再次强调：“要办好托儿所和幼儿园，使每一个孩子比在家里生活得好，教育得好，使孩子们愿意留在那里，父母也愿意放在那里……做好服务性工作。”[③] C 村托儿所成立之初正值人民公社运动如火如荼进行之时，国家迫于劳动力短缺、经济发展压力，政策和行动明显具有功利性，而“当某种性别具有的人力资本适用于社会效用最大化的需求并

① 刘筱红：《两种合理性框架中的国家行动——农村妇女参与村庄治理七十年研究》，《浙江社会科学》2019 年第 9 期。

② 翟菁：《集体化下的童年：“大跃进”时期农村幼儿园研究》，《妇女研究丛论》2017 年第 2 期。

③ 王卉、许红：《新中国成立初期北京市托儿所、幼儿园的改革与发展》，《世纪档案》2011 年第 2 期。

且/或者形成一定程度的供应短缺时，当对于某种性别的投入能更适应社会效用最大化的需求，进而能获得更多或最大的产出时，这一性别的‘价格’必然上扬”。[①] 因此，以男女平等为核心的国家价值理性存在“潜在利润”的机会，刺激了国家建立村办托儿福利组织的需求，而国家经“计算”后深知仅靠国家合法拥有的强制力强行输出并不能固其根本，因此男女平等的价值理性被广泛宣传与反复强调，从而形塑出男女平等的价值理性大于经济发展的工具理性的社会体认。

但“一大二公”背景下的急功近利加之1960年“大跃进”运动的结束，国家专注的是如何“富”起来，无暇关心社会性别平等对托儿组织成败的影响。因此，村办托儿所发展到后期，虽然国家在一些政策性文件里提及了对妇女的社会福利性保障，但以利益追求为导向的工具合理性始终居于主导地位，妇女的利益表达机制、权益保障机制以及对地方政府的监督和惩处机制虽成文却缺乏高位推动，特别是在1961年，随着照顾儿童和家庭劳动社会化问题淡出国家议事日程，政治势能下滑释放的政策信号导致C村托儿所退托人数骤升，托儿事业的发展遭受重创。

“精确计算、追求效率的工具合理性既是现代理性社会生生不息的强大推动力，同时它的强势发展又会超出理性的限度，产生理性异化的负功能。如对功利目的的过分追求，会遮蔽现代社会对终极价值的坚持。”[②] 亚当·斯密指出，“如果一个社会的经济发展成果不能真正分流到大众手中，那么它在道义上将是不得人心的，而且是有风险的”。[③] 尽管如此，我们并不能因这样的国家逻辑而否认托儿所建立初期中央政府支持妇女走出家庭、提高妇女地位等致力于男女平等的价值理性行动。

① 王金玲：《市场化对农村女性价值地位的改建——以经济学为视角，以浙江省为例》，《浙江学刊》1999年第3期。

② 刘筱红：《两种合理性框架中的国家行动——农村妇女参与村庄治理七十年研究》，《浙江社会科学》2019年第9期。

③ 〔美〕亚当·斯密：《道德情操论》，蒋自强等译，商务印书馆1997年版，第24页。

（二）科层逻辑：地方官员政绩邀功的行政策略

国家政策是通过各级政府的科层组织体系贯彻落实的，而“政府科层组织的制度逻辑，特别是官员面对的激励机制和任务环境，是解读他们行为特点的关键所在……政府内部集权意味着下层官员的升迁和其他调动更多地依赖于上级官员的考核和评定”。① 1958 年初，随着“大跃进”运动在全国范围内的迅速开展，各地形成了地方竞赛的“锦标赛体制”，中央政府在经济上向地方政府大规模放权，跑在前面的、胜出的地方政府领导人不但能享受更多的经济政策方面的倾斜，更重要的是会得到政治荣誉及晋升，而落后的官员则被严厉批评，甚至失去晋升机会。② 因此，尽管政策文件对基层政府成立托儿所的原则予以明确规定，但在实际执行过程中，政绩邀功主导下的基层政府（特别是公社）试图超额完成上级下达的经济发展指标的行为逻辑往往更具有决定性的作用。

20 世纪 50 年代末，中国在借鉴苏联集体农庄经营模式基础上，各地按照“大集体小自由”原则，因地制宜地组建了农村托儿所。D 公社为落实中央指令、响应上级安排，要求举办大型的、正规的托儿所，如分配公粮的行政任务一样严格分配到各县、乡。“D 公社再三强调，必须把它作为中心任务，按上面要求搞，还要在全社搞一个托儿所示范大赛。他们还专门成立了领导小组，负责我村托儿所的建设问题。”③ 但 D 公社从最初托儿所成立就孕育出的“公司化”特点决定了 C 村托儿所后来的发展走向。换句话说，C 村托儿所是在“大跃进”背景下 D 公社为追求高指标和高效率，动员妇女参与社会化大生产而采取的权宜之计。他们高度重视国家或上级的意志与需求，而忽视了处于权力底层的农村妇女的实际诉求，这在托儿所后期的发展中表现得尤其明显。“1960 年的托儿所让我们妇女很绝望。地方干部只晓得追着指标跑，上

① 周雪光、艾云：《多重制度逻辑下的制度变迁——一个分析框架》，《中国社会科学》2010 年第 4 期。

② 周飞舟：《竞标赛体制》，《社会学研究》2009 年第 3 期。

③ 根据笔者于 2017 年 4 月 12 日在四川省 G 市 C 村对 ZGR 的访谈录音整理。

级政府一说要把生产搞上去，他们就让妇女和男人一起出去做重活路，当时我一个人就要背几百斤的东西，月经来了也要背，我给干部说身体不舒服，可以少背点不？他还理直气壮地说‘少背就莫得工分’。在干部眼里，他们只想创先争优，哪管妇女的死活。”①

此外，“软预算约束”也决定了C村托儿所的失败命运。“虽然地方政府的行为变得‘公司化’，但是这种行为并不像市场中的公司那样存在预算约束，即使有约束，也是软预算约束……与国有企业相比，地方政府的预算约束更加‘软化’。”② 由以上分析可知，C村的预算机制在运行中越发偏离正常“轨道”：“长官”意志明显、托儿所建设比重过大、女性的底分低于男性、公社全权给付保育员工分、违规挪用和挤占公共资金等问题层出不穷，滋长了权力寻租的歪风，诱发了各种腐败现象，群众“海选”保育员的政治民主行为随之异化，公共福利托儿组织俨然成了私人产品。“托儿所发展到后期，入不敷出，好几个娃儿共用一个奶瓶。生产队干部还把自己的婆娘弄到托儿所，但当时根本要不了这么多的保育员，她们也不是我们公开选出来的，既不识字，还偷拿娃儿用的东西，但得到的工分竟比我们挖水沟挣得多，所以公社后来也负担不起保育员的工资了。”③

由以上分析可以看到，一些地方官员在职务晋升中为获得上级领导的注意，通常会利用自身的行政资源与关系资源为其在托儿所组织内铺垫获利空间，从而使其行为具有“公司化”和“软预算”的特点，虽然这些行为在短时间内完成了经济建设的高指标，但恰恰也是这些控制手段割裂了村民与托儿所的信任纽带，破坏了村民与地方政府之间的合作机制。

（三）乡村逻辑：农户个体的家户主义

家户制因其作为中国的本源性传统构成了中国的基础性制度，规制

① 根据笔者于2017年5月13日在四川省G市C村对PYL的访谈录音整理。

② 周飞舟：《竞标赛体制》，《社会学研究》2009年第3期。

③ 根据笔者于2017年5月14日在四川省G市C村对PLY的访谈录音整理。

着社会变迁方向与行为主体的行动逻辑。[①] 家户制已然在实践和制度层面孕育了农民的日常行为逻辑，中国农民的基本行动与认同单位是家户，其行为动机则是追求家户利益，奉行家户利益至上，在形态上表现为家户主义。正是家户主义逻辑决定了农民在不同的社会情境下如何选择，即决定是否进入集体、政治、市场。[②] 而国家化下的托儿所组织的建构在某种程度上却力图抑制和消解在家户制传统长期浸润下形成的家户抚幼行为，“农民作为具体的个人未能成为国家平等的主权者，享受平等的待遇”，[③] 这也是托儿组织难以为继的重要原因。

C 村托儿所成立之初，对于长期从事家务劳动的妇女而言具有一定吸引力。但在国家和地方政府的宣传与动员之后，仍有部分村民表现出质疑，其原因主要包括政策对无孩子家庭的不公、家长对保育员照顾孩子不周的担忧、保育员地位低下对所在家庭的影响等，即使给予明确支持的村民也是以自家工分的增量为行为动机。尽管国家强调集体经济组织要处理好劳动和报酬的合理核算，但管理者依然可能根据自身利益诉求支配劳动—收益各自的占比，甚至以牺牲农民的利益为代价。“托儿所刚成立那会，是公社给保育员工资。后来保育员的工分计酬一部分由家长给，一部分由集体补。可干部们在托儿所发展到后期的时候又变卦了，说集体不再补助工分，要求由每个家庭自己给保育员付全工分，我们肯定不乐意。”[④] 这本质上反映出村民是基于家户利益的理性考虑而非公共利益的集体主义。因此，当 C 村托儿所在后期发展中出现各种问题以后，村民不再愿意把孩子放在托儿所。这是从众效应吗？其实不然。行动上的不支持源于保育员的工分计酬改由家户独自承担、保育员失职、干部以权谋私等经济、环境、政治多重因素，而“在农民的利益

① 徐勇：《中国家户制传统与农村发展道路——以俄国、印度的村社传统为参照》，《中国社会科学》2013 年第 8 期。

② 陈明：《家户主义：中国农村治理的逻辑与底色》，《马克思主义与现实》2018 年第 6 期。

③ 徐勇：《国家化、农民性与乡村整合》，江苏人民出版社 2019 年版，第 140 页。

④ 根据笔者于 2017 年 5 月 17 日在四川省 G 市 C 村对 PGL 的访谈录音整理。

结构中，家户利益几乎是唯一的考量标准，是自觉出现的，而公共利益则更多体现在农民家户之外，呈现游离的状态”。[①] 特别是当政策有所松动，村民的抚幼行为便随即回归到家户个体。国家逻辑赋予妇女的经济主体性使她们能够以自己制定的标准去衡量国家和地方政府的意志和行为，并对自身所获报酬的合理性给予更高要求。

C 村托儿所的个案说明，农村社会的行为逻辑是基于家户主义的。村民以自身家户利益结构来决定对公共福利事业的态度并不能说明他们没有集体意识，而是因为他们的行为与判断是以对家户利益和家庭需要的考量为基础的，虽然托儿组织是新生事物，“但在这一事物产生和延续的条件还没有的前提下，是很难替代原有的生活方式的”。[②]

余论

本文的研究旨在对村办托儿所淡出国家制度安排的可能性原因进行解释。通过对四川省 G 市 C 村托儿所兴衰历程的个案透析，笔者发现人民公社时期的村办托儿所是我国由农业社会向工业社会转型过程衍生出的产物，反映了国家、科层和乡村三种不同制度逻辑在特定背景下的交织与互动，体现了国家、地方政府、村民三类行动主体的策略互动，即国家经济发展逻辑、地方政府的政绩邀功逻辑以及村民的家户利益至上逻辑，多重制度逻辑共同形塑了 C 村托儿所从酝酿、勃兴到高潮，再从低落、危机到解体的曲折复杂的演变过程，它带给人们希望，却又在巅峰时土崩瓦解，遽成追忆，表现出行政式政策执行、正式权威的非正式化运作、公共服务功利化、多重矛盾叠加的阶段性特点（见图 2）。从诸多方面来看，C 村托儿所的兴衰过程可以说是全国范围内托儿组织制度变迁的一个缩影。

---

① 陈明：《家户主义：中国农村治理的逻辑与底色》，《马克思主义与现实》2018 年第 6 期。

② 徐勇：《国家化、农民性与乡村整合》，第 354 页。

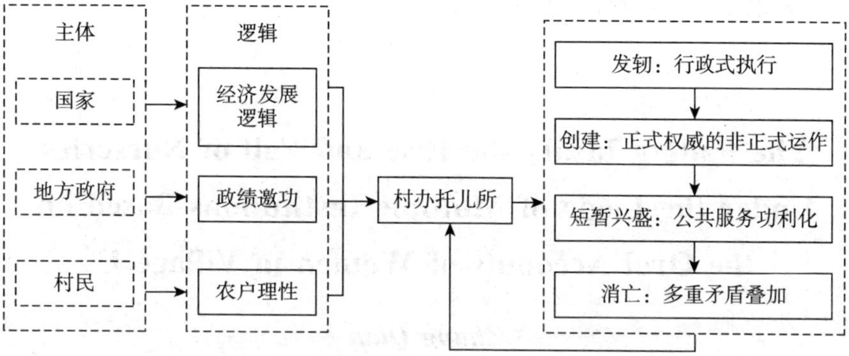

图 2　村办托儿所的生成机制与消亡原因

已有的研究呈现妇女解放论、教育发展论、医学进步论等多种富有启发性的解释路径，为本文提供了重要的参考价值。但上述研究并没有深刻揭示村办托儿所淡出国家制度安排的整体性逻辑以及具体因素。本文试图提供一个国家、科层和乡村多重制度逻辑相互作用的理论解释，借此我们可以更全面、深刻地把握C村托儿所创建的历史背景、运作机制和内在逻辑，并对托儿所变迁过程中出现的各种现象获得整体性的认识和理解。本文有别于现存的叙事研究，其意不止于呈现村办托儿所历史变迁的过程和失败，而是将其置于多重制度逻辑中加以系统性审视。同时，笔者认为将其中任意一种制度抽离出来，都可能得出片面甚至错误的结论，难以准确捕捉村办托儿所兴衰变迁中不同行为主体的特定策略和行为背后呈现的“隐形”机制。

需要说明的是：第一，本文的案例研究聚焦于“大跃进”时期较早建立托儿示范点的C村，案例本身具有一定特殊性，并不一定适用于其他阶段或者地区出现的托儿组织，因此，其运作机制和逻辑可能存在差异，甚至迥然不同；第二，本文试图采取“讲故事”的方式对C村托儿所的兴衰过程展开叙述，但由于受访者年事已高且数量有限，可能无法呈现更鲜活的历史图景，未能完整展现不同逻辑及其行为表现的丰富内容；第三，本文所选案例并不具有广泛的代表性，只是想借此积累和挖掘历史事件背后的制度逻辑与微观行为之间的联系，从而为研究托儿所的制度变迁过程提供实证基础。

The Fading Ideal: the Rise and Fall of Nurseries Under the Logic of Multiple Institutions Based on the Oral Accounts of Women in Village C

Zhang Qian

Abstract: This paper discusses the rise and fall of child-care organizations under the logic of multiple systems, taking the establishment of a people's commune nursery in C Village of Sichuan Province as an example. The research shows that the nursery school is the product of the times that the instrumental rationality of the national development, the logic of the local government's achievements and the tradition of the household system of the village society together produce in the period of our country's industrialization transformation, it reflects the interweaving and interaction of the three different institutional logics of the state, the hierarchy and the countryside in a specific period. As a product of the times, C Village nursery has experienced the vicissitudes of birth, establishment, short-lived prosperity and extinction, it shows the characteristics of administrative execution, informal formal authority, utilitarian public service and weakening integration ability, it reflects the strategic interaction between the party, the state, the local officials and the villagers. Based on the analysis of multiple institutional logic, this paper reveals the hidden operating mechanism and logic behind the silence of nursery schools.

Keywords: Early People's Commune; Village-run Nurseries; The Logic of Multiple Systems; Public Welfare

中国公共史学集刊　第五集
第 101～122 页

浙江戏曲口述历史的实践与经验

——以温州戏曲口述史为例

黄慈帖*

摘　要　温州是南戏的发源地。戏曲，作为一种综合表演艺术，口传心授是它独特的传承方式。每一位戏曲家都是一部活的历史书，他们的作品，凝聚了他们的人生观、世界观。随着时间的推移，戏曲家们逐渐离去，记录工作迫在眉睫。早在 2009 年，浙江省温州市文化艺术研究院就率先启动了戏曲口述历史工作，这项工作至今仍在进行着。到目前为止，本项目已经对 70 岁以上的 40 多位戏曲艺术家进行了访谈。本文从戏曲这一艺术门类的独特性与其从业人员的特殊性出发，围绕如何做好访谈工作、如何与口述者建立信任关系、如何对访谈资料进行收集和整理等方面进行阐述。

关键词　温州戏曲；口述历史；信任关系；资料收集

南戏历史悠久，南北宋之交诞生于温州，是我国最早成熟的戏曲形

* 黄慈帖，温州市文化艺术研究院助理研究员。

式。近 900 年来，南戏血脉贯穿中国戏曲全部历史的始终，并与当代戏曲紧密关联。戏曲，作为一种综合表演艺术，口传心授是它独特的传承方式，戏曲家那精湛的技艺、丰富的经验，通过口口相教而代代相传。个人的创造和体验无不时刻影响着戏曲的方方面面。戏曲，作为一种人文现象，创造它的是人，享有它的也是人，其价值和意义都取决于人。因此，倘若排除了人的因素和影响而做孤立的研究，就不能充分地揭示戏曲的本质。

20 世纪初开始的南戏研究，较多从文献出发对戏剧源流、戏剧本体进行考究，没有过多地涉及戏曲家个人。然而，随着社会的变迁，当今时代的镜头开始转向“以人为本”，作为活的艺术载体，戏曲家的个人创造与体验逐渐成为焦点，这也是当下非物质文化遗产保护的重点。每一位戏曲家都是一部活的历史书，他们独特的生活经历和艺术成就，都折射出了深深的时代烙印。他们的作品，凝聚了他们的人生观、世界观。只是时间留不住历史的脚步，温州许多戏曲家年事已高，因此，通过采访、搜集来挖掘戏曲背后的历史记忆，从字里行间去解读戏曲，从理性、哲学的角度思辨温州人的文化基因，就显得尤为必要。

2009 年，笔者所在的单位温州市艺术研究所（2017 年改名为温州市文化艺术研究院）启动了温州戏曲口述历史项目。这是温州戏曲界第一次做口述历史，同时也是温州口述历史范畴的第一个戏曲专题。这个项目最初由笔者单位离休的副研究员沈沉老师提议，原先叫“本土戏剧家研究”，后在中国人民大学杨祥银教授（时任温州大学口述历史研究所所长）的建议下，改称“温州戏曲口述史”，分别于 2010 年和 2013 年被列入市级和省级科研项目，并延续至今。该项目涵盖传承人（国家级和省级）、各艺术工种（编剧、导演、演员、作曲、理论研究等）、各剧种（瓯剧、昆曲、越剧、木偶戏、和剧等）、各行当（生、旦、净、末、丑）中有成就、有影响、有代表性的演职人员，他们是温州地方艺术历史的创造者、亲历者。[①] 此外，笔者负责《浙江省国家级非物

① 相关成果已出版，参见施小琴主编《温州戏曲口述史》，中华书局 2017 年版。

质文化遗产代表性传承人口述史丛书·李子敏卷》和《阮世池卷》两卷的编著工作，[①] 积累了一定的访谈经验。

在整个口述历史访谈工作中，逐步与口述者建立可持续的信任关系，这一点非常重要。信任你，才会愿意掏心窝子和你说，老人家更是如此。笔者采访的几位戏曲家，有出生于1913年的翁洪森老师（于2012年去世）、1928年的黄湘娟老师（于2017年去世）、1930年的李子敏老师和尤文贵老师（尤老师于2019年去世）、1934年的章小德老师、1936年的林天文老师，最年轻的是出生于1943年的张思聪老师。和年事已高的老艺术家们建立信任，让他们可以对你畅所欲言，这是访谈成功的关键。

一 准备工作

采访者在正式访谈前，应该做好各项准备工作，包括案头工作和预采访等。在这个阶段，要和口述者建立初步的信任关系。

案头工作之一，是通过各种途径收集与口述者相关的纸质文献和网络资料。在访谈之前，可以通过已经出版的文献和网络查阅并收集。但是因为口述历史着意的更多是“名不见经传”或者是被关注较少的对象，所以，前期采访者只能在力所能及的范围内做初步的收集。当然，对于口述者的资料，口述者自己会掌握得比较全面，但是鉴于笔者的经验，要想从口述者手里获取资料，一般是在和口述者建立了良好的信任关系或者是在多次访谈后。因此，这部分放在“正式访谈”后的“资料收集”中阐述。

杨祥银教授曾提醒笔者，去做采访前，要先做口述者的“大事年

① 郭艺主编，黄慈帖编著《浙江省国家级非物质文化遗产代表性传承人口述史丛书·李子敏卷》，浙江摄影出版社2019年版；郭艺主编，黄慈帖编著《浙江省国家级非物质文化遗产代表性传承人口述史丛书·阮世池卷》，浙江摄影出版社2019年版。

表”。这个办法非常受用。一份详细的大事年表，不仅能保证采访有序、顺利地进行，同时也能让口述者回忆自己的人生经历，是对日后一系列访谈的一个预告，也是正式访谈有的放矢的一个抓手；同时，在思想上和行动上，可以让口述者感受到采访者对他的尊敬和有备而来，有利于双方建立良好的信任关系和进一步的沟通。因此，案头工作之二，就是要从现有的资料里，寻找口述者人生的历程和蛛丝马迹，整理出口述者的大事年表。倘若现有的资料不足以形成大事年表，可以通过预采访让口述者补充完整。

案头工作之三，精心设置访谈提纲。如何设置一个相对客观的访谈提纲尤为重要，这也是对采访者的一个考验。哈佛大学 Tal Ben - Shahar（泰·本 - 沙哈尔）博士在他的幸福公开课上提出 Questions Create Reality，也就是说，提问的方式决定了你的价值取向和关注点。口述者人生经历的各种事件、思想观念的变化，是当时社会和历史的一个缩影。因此，非常重要的一点是要了解当时的政治形势、文艺方针政策及其艺术门类的历史，在访谈提纲中，将口述者纳入整个社会和历史语境中，与之相互映照。比如，笔者在采访温州鼓词国家级传承人阮世池时，就特别关注国家的文艺方针和政策对阮世池所在的温州（瑞安）及对其地方文艺（温州鼓词）的影响。笔者查到在 1949 年 7 月，中国文学艺术工作者举行了第一次代表大会，会上成立了“全国曲艺改进会筹委会”，筹建中国曲艺改进协会。笔者在采访阮世池的过程中，在谈到瑞安县鼓词协会的历史时，就特别关注瑞安在国家整体话语体系中的定位，以及其是如何与国家的大传统相呼应的。

做口述访谈，是采访者不断自我反思、提高、改进每个细节的修行。对于素未谋面的口述者，在正式采访开始前去做一次预采访是非常有必要的。预采访的主要内容是沟通大事年表和访谈提纲。通过预采访达到的效果，是互相认识、了解，建立初步的信任，为日后正式访谈打下基础。

比如，对于唱词先生阮世池，笔者和他早已认识。2008—2009 年，笔者为了撰写硕士学位论文，开展与温州鼓词相关的田野调查时曾经拜访过他。2017 年，因为有幸参与杨祥银教授的“国家级非物质文化遗产代表性传承人口述历史丛书”和“瑞安市家风家训口述历史”项目，笔者也多次登门拜访。虽然说和阮世池先生同为温州人，本已有一种不用多说的身份认同和信任，但为了更好地开展访谈工作，笔者特地在访谈前做了一次预采访，将自己准备好的采访提纲和大事年表交给阮先生，并逐一沟通。

由于专业及经历的不同，笔者采访过的戏曲家中，很多人不知道“预采访”和正式访谈之间的区别，或者说，即使明确告知这是“预采访”，只是沟通访谈相关事宜，受访者可能也难以真正明确。经常遇到的情况是，当你将“大事年表”和访谈提纲逐一与之沟通时，受访者就开始讲述这一事件的具体过程。如果没有做好预先的准备，那么此时将会非常被动——因为第一次的讲述总是最为自然和精彩，强行打断的话，不够尊重；不打断的话，由于没有录音，等到第二次访谈时，口述者会觉得这部分他已经讲过，而自动省去很多生动的细节。因此，带上录音设备并在第一时间开启，可以使访谈更加从容淡定。即便预采访的效果不如预期的那么好，但还是值得坚持，因为“一个训练有素的采访者，可以重塑口述者的访谈习惯”（杨祥银教授语）。

二　正式访谈

所有的准备工作都完成后，就进入了正式访谈阶段。做戏曲口述历史，首先要做详尽的生平式的采访。笔者将这一部分归为访谈的初级阶段。

在访谈时，要耐心倾听，积极主动回应口述者的陈述。正如李笑来在《把时间当作朋友》一书“交流”一章里提到的，他认为：“从某种意义上讲，交流的有效与否往往更取决于听者而非说者，反过来说，失败的交流往往源自听者的疏忽”，“为了真正做到有效倾听，最需要克制的就是‘过早质疑’”，“我们还要养成一个重要的习惯：一旦决定倾听，就要主动帮助说者进入‘倾诉’状态”。[①] 在口述访谈中，更是如此。

第一，要根据艺术工种的不同特点，深入采访引发受访者从事某艺术门类或为其后来所从事的艺术门类埋下伏笔的重要事件和特殊事件。

笔者采访的戏曲家里，涉及三个工种：作曲、编剧和演员。如李子敏老师是国家级非物质文化遗产项目瓯剧代表性传承人。在采访前期翻看李老师简历的时候，笔者发现他出生于安徽省太和县一个大地主家庭，却在18岁参加了中国人民解放军文工团，照他的家庭出身来说，是不大可能参军的。是什么原因让他加入部队？在部队里，他为什么会到文工团？当时的国家形势和社会历史环境如何？他对安徽的历史文化艺术的印象以及这样的文化氛围对他成长的影响如何？何时和戏曲结缘？他怎么会成为作曲家？剧团是何时开始设置“专职作曲”这一岗位的，又是在何时因何故来到温州？作为一个作曲家，写文章原本是弱项，但李老师为什么后来会出那么多本专著？他的家庭背景、教育经历、工作经历，是否与后来的一系列选择相关？这些都是李老师人生的重大转折点，因此笔者在采访时就引导、鼓励李老师详细讲述。

第二，对于语言表达能力欠佳的口述者，要避免简答题式的提问，采访者需要积极引导，让他们能讲出更多的故事和细节。有些事件，口述者可能觉得不值一提，但是对于采访者来说，可能是了解、勾勒口述者完整人生的关键所在。采访者要充分重视口述者人生的每一个阶段，从各种角度切入，激发口述者讲述的兴趣。

林天文老师是国家级非物质文化遗产项目永嘉昆剧的代表性传承人，出生于温州平阳县。幼时家境贫寒，在四叔的资助下完成了初中学业，后来在一个小山区做小学老师。照理来说，养家糊口已不成问题。那么他后来为什么会去考巨轮昆剧团（即永嘉昆剧团的前身），又是如何考上的呢？为何会让他担任昆曲乐队里的灵魂岗位——笛师？看似偶然的事件，背后肯定有其必然性存在。但是在对林老师的访谈过程中，他

① 李笑来：《把时间当作朋友》（第3版），电子工业出版社2013年版，第210—219页。

并没有提及任何在其少年时期与音乐相关的事件。因此，笔者就追问他在少年时期的音乐实践经历。果然，他回忆起，当年同村伙伴的哥哥有一把二胡，在儿童团的时候，他就经常自学。另外，他初中的班主任是个音乐教师，曾经在上海专门教钢琴，后来来到地方中学被聘为音乐教师，成立了国乐队，林天文老师当时在乐队里拉二胡。后来在小山区教书的时候，另外一位老师送给他一支笛子，在那个精神、物质都极度匮乏的年代，吹笛子自娱自乐成为他最大的爱好。因此，他被剧团录取，看似偶然，其实早就有音乐方面的积累。

第三，对戏曲家而言，深入采访其艺术成就要善于抓住他们人生的重点及亮点。张思聪老师，国家一级编剧，他创作的获“中国曹禺戏剧奖剧本奖”的越剧《荆钗记》以及发起的“南戏新编系列工程”都是他职业生涯的重头戏。他的亮点很多，比如创造了温州乃至浙江诸多璀璨耀眼的“第一”：第一部反映温州人生活的故事影片《何处不风流》（与胡月伟合作）；第一部在温州拍摄的电视剧《远洋船长和他的妻子》；浙江话剧团上演的第一个改革开放题材的话剧《女老板秘史》；第一部在温州拍摄的电视连续剧《喂，菲亚特》（后来获得全国“五个一工程”奖）。

他的另外一个亮点，就是他既写话剧，又写戏曲，还创作影视剧，而且成绩斐然，各类观众都喜闻乐见。他能做到传统和现代、戏剧和影视、舞台和荧屏兼容并行，在几种艺术形式之间游刃有余。在编剧里头，要么专门写话剧，要么专门写戏曲，写戏曲的人会写话剧或者影视的很少，但是他能。反过来，写话剧的人会写戏曲，而且写得像他那么好的，也很少。因此，这就是他的与众不同之处。

第四，对于同一门类的戏曲家，要注意他们作品风格之间的差异，并从其人生经历去追溯，印证其作品的取材及其风格形成原因。

比如，同为著名编剧，尤文贵老师和张思聪老师的作品风格就完全不同。尤老师年轻时为了保护文物被误划成右派而被迫搁笔，在社会上摸爬滚打22年。他和他的夫人几乎干遍各行各业，如推车、拉石子、拉黄泥、给人打针、做扑克纸、做算盘、做油漆、织劳动布、做棋子、画彩蛋，以及研究生产胶水、墨汁、浆糊、肥皂，在水泵厂当技术员，做敌敌畏，养种鸡，培养银耳菌种，打爆米花，做骨灰盒，等等。这些经验都成为他创作的素材和题材来源。

另外，与其他编剧不同的是，他为木偶剧创作了不少佳作。20 世纪 80 年代到 21 世纪初，平阳木偶剧团上演的戏都是出自尤文贵老师之手。他为温州戏曲培养了三位编剧，这不仅在温州，在浙江省乃至全国也是绝无仅有的，这是他的亮点之一。尤老师认为自己走上戏曲创作的道路是“必然的”，他说：“对我而言，这一辈子算正经的只干了一件事，就是搞戏曲。其他事情都是打工，真正一直坚持下来的是戏剧。”

再如，瓯剧扬琴第一人、瓯剧作曲沈天成老师先后在温州市文工团和瓯剧团工作，是个多面手，会演戏，还精通多样乐器，二胡、扬琴、打击乐器等都能信手拈来，在非常时期起到了顶梁柱作用。沈老师对扬琴的演奏有深刻的钻研，特别强调发挥扬琴这件乐器本身的特质，利用和弦和琶音，在乐队伴奏中扬长避短，为音乐搭桥，烘托气氛。当年《东海小哨兵》轰动全国的演出效果，除了李子敏老师精妙绝伦的作曲，还跟乐队配器上的重大调整密不可分。扬琴的加入，使得瓯剧音乐更加立体、丰满。

沈老师不仅是一位演奏家，还是一位作曲家，他扎实的基本功、乐理知识和好学精神，使得他的作曲水到渠成。由他创作的《蝴蝶梦》《潘金莲》《欢乐的畲山儿童》等，都得了不少省市级奖项。他的曲作善于运用扬琴的特点，塑造个性的音乐形象。

第五，对绝活在身上、技艺在台上的演员而言，除了口述，还可以以“说戏”的方式，请他们一边表演一边解说，避免无话可说的尴尬。

和剧前辈、著名艺术家，85 岁的章小德老师（小生），幼年失去双亲，12 岁便跟着舅舅来温州，到了平阳和剧团。不料不久后舅舅也不幸离世，剩下他孤苦伶仃，无依无靠。为了生计，他从乐队打锣鼓到跑龙套，从普通演员到当家小生，从离开剧团到去工厂，从退休再到自己办剧团……一路走来，真可谓酸甜苦辣皆尝尽。虽然章老师退隐江湖多年，但他对老戏如数家珍，浑身的技艺信手拈来，一招一式，幅度不大，但稳而实，内功深厚。笔者采访时就鼓励他多多展示，如戏曲基本功有哪些要点、如何练习、和剧有哪些绝技等。章老师详细讲解，并逐一示范了和剧的经典传统戏《双金印·水牢》和《白蛇传·断桥》中小生的表演，让笔者大饱眼福。师母高峰景老师（旦角）讲起戏来也是激动万分，她示范了怎样摇橹，虚虚实实如何结合，如何用虚拟的动作表达真实的生活场景，怎样从生活中提炼动作，如何将其艺术化……高老师说，演戏，是要好好去研究的。

瓯剧艺术家黄宗生老师（丑角）出身于梨园世家，是从旧社会一路演戏成长起来的老艺人，在瓯剧团退休。其父是更新乱弹剧团的男旦。他从小耳濡目染，从跑龙套开始，加上基本功练习，通过"偷学"，学习了不少剧目。在访谈时，笔者请他讲解他演过的经典戏目。黄老师一出戏接着一出戏地解说，一个动作接着一个动作地表演，一步一步地示范——《见娘》《酒楼杀场》《风雨楼》《东海小哨兵》等——面对面，一对一；细细说，快快听；稳稳演，慢慢赏；一招一式，一笑一颦……黄老师长得很秀气，眉毛特别长，像柳叶一般垂下来，他的眼神清澈明亮，在眉宇的一紧一松、一高一低间，喜怒哀乐的感情瞬间传达，准确、到位、抓人。黄老师是个"戏精"，浑身上下都是戏，甚至每根眉毛都是戏。他特别注重内心戏，从生活中提炼动作，加以艺术加工，简单的动作传达丰富的内涵和复杂的人物心理变化，符合人物角色和性格特点，既有美感，又给观众交代得清楚。倘若没有长期浸泡在戏里、以戏为己命的日思夜想，怎么可能会有这等功力、这样的领悟和深度？这要花费多少心血、多少时间才能参透？笔者难以想象，无限敬佩。

在访谈现场，你会发现一切准备都只是预案，要想挖掘到更多的"料"，要勾起口述者更多的回忆，必须要有合理的、适当的、符合口述者思维习惯的提问方式。要想做到这一点，采访者必须懂得心理学。近年来，笔者阅读了百来本与心理学相关的书籍，获益匪浅。要重视访谈的互动，学会察言观色，理解口述者的心理状态和话外音。沈洽先生在《对"口述史"的理解和认知》一文中指出："'口述史'的'访谈’面对的是个体生命的记忆，特别是历史语境和时间的当事人及见证人的记忆陈述，所以必然要面对乔哈里资讯窗（Johari Window）问题，这是一个更需要有心理学功力的技巧。”[①] 的确如此。在访谈过程中，有些笔者自认为设计得很巧妙的提问，到了口述者那儿，他们会觉得无法回答甚至困惑，使访谈陷入冷场的尴尬局面。而有时候不经意的一个追问，会带出口述者一大串的精彩故事。因此，不断提高访谈时随机应变的现场把控能力，至关重要。

访谈结束时的结束语也十分重要。首先要对口述者讲述的内容进行概括，做简短、正面、积极的评价，要真诚地对口述者的表达方式给予反馈，表示感谢。如果口述者有提供资料给采访者，采访者要明确告知归还时间。面别后，可以通过微信、电话等方式，再次表达感谢。实践证明，后续这样的联系非常有必要，特别是对自己讲话不自信、觉得自己不会讲的口述者。这不仅是采访者对口述者付出的时间和精力的一种感谢，更是对其表达方式的一种鼓励，使得下一次的访谈能在更加轻松、自然的状态下完成。这样的互动可以进一步联络感情，拉近距离，增加口述者对采访者的信任感。

三　资料收集

杨祥银教授提醒笔者：收集资料越多越好，不要嫌多；资料是可穷尽的，不是无限的——前者是笔者后来收集资料时不断去执行的标准，后者是一种信心和勇气。上海音乐学院仪式音乐研究中心主任萧梅教授说，要做研究，就先做好一个资料员。[②] 任何研究都离不开收集资料，离不开采访，离不开求证。资料永远是第一位的，采访也是获取资料的一种方式。因此，在收集资料的时候，要尊重档案的“全宗”原则，

① 沈洽：《对“口述史”的理解和认知》，杨祥银主编《口述史研究》第2辑，社会科学文献出版社2018年版，第130—132页。

② 2019年8月，由上海音乐学院和中国非物质文化遗产保护中心联合举办的“第二届珍贵历史音乐档案（音视频与纸质）处理与保存专业人才培训班”上，萧梅教授语。

尽量全面收集。

只有对采访者有足够的信任，受访者才会把视如生命的资料拿出来，交给采访者。认识李子敏老师，是在2009年。做他的口述历史访谈，是从2010年开始的。因李老师不擅长使用电脑，因此他所有的书著、曲作均为手稿，这些都是相当珍贵的史料。在访谈期间，笔者每月数次去李老师家搬资料，带到单位将其逐一扫描电子化——李老师赐笔者“淘宝王”的美称。

当李老师把20世纪四五十年代他在部队的老照片、剪报集缀、作品手稿等在“文革”三次抄家中因师母偷偷带到单位而幸免于难的珍贵资料交给笔者时，笔者心里有一种莫名的沉甸甸的感动。笔者带着无比虔诚的心，用600dpi的高质量分辨率一一扫描，以示敬畏。到2016年底，采访录像共计约1363分钟、20万字；扫描的资料和收集到的图片约14305张，包括李老师所有照片、部分曲作抄录（1951年11月—1953年12月）、各版本《东海小哨兵》、李氏族谱、节目单、作品集缀、家书、证书、奖状、聘书等；收集的影像资料42种，比如《高机与吴三春》三集戏曲电视剧及电视工作片、长征组歌录音以及《中国瓯剧音乐大典》唱段录音等。这些数据，是笔者多年来收集的李老师个人资料的一个粗略统计，看似可观，实则微渺。对于知识渊博、满腹经纶的李老师而言，这些都只是沧海一粟、冰山一角。李老师身上还有很多的资料需要日后继续收集，还有很多记忆需要深入挖掘。

李子敏老师常常提醒笔者，“做学问，有心者，处处有，无心者，有也无”。对于做口述历史非常关键的信任关系的建立也是如此。倘若有心，在口述历史的每一个阶段，都是建立、维持、增加信任的契机。在收集资料的过程中，保持资料原貌并及时归还；将数字化后的资料刻录光盘；将信件和零散的资料打印出来，装订成册；冲洗访谈的照片并用相册装好；将珍贵的老照片用相框装裱；拷贝录像，刻录光盘……把这些作为回馈送给老先生们，笔者发现他们非常欣喜。当他们发现你和他们同样珍视其视之为生命的资料时，彼此之间的距离一下子就拉近了。

点滴用心的举动，老先生们都看在眼里、记在心里。李老师对笔者的称呼和评价，从刚开始的“小黄”“丫头”“不是学生胜似学生，不是孙女胜似孙女”，到“淘宝王”“既是学生又是孙女”，再到“既是学生又是孙女又是好帮手又是推盘手”。现在李老师叫笔者“孙女学生”，笔者叫他“老师爷爷”，我们之间不仅仅是相互信任，更是建立了亲人般的感情。一直到现在，笔者还经常会去拜访李老师。正如严虹所说：“我相信好的采访是彼此生命间的往来，认识自己越深，认识他人越深，反之亦然。”[①] 的确如此。

在收集资料的过程中，采访者对口述者口述的内容有了更加具象的认知，可以相互印证。张思聪老师是国家一级编剧，创作了很多优秀的作品。在扫描他的报纸报道时，光从报道的数量、密集度和收集方式上，就可看出他创作的旺盛时期、作品存活率以及社会影响力。从张老师家拿来的报纸是散装的，不易保存，笔者按时间段将它们装入文件夹，并制作了相应的数据列表。

经过这样纸质的和数字化的整理、归纳和总结，就可以很直观地看出张老师各年度创作的强度和密度。从 1981 年开始的话剧《光明行》（上戏毕业作品），到 1992 年的《喂，菲亚特》、1997 年的《荆钗记》，之后启动南戏新编系列工程，2000 年调到文联，到 2006 年的《宦门浪子》，再到 2013 年的《大唐骊歌》……采访时张老师曾说，1999 年是他创作的高峰期，这和笔者收集的资料和统计的数据相符。有的年份几乎每个月甚至每天都有报道。持续三十多年来一直保持这样的热度，足见张老师的创作活力。

报纸收集的方式也透露了口述者当时的工作状态。笔者发现，报道比较少的年份，剪报多；报道多的年份，整张报纸或整份报纸都保存的占绝大多数。笔者曾经问过张老师，他是怎么收集这些报纸的？是不是有人帮忙收集或者别人看到寄过来给他？张老师回答说，都是自己收集

① 严虹编著《自序：他就是方力钧——采访手记》，《方力钧——100 个人口述实录方力钧的艺术历程》（上），中国青年出版社 2017 年版，第 6 页。

的。后来太忙了，根本没时间去剪贴了。

四 深度挖掘

在访谈过程中，笔者深深感受到采访者自身的知识结构和文化水平对口述者及其访谈内容深度和广度的影响。能不能“平等”对话，能不能捕捉到关键点，挖掘出更深更多的内容，关键在于采访者。如何避免浮于表面、泛泛而谈、人云亦云的采访，这是需要采访者去深入思考的。当笔者在撰写国家级非遗代表性传承人的书稿时，硕士研究生导师、浙江音乐学院吴凡教授建议：一定要把书做得更加立体，要以文献研究为主，纵向看其如何承上启下；以广泛的访谈为基础，横向看其与众不同之处。

因此，在访谈的进阶阶段，除了做好口述者的访谈，采访者还要不断提高自身知识水平、文学修养、理论研究能力，从多个层面去熟悉口述者及其从事的行业及其艺术门类，打破对研究对象的陌生感，深入了解其生存现状和生态环境，以求得对核心技艺的深度挖掘，并力求在最大程度上理解口述内容。

比如，在做李子敏老师的口述历史时，笔者虽然在求学时期曾对戏曲有所了解，但只知皮毛，未能深入，对传统文化、对温州地方戏曲所知甚少，对瓯剧音乐、戏曲作曲更是一窍不通，所以在采访的时候难以提出与瓯剧相关的专业问题。或者说，即使李子敏老师说了，笔者也难以明白。虽然李老师的诸多专著早已面世，但一时半会尚难以全部读懂。

因此，为了丰富自己对瓯剧的了解，增加对其感性的认知，笔者打听到原温州市瓯剧团的冯彩秋和杨玉玺两位老师每周二下午都在温州老年大学教唱瓯剧。从 2017 年 3 月底开始，笔者每周二下午跟着冯老师学唱《江心孤屿百花红》唱段（李老师编剧、作曲的瓯剧代表作《高机与吴三春》经典选段），也总算了解了瓯剧音乐的“皮毛”。如何快速成长，弥补因知识不足带来的采访内容的欠缺，是笔者今后在专业和口述访谈上要攻克的难题。

比如，撰写阮世池先生的书稿时，其实阿池先生及其周边采访早就已经完成，但为何当时迟迟不敢交稿？究其原因，来自笔者自身。笔者是土生土长的温州人，听得懂温州话，又从事民族音乐学研究工作，是个局内人。然而，温州虽然地方不大，但是方言不少，交流沟通不易。温州话和瑞安话又完全不一样。用瑞安话演唱的温州鼓词，对笔者而言，实则如同一门外语。而且由于家庭环境的影响，在笔者成长的过程中，极少有机会听到唱词。在这个意义上，笔者是一个十足的局外人。对阿池先生这一大师既熟悉又陌生的距离感，对温州鼓词这一浙南曲种近在眼前又远在天边的隔阂感，对曲艺这一中国传统艺术纷繁复杂、博大精深的无知感，让我却步。

去年在做阿池先生的口述历史时，他已经 90 岁了，极少演出。因此，为了更加深入了解温州鼓词及其两大门类——大词和平词的生存现状，2018 年 5 月和 6 月，笔者两次全程跟进唱娘娘词（大词）的演出，不仅接触了多位活跃在第一线的中坚艺术家，还感受到这一曲种生存的肥沃土壤和沿革，对大词的音乐唱腔、旋律和鼓点有了内心的触动。在 2018 年 7 月和 8 月两个月的周六下午，笔者七次去温州市图书馆老年分馆听由凌康君先生创编、章彩霞先生演唱的《严兰贞》，现场感受了温州鼓词平词的魅力和民间对唱词的喜爱。在一次又一次的聆听中，笔者总算能毫不费劲地听懂瑞安话，也能毫不费劲地听懂用瑞安话演唱的温州鼓词了，并充分发挥了民族音乐学者的“双重音乐能力”，在之后的采访中，设计了相关问题，让阿池先生回忆他当时唱娘娘词的情形，从其口述和现状的对比中，了解到了温州鼓词在历史和社会中的变迁，以及从业者的社会地位、身份的转变。

2017 年 12 月 6 日，笔者参加了在瑞安举行的温州鼓词之“瑞安现象”阮派艺术研讨会。笔者对到会的专家、领导、学者以及阿池先生的同行、学生逐一做了访谈。在现场，笔者不仅看到了台前光鲜亮丽的鼓词艺人，还见到了诸多幕后的无名英雄——重视曲艺的各级领导、词本创作者、音乐创作者、鼓词研究专家、鼓词传播媒体人、各流派名师……温州鼓词完整的生态系统浑然天成，跃然眼前。这些人的口述，让笔者更加全面地认识、了解了温州鼓词的创作、演出、传播、推广等过程。

前文提及的“说戏”，也特别适合在口述历史访谈的进阶阶段深入挖掘戏曲内核，从本体上去剖析剧种的韵味、风格和特色。2020 年元旦，由上海音乐学院仪式音乐研究中心主任萧梅教授发起并担任学术顾问、永昆国家级传承人林天文老师担任主讲的“复唱永昆，说戏传承”项目正式启动。林老师从行腔运腔、吐字归韵上去剖析抽象的音乐特点，从对典故的解释到该典故在剧中的理解，从语义的阐释到如何断句以及由此带来或者形成唱腔或表演形态上的处理，等等，进行深入讨论，剖析了永昆剧种特色，并结合永昆的曲牌，解释了字腔和过腔、尖音和团音、豁腔和罕腔等概念的定义、作用及其唱法，分析了口白和韵白的四声高低及其规矩，细致地讲述了如何通过吐字咬字、归韵、强弱对比、气息转换等方法去体现永昆特色。这个项目还邀请了多位老艺人和年轻的剧团演员、乐队人员参与。

此外，做周边采访也是一个比较靠谱的深度挖掘方式。严虹的《方力钧——100 个人口述实录方力钧的艺术历程》，为我们提供了一个由口述历史构建的周边采访的范本，[①] 可以让口述者推荐周边的人，采访者根据需要进行访谈。

比如，虽然瓯剧是地方剧种，但它毕竟是国家级的非物质文化遗产项目，家底丰厚。李子敏老师非常谦虚，他说是“瓯剧培养了他”，但其实他也在推动瓯剧发展。作为国家级非遗代表性传承人，他也代表了一批又一批为瓯剧奉献终生的瓯剧人。正因为有他们，瓯剧才不断地向前发展。如何在李老师的口述中反映出一个群体的面貌，如何从不同的视角、维度去加以观照，这是个难题。因此，笔者从李老师的战友、好友、学生、同事、同行、合作者等入手，特地到杭州、青田、台州等地

① 严虹编著《方力钧——100 个人口述实录方力钧的艺术历程》（上）；严虹编著《方力钧——100 个人口述实录方力钧的艺术历程》（下），中国青年出版社 2019 年版。

做了大量的周边采访。通过登门拜访、电话、微信视频等多种途径，他们为笔者提供了珍贵的口述史料。通过他们的讲述，李老师在戏曲理论和作曲界的地位，他对温州以外或者说是浙江省其他剧种音乐声腔的影响，被不断印证。

阮世池老师的周边采访也是如此。阮老师的学生中有温州莲花的国家级传承人戴春兰老师、玉环鼓词的老艺人李国恩老师，他们都曾经在20世纪五六十年代跟阮先生学唱鼓词。由此可以看出，阮先生对浙江曲艺其他艺术门类的影响。

对口述者家人的采访可以打开采访者的思路，为主要口述者的采访提供新的视角和话题。比如，在采访阮世池的儿子阮立忠时，他谈到父亲赚了钱第一件事情就是买收音机。平时在家里，父亲经常听黄梅戏、京剧、越剧。这些超越时空的信息都成了阮老师学习和吸收的资源，对他后来自成一派的个人风格的形成有着不可忽视的影响。阮世池的大姐阮金柳说："阿池年轻的时候长得蛮好看的，白白净净的，唱起来脸颊有两个酒窝。"① 阮世池的三女阮爱兰（温州鼓词市级传承人）说："有的人（听众）就跟着听，听了三个月听不厌。把戒指也卖了，当路费和吃住的费用，10个戒指都听完了。"②

对口述者同行，特别是对其竞争对手的采访，有时候更能说明问题。温州鼓词盲艺人、温州市级非物质文化遗产代表性传承人唐孙文，作为"瑞安三鼎甲"（另外两人为阮世池、郑明钦）之一，一度视阮世池为对手。当笔者问他阮世池为什么会名气这么大，他回答："那段时间那些唱词先生唱起来都拖腔塌调的。阮世池一出来，声音比这些老先生好，句子唱得通俗，在台上有动作，听众就喜欢。"③

① 《阮金柳谈阮世池》，2017年3月18日，阮金柳口述，笔者采访于瑞安西河路阮金柳家中。

② 《阮爱兰谈阮世池》，2017年3月23日，阮爱兰口述，笔者采访于瑞安曲艺宿舍阮世池家中。

③ 《唐孙文谈阮世池》，2017年3月18日，唐孙文口述，笔者采访于瑞安大沙堤唐孙文家中。

周边采访可以使得主要口述者的形象更加立体、生动，同时也可以以一个群体的视角，去观照个体以及这一行当的整体水平和生存状况，梳理出更深层次的文化历史。

五　关于口述内容真实性、准确性

在《美国现代口述史学研究》一书中，杨祥银教授指出："口述历史能够让人们从当下生活与现实需要出发来叙述或解释过去的某些经历，并赋予经历以某种合理性与意义。"①

对于口述者讲述的内容，采访者要参照原有的文献资料，再经过多方求证，力求呈现历史的真实面貌。但对某些方面，倘若短时间内由于资料不足，暂时无法得出一个相对统一的结论，为了尊重不同的口述者各自的学术观点，可以选择如实记录、如实呈现，不做过多的学术探讨与争论。笔者想这也是口述历史的一个优势和长处，可以充分展现"仁者见仁，智者见智"。

比如，关于瑞安曲艺组织成立的时间及其历史、名称，老先生和老艺人记不清楚，诸多资料也互不统一。根据阿池先生的回忆，② 1950 年刚成立时，是叫"瑞安县鼓词协会"，大概三四年以后改名叫"瑞安曲艺改进会"（"瑞安曲艺改进会福利词场"营业许可证上的时间为 1954 年），1960 年前后，叫"瑞安县曲艺协会"，1967 年"文革"时解散，1976 年重新组建"瑞安曲艺协会"。根据凌康君先生的回忆，1950 年是叫"瑞安县民间鼓词艺人协会"，唱新词的时候（大概 1964 年前后）改名叫"瑞安曲艺改进会"。《中国曲艺志》"大事年表"载："1950 年 1 月 16 日，瑞安县民间鼓词艺人协会成立。管华山为主席、郑明钦为副主席。"③《中国曲艺志·浙江卷》载："1956 年，温州地区所属各县先后

① 杨祥银：《美国现代口述史学研究》，中国社会科学出版社 2016 年版，第 209 页。

② 《阮世池口述历史（十）》，阮世池口述，访谈时间：2018 年 10 月 8 日，笔者电话采访。

③ 中国曲艺志全国编辑委员会、《中国曲艺志·浙江卷》编辑委员会：《中国曲艺志·浙江卷》，中国 ISBN 中心 2009 年版，第 30 页。

成立了瑞安县曲艺改进会、平阳县曲艺工作者协会。”[①] 但《中国曲艺音乐集成·温州分卷·温州鼓词（试编本）》载，1951 年至 1960 年为“曲艺改进会”，1960 年至 1966 年为“曲艺协会”。[②] 类似这样的时间错位，如何解决？笔者非常迷茫。为了搞明白瑞安曲艺组织的来龙去脉，笔者又采访了凌康君先生、沈沉副研究员、宋维远先生等人。[③] 宋维远先生建议，资料时间不一致的时候，以记载比较早的作为起始，也就是说把 1951 年作为“瑞安曲艺改进会”的开始，或者按照阿池先生的说法，以 1954 年为准。因为有营业许可证作为佐证材料，说明至少在 1954 年之前就已经开始用这个名称了。因为当时社会环境和区域归属的变更，因此名称变化频繁，以致众说纷纭，莫衷一是；然而，“曲艺”的主题未变，“群众性”的群体性质未变，所以，笔者认为还是以主要口述者阿池先生的记忆和口述来呈现为妥。

收集到的资料，除了和口述访谈相互印证，必要时，也可以作为文字稿的补充。整理采访实录稿是件既耗时又辛苦的差事。要把使用方言的口语语句整理通顺，符合阅读习惯，也不是一件简单容易的事情。整理的困难，在于有些口述者想要表达的可能就说了一半，没有完全表达出来；有些只说了现象，没有更深层次的升华。编著者若用自己的话补充完整，明显不是口述者的语言风格；但若不补充，又感觉意犹未尽，阐述得不够透彻。因此，如何利用已有的资料，如何将之合理利用，并保持与口述访谈风格统一，需要在实践中不断摸索。

六　口述历史于采访者的意义

口述历史不但强调口述者的主体性，也强调采访者的重要作用。口

① 中国曲艺志全国编辑委员会、《中国曲艺志·浙江卷》编辑委员会：《中国曲艺志·浙江卷》，第 32 页。

② 参见中国曲艺音乐集成温州分卷编委会：《中国曲艺音乐集成·温州分卷·温州鼓词（试编本）》，1986 年版，第 358 页。

③ 凌康君口述，笔者电话采访，访谈时间：2018 年 10 月 8 日；沈沉、宋维远口述，笔者电话采访，访谈时间：2018 年 10 月 9 日。

述历史是双方长期良好互动的结果。因此，做口述历史对于采访者的意义不容忽视。

首先，做口述历史，对当年刚从象牙塔出来步入社会的笔者而言，的确是一个很好的学习方式。口述历史是了解、熟悉戏曲的一个很好的切入点。作为一个小时候从未看过戏的“80后”，之前总觉得戏曲非常遥远，但笔者在做了口述历史的采访后，已对戏曲不再陌生。为了更好地与老先生们对话，笔者在采访前恶补了与温州地方戏曲相关的各种知识与历史背景，观看了各种戏曲现场演出和演出录像，收获颇多。

在采访中，学习采访，学习回应。每次采访完毕，笔者都会做一个采访日记，记录下采访的行程、口述者的状态、自己采访的心得体会，总结每次的不足和进步之处，分析原因，找出应对方法。这样的记录可以使自己有个反思，就算是流水账，也是珍贵的记录。

另外，对刚开始从事口述历史的采访者而言，听录音记录逐字稿也是特别好的一种学习方式。在听录音的过程中，访谈场景被还原，采访者可以站在第三者的角度，客观地去看整个访谈过程，从中反思自己的提纲设置、提问方式、理答和引导是否合理等，从而在下一次的访谈中不断调整和改进。笔者就在多年的整理逐字稿过程中获益匪浅。经过这样多次的录音整理实践，笔者也更加明白了在访谈中采访者的角色和身份，体会到了什么是倾听以及倾听的重要性。

其次，访谈时，笔者经常为戏曲家们的人格魅力、艺术魅力所触动。瓯剧百岁男旦翁洪淼，13 岁开始学戏，他的夫人是瓯剧史上第一代女性旦角演员，他一辈子演戏，一个家族都是戏曲人。他和整个家族的从艺历史，就是一部活态的戏曲传统意义上的传承史。黄湘娟，一个在旧社会受尽欺压的旦角演员，在新中国成立后翻身做主人，成为温州市越剧团第一任团长。她鼓励创作，支持改革，创办越剧培训班，提高剧团排练、住宿条件，为温州市越剧团辛劳一辈子，落下七八种病，退休后成了医院的常驻客人，但她无怨无悔。

李子敏老师，离休后多年，在为瓯剧《钟离春折剑》作曲期间，由于过度疲劳和庸医误诊，视网膜脱落而茫然不知。他写完最后一曲后，左眼已只有光感，幸亏就医及时，免遭致盲的命运。他因为不会使用电脑，全部的曲作、书著至今仍靠手写，右手已经无法握笔，吃饭都只能靠左手握筷，即使这样，仍然笔耕不辍。2016 年底出版的三卷本《中国瓯剧音乐大典》就是由他主编的。他回忆，因为编撰《中国瓯剧音乐大典》，酷暑盛夏，连续三个月，他经受了高血压、心脏频发室性早搏的痛苦折磨，体重锐减十多斤，又加上过度劳累，导致带状疱疹病发，疼痛难熬！但为了能尽快完成书稿，他不顾医生的警告，又一直瞒着子女，错过了最佳的诊疗时机。紧接着连续发烧、咳嗽，后来他才知道得了肺炎，被迫入院。在住院期间，他用病床当桌子撰写书稿。那一年年底，书稿终于顺利出版。他时时提醒并告诫自己：不能倒下去，要坚持，坚持！一切都会好的。因为他很清楚，这不是简单的一套书的问题，它还承载了温州南戏九百年来的嬗变发展轨迹，承载着瓯剧四百年艺术的积淀，更承载着一代代瓯剧前辈艺术家的梦想，这是社会历史赋予的重大使命，绝不能半途而废。[①]

林天文老师，永嘉昆剧声腔的守护者，每次一谈起永嘉昆剧团“三起三落”的历史，就潸然泪下。他不要任何报酬，从 1994 年到 2010 年，自发地整理了十本永嘉昆剧传统剧目。2019 年到 2021 年，作为“复唱永昆 说戏传承”的主讲人，他每天查阅各种资料，整理“生词释义”，并在电脑上一一录入。2022 年初，浙江省启动“浙江省传统戏曲曲牌抢救工程”，已 87 岁高龄的林老师，在剧团的委托下，不顾自己的疾痛和子女们的反对，又挑起了这个重任，多次去永嘉昆剧团，为剧团演员讲解永昆剧种特色，分析传统曲牌，传授唱法。笔者看着台上行动不便仍毅然坚持，双脚因为痛风肿胀得厉害只能穿宽松布鞋，戴着 600 度的老花镜还需要借助高倍数的放大镜，为了看清字词脸几乎要贴到书上的林老师，兢兢业业、一丝不苟、一字一句地讲解，一音一腔地示范，一次又一次地提醒、纠正，内心的感动难以言说。2022 年 3 月 19

① 郭艺主编，黄慈帖编著《浙江省国家级非物质文化遗产代表性传承人口述史丛书·李子敏卷》，第 121—124 页。

日，林老师的长子病逝，但他只字未提，默默承受着巨大的悲痛，3 月底仍然坚持来永昆，为着曲牌抢救，为着永昆的传承。十多天以后，林老师才在电话里告知笔者，这时剧团的上上下下才知道这个情况。林老师对永昆的这种深情和挚爱让人感动不已。

再次，他们改变了采访者对戏曲以及中国传统文化的认知。当笔者在瓯剧丑角演员谢安怀家看到一本与笔者同龄的小人书《仇大姑娘》时，当笔者观赏了戏曲电视连续剧《高机与吴三春》时，当笔者知道《东海小哨兵》曾经轰动全国还出过电影剪纸片时……瓯剧曾经的辉煌发展映入脑海。多时尚的形式，多有生产力的戏曲，多有活力的戏曲人！看到一个个熟悉的前辈、一个个熟悉的面孔，出现在如此贴近生活的、儿时爱不释手的小人书这种体裁上，突然感觉，原来戏曲一直在身边，不曾像想象中离笔者那么遥远，甚至如此亲切。可能很多时候，受困于自己狭隘的知识结构，因此难以感知、无力解读、无法享受这种美。也可能很多时候，是因为先入为主的排斥心理，阻挡了欣赏美的脚步。但当走近老艺术家们，亲耳聆听了他们的艺术人生，亲自去感受了他们的那种执着、那种追求，慢慢地，也逐渐领略到了戏曲的独特和不一样的美好。

最后，口述历史是一种传承方式。在《李子敏卷》中，笔者已经进入了李老师的传承谱系，不仅是他的采访者，还成了他在“关门”之后那个从门缝里挤进去的弟子。2021 年和 2022 年，笔者又相继成为温州莲花国家级传承人戴春兰老师和永昆国家级传承人林天文老师的弟子。2022 年 4 月，笔者作为李子敏老师和林天文老师的学生，参加温州市非遗中心负责的浙江省国家级非物质文化遗产代表性传承人评估工作，代替老先生陈述和答辩。这不仅仅是一种简单的代言行为，更是老先生对笔者的一种信任、一种嘱托，同时也让笔者感受到了肩头的历史使命和责任。

这么多年，说是采访，其实更多的是向老师们学习。学老师做人，学老师做事，学老师做学问。笔者真是幸运，有机会单独享受大师的“小灶”。这些老艺术家们，他们将戏曲视为自己的生命。在他们身上，笔者看到了一种厚积薄发的力量、一股追求卓越的韧劲、一种决不放弃的坚守。他们对戏曲事业的追求，是我们这一代人所难以想象的；他们为戏曲所做的贡献和所达到的艺术高度，也是我们这一代人所难以超越的。他们是笔者这个戏曲新人的精神榜样，改变了笔者原先因传统文化积累和艺术欣赏水平不够而不喜欢戏曲甚至排斥戏曲的无知态度，扭转和刷新了笔者对中国传统文化的看法和认知，让笔者深刻感受到它的气场和博大精深。或许，访谈本身，就是一种传承。

The Practice and Experience of Oral History of Zhejiang Opera: Focusing on the Oral History of Wenzhou Opera

Huang Citie

Abstract: Wenzhou was the birthplace of Naxi, the most original form of Chinese opera. Chinese opera, as a kind of comprehensive performance art, its unique way of inherit was oral teaching. Every opera artist is a living history book. We can understand their view of life and the world from their works. As time went by, opera artists became older and older, left the world gradually. So recording is emergency. We have interviewed forty opera artists, who have done mass contributions to Wenzhou opera, and were above 70 years old. In this thesis, we would like to talk about following aspects, especially from the uniqueness of opera and the particularity of its practitioners: how to prepare for interviews, how to establish a trust relationship with the narrator, and how to sort out interview materials, etc.

Keywords: Wenzhou Opera; Oral History; Trust Relationship; Data Collection

中国公共史学集刊　第五集
第 123 ~ 140 页

口述历史视域下“慰安妇”问题的记忆书写与呈现研究

李　玥*

摘　要　20 世纪以来，口述历史与记忆研究的融合为弱势群体历史研究提供了进路。在此背景下，“慰安妇”问题逐渐被学界从宏观战争史研究中独立出来，学人得以从微观视角关注到该群体的集体伤痛记忆中个体生命的体验，打破民族主义叙事的“遮蔽性”，完成一种自下而上的群体苦难记忆书写。本文基于对集体记忆理论的反思，进一步深入沟通记忆与文化记忆的转化研究，根据当前“慰安妇”问题口述史料研究成果和记忆载体的改变情况，发掘口述历史方法借助记忆理论和现代媒介进入“慰安妇”问题研究的新路径。

关键词　口述历史；慰安妇；集体记忆；沟通记忆；记忆媒介

* 　李玥，东南大学艺术学院 2021 级博士研究生。

前言 口述史学研究的“记忆转向”

自20世纪中期“新史学运动”后，口述历史摆脱传统史学注重男性精英人物的历史观，重新作为独立的历史学分支受到重视，通过采集口述者的第一人称口述证词和记忆复述，捕捉、保存传统史学研究中常被忽略的“沉默的大多数”的记忆，赋予弱势群体、非主流文化和落后地区话语权利，从而让沉默的、没有发声出口的历史复活。同时，以社会学家莫里斯·哈布瓦赫（Maurice Halbwachs）为代表的理论家，打破了18世纪至19世纪传统的生物学或集体心理学记忆研究传统，转而拓展到社会学及文化学领域，从记忆的社会性角度提出“集体记忆”理论。进入20世纪80年代，扬·阿斯曼（Jan Assmann）和阿莱达·阿斯曼（Aleida Assmann）又进一步从记忆的文化维度提出“文化记忆”理论等。口述历史与记忆研究具有紧密的关联，是记忆研究的有效载体之一。从关注宏观视角转向个体体验，口述史学研究的“记忆转向”相伴出现。

根据文化记忆理论，口述历史介入记忆研究可以考虑两方面的因素，即代际变化的影响和时代媒介的发展。首先，20世纪人类社会爆发了一系列重大历史事件，全球性的战争创伤记忆因国家政治、民族文化、历史角色的差异而拥有不同的记忆视角，毁灭性的时代记忆如何被记录成为人类文明绕不开的共有课题。无论是缅怀历史创伤、争取民族尊严，还是铭记历史教训、警醒后人，战争带来的历史创伤都将面临代际记忆的断裂。随着时间的推移，战争亲历者正在逐渐退出历史的舞台，因此需要借助亲历者的口述收集个人记忆，成为集体和文化的记忆文本，在整体时代的社会历史背景下回忆、反思和传承记忆，在传统史学宏大叙事框架中介入微观的、个体的、主观的情感记忆，从而达成宏观和微观两个层面的联动。其次，记忆媒介的变化照见互联网时代记忆传承方式的革新。多媒体技术和网络科技的发展改变了人类记忆的方式：一方面，海量信息产生了巨大的网络记忆库，依赖于现代传播媒介而发展的视听媒体成为记忆传承和再生产的新平台；另一方面，数字化时代的口述历史研究展示出更加多元丰富的审美体系和视听语言表达，在数字网络时代的表述逻辑下，宏大叙事下微观生命体验的描述正在潜移默化地改变“权力话语”的主导向。

一 口述历史视域下“慰安妇”制度受害群体的苦难书写

1. “慰安妇”问题研究现状

以往国内外对于第二次世界大战的记忆研究，大多在国家意识层面对以男性为主的军民、俘虏等群体进行研究，以女性为主体的历史研究寥寥。相较之下，较为孱弱的女性群体虽然同样身处灾难记忆中，却在很长一段时间里都保持了沉默。第二次世界大战期间日本军队内部实施的“性奴隶制度”被故意冠以“慰安”一词，似乎带有关怀、自愿的意味，具有误导性的名头刻意隐瞒了这一制度背后的残酷和惨无人道，诸多强征掠夺而来的平民女性被迫以“慰问战地官兵”的名义被强暴和禁闭关押，产生混淆视听的隐匿效果，使得这一犯罪事实直到战争结束近30年后才第一次被世人注意并深刻谴责。1972年，美军在前日军军事基地的甘蔗园发现“慰安妇”制度受害者裴凤歧，她也成为第一位被媒体大规模关注和报道的受害者，由此，也极大地激起战争史学和创伤记忆研究领域对于女性群体的关注。

1992年，时年63岁的万爱花老人在山西盂县小学教师张双兵的帮助下，多次出席听证会，包括东京举行的联合国人权委员会“战争受害女性国际听证会”等，成为中国控诉日本侵华期间日军集体性侵罪行的第一人。继而相关领域的研究者开始全面的调查工作：自1996年以来，日本学者石田米子一直致力于侵华日军的性暴力犯罪课题研究，创立“查明会”民间组织并创办《出口气》会刊，这也成为日本当地民众了解“慰安妇”制度中幸存者真实经历的最佳史实读物，后续出版《发生在黄土村庄里的日军性暴力——大娘们的战争尚未结束》（社会科学文献出版社，2008）一书，提供了大量鲜活的、全面的、一手的“慰安妇”制度受害群体当事人口述史料，这些珍贵的资料成为国内外“慰安妇”问题研究的学者和机构研究的有效史料；1999 年 3 月，中国“慰安妇”问题研究中心在上海师范大学成立，对“慰安妇”制度、“慰安所”设置以及约 20 万受害者进行一系列的史料研究；中国“慰安妇”问题研究中心主任苏智良教授，十几年脚步遍及中外，收集相关日伪档案、战时报刊等资料，采集证人证言，出版了国内第一部全面介绍“慰安妇”受害群体的专著《慰安妇研究》（上海书店出版社 1999 年版）；上海师范大学现代出版研究中心主任陈丽菲出版《日军慰安妇制度批判》（中华书局 2006 年版），全面介绍和批判了所谓的“慰安妇”制度等；进入 21 世纪，包括广播、电视、报纸、网络门户平台等主流媒体对于“慰安妇”问题的全面解读使得该问题真正进入大众视野，各类全面介绍此项非法制度的图书和新闻报道问世，吸引到越来越多的关注目光的同时，个体的战争创伤记忆逐渐向群体的民族创伤记忆扩散。

然而，至此不得不面临的另一个问题是受访者战时和战后的双重记忆创伤。亲历战场和“慰安妇”制度的受害者已年逾古稀，回顾过往，她们作为战争中女性记忆的代表之一，由于在性别、身份和社会关系中常年处于弱势，曾经长久地选择了沉默，这对“慰安妇”问题研究的史料收集造成了困难；其中部分希望得到应有道歉和赔偿并努力呼吁和发声的老人，也因为渴望得到尊重的意愿常常随着中日两国政治关系的变化而悬置摇摆，从而形成战时和战后的双重创伤记忆。目前，“慰安妇”制度的亲历群体人数随着年龄的普遍增长而急速减少，随之消失的不仅是写满创伤的个人记忆，还有沉痛过往的民族记忆。在此紧迫情势下，社会各界积极采取行动。2013 年，美国瓦萨大学的丘培培教授与上海师范大学的苏智良教授、陈丽菲教授合作完成的英文版《日本帝国的性奴隶：中国“慰安妇”的证言》（*Chinese Comfort Women: Testimonies from Imperial Japan's Sex Slaves*）由香港大学出版社与牛津大学出版社联合出版发行，成为全球首部关于中国“慰安妇”问题的英文著作，通过对来自中国东南沿海地区、华中与华北战区、南方前线的十二位大陆地区“慰安妇”制度受害者的证言采集以及翔实的史料梳理，有力地向国际社会揭露了第二次世界大战期间日本帝国主义侵略者惨无人道的罪行。可以说，该书通过口述实录的方式，将政治、文化身份被动的老人们带到历史舞台的聚光灯下，把原本属于个人的记忆通过口述历史的方法提升为民族和人权的问题。此外，书中除了对“慰安妇”制度进行罪证收集，也揭示出日军在侵略战争中施行的一系列反法规、反情感、反伦理的奸淫暴虐行为，用丰富的人证、物证揭露其侵略制度的罪恶本质。该书还聚焦战后正义申诉的诸多问题，对于二战结束后“慰安妇”问题没有在远东国际军事法庭上得到彻底解决的事实，提出种族歧视、男权至上观念、证据不足及政治局势变动等多种原因并做出分析，再次将“慰安妇”问题提到不可回避的研究地位上。随着大众媒体环境中记忆媒介的快速变化，口述历史也在积极发挥广泛传播和“抢救”的作用。2017 年，纪录片《二十二》在影院公开上映，以口述采访和视听语言结合的方式，向更多圈层的受众展现了“慰安妇”问题的相关历史事实，得到广泛的关注。

2. 口述历史视角下个体苦难的叙事

（1）以个体生命体验替代符号化叙事

宋少鹏教授对国内语境中“慰安妇”群体在集体、民族记忆中的介入过程进行了详细的梳理，特别是在 2001 年和 2014 年，分别出现了两次较大的转折事件。2001 年，九一八事变七十周年之际，全国律协、中华全国妇女联合会、中国人权发展基金会等团体发表声明，支持中国受害妇女对日索赔，这是第一次有组织的国家机构加入对该受害群体的支援。2014 年，中日关系的敏感动荡使得“慰安妇”问题频繁出现在中国外交部发言人的言语中，此时，“国家成为重建‘慰安妇’历史，并推动其进入民族集体记忆的主导者”。[①] 可以发现，早期的“慰安妇”

① 宋少鹏：《媒体中的“慰安妇”话语——符号化的“慰安妇”和“慰安妇”叙事中的记忆/忘却机制》，《开放时代》2016 年第 3 期。

问题研究呈现一个自上而下的过程，得益于组织机构乃至国家层面的关注，该群体受到更多帮助。在此基础上，产生了后续诸多对于“慰安妇”制度受害群体自下而上的、自发的、有计划的口述收集、整理工作。但不得不说，当媒体有意识地把“慰安妇”问题与抗战记忆联系在一起时，也在一定程度上预示着政治话语力量的主导倾向，民族主义叙事的框架转移了公众对于记忆主体的注意力。

回顾“慰安妇”群体的历史研究，可以透见早期研究中女性集体被忽视的无奈，较低的社会地位和滞后的政策保护使她们长久失声，甚至主动选择了禁言，长此以往，她们变成了“反战”宣传下的符号，其本身的创伤记忆和生命体验被忽略。纪录片《二十二》中有多位老人提到，在战争结束被救出到社会各界开始对“慰安妇”问题展开研究的数十年间，她们都处在“历史的真空期”，没有人关注她们，她们也为了保持现世生活的平静而选择回避。显然，战时外部强权的压迫和战后社会内部的性别伦理，都对“慰安妇”受害群体带来了巨大的压力。在此背景下，口述历史研究填补叙事逻辑空缺的作用尤为凸显，因为“口述史最为人们称道的是由下而上的研究立场带来的历史研究焦点的转移，它超越了精英的立场从而使得历史研究具有‘人民化’趋向”，[①] 避免民族主义叙事框架的束缚，借助个体生命体验的完整呈现，以争取群体自我与他者两方的认同，从而抵消符号化叙事的倾向。

进一步来说，口述历史与女性关注结合下产生的妇女口述史研究，其存在的动机和必要性不只是还原真实的过去，还在于立场的革新。隐性的性别关怀聚焦女性生命史的记录，更关注当下社会女性所处的社会结构和日常生存的环境，其意在对口述内容背后的价值观念进行研究并最终重建女性群体的历史意识。可以说，口述历史是史学研究方法中情感介入较为明显的一种治史方法，这也为情感丰沛、敏感的女性群体的记忆挖掘提供了良好的情感交流土壤，对于本已深埋在受访者意识深处的记忆，口述历史研究者需要充分考虑如何说服受访的战争

① 魏开琼：《中国妇女口述史发展初探》，《浙江学刊》2012 年第 4 期。

受害者，协助访谈对象一同将活生生的苦难记忆从长久岁月的侵蚀中释放出来。

（2）以个体口述记忆打破民族主义叙事

米歇尔·福柯（Michel Foucault）曾经提出“反记忆”概念，用以抵制民族主义史学的话语权。若在民族主义叙事框架下，“慰安妇”问题即变成民族主义大历史之下的一个符号，被当作民族主义的武器随用随取，在不需要的时候，又会被隔绝在民族记忆之外。出于传统道德的制约和自我保护的本能，“慰安妇”问题相关者普遍出现集体失忆的现象。其中，男性失忆动机主要来自男权地位被打败的失落，即日军侵略时，占主导地位的男性并不能保护自己家中、村中、族中的女性同胞，从而产生挫败感而有意回避话题；女性失忆则来自对命运失控的痛苦和无奈，在社会性别伦理规则的拷问中全面告败，最终落在民族主义记忆叙事的文本中，就只剩下被筛选过的、能被修复的记忆，是被遮蔽的记忆。

例如，石田米子的调研材料中记述了一位遭受过性暴力的妇救会会长的自述：一方面，虽然她的抗战事迹被编入官方写作的《盂县文史资料》；另一方面，官方资料所记录的内容有意回避了她被敌军拷问并被强奸的部分。针对史学研究在正向记忆倾向和刻板英雄形象塑造上的“有意遮蔽”现象，宋少鹏教授明确批评说：“当史家有意识地遮蔽女英雄遭遇到的性暴力，表象上是在维护女英雄的纯洁，本质上是服从于民族共同体内部的男权文化机制的评判标准。所以，以回避与沉默宣示的同情，与赤裸裸的歧视实质无异，背后是同一种男权文化。”① 坚强的、意志领袖的、不可侵犯的、战无不胜的革命女战士形象，在历史事件中成了标签化、刻板化、没有生命感的“英雄”符号，受到伤害的、失败受挫的革命女战士虽然遭受了侵犯，却被迫躲到了战争伤痛记忆的历史帷幕后，完成英雄模范的塑造，同时失去了表达的主体身份。对此

① 宋少鹏：《媒体中的“慰安妇”话语——符号化的“慰安妇”和“慰安妇”叙事中的记忆/忘却机制》，《开放时代》2016年第3期。

情况，口述历史的研究原则拒绝以这样的方式对记忆进行有意选择，从而对当代民族记忆书写中的新规范产生了反思，希望在“追问”中，挖掘更日常生活化的历史事实，抛开完美人格形象和标签的桎梏，发现更多被遮蔽的历史细节，将每个个体活生生的战争创伤记忆从民族主义叙事中解放出来。

在口述历史介入“慰安妇”问题研究后，这种情况被回避和转化，一边是采访者进行无差别的记忆收集，另一边是受访者获得讲述的鼓励，采述双方共同努力，为多元视角民族记忆共识的建立带来动力，这背后的心理机制，来源于对民族信心重塑的强调，离不开中华民族集体坚决捍卫尊严、不畏抗争的精神动力。虽然“慰安妇”问题的研究一度显现民族主义叙事趋势，民族性的创伤被政治化“遮蔽”，但在争取话语主权和国家层面的历史认同的过程中，人们逐渐意识到不能失去对民族记忆的回溯和个体生命体验的记忆，否则，标签化、符号化的叙事会抹掉鲜活个体的记忆痕迹。因此，部分史学家也开始寻找区别于传统叙述视角的切入点。基于民族记忆符号化的担忧，口述史学家和妇女史研究者选择关注被忽略的群体，采用更加平视、微观、个体化的视角还原历史事件，也就是“把历史归还给大众”。面对“慰安妇”制度受害群体的口述历史收集工作，口述史学家希望这份努力不仅成为当代乃至未来跨国政治和主权捍卫的证据，也会成为民族历史记忆的回顾，获得人类学、社会学的多重价值意义。

二 口述历史视域下“慰安妇”制度受害群体的差异记忆

1. 短时段沟通记忆中“慰安妇”问题的群体建构

在记忆研究发生社会学转向后，阿斯曼夫妇针对哈布瓦赫的理论继续提出沟通记忆与文化记忆的理论。根据阿斯曼夫妇的描述，沟通记忆也可称为短时段交流记忆，通常在个体与群体的日常实践中获得，一般限定在三至四代人之间较短的代际文化和社会短期记忆中。[①] 沟通记忆的短时段限定与口述历史研究都更关注“当下的”记忆，记忆的承载者不仅是事件的亲历者，也是可以面对面的交流者，以语言交流（包括口头和肢体语言等）、提供记忆物件和故地重游等实践作为记忆传递路径，其内容也具有更高的流动性、主观性和个体性格等特点。整体而言，新旧的短时段交流不断更替，可以沉淀、保存、流传下来的是承载民族精神和作为长时段文化意识的文化记忆。然而，那些似乎可以忽略的短时段记忆犹如滋养民族文化之树的水分和营养，在代际交接和彻底消失之前，也应该被及时记忆和转化，成为长时段文化记忆和民族精神中的一部分。

在我国的社会语境中，战后较长的一段时间内，“慰安妇”问题都以灰色的、边缘的、附属的影子状态存在，曾在战争中剧烈受挫的民族伤痛意识占据文化记忆的主导，在悲愤、羞愧、追忆、奋发等复杂的民族情绪下，短时段交流记忆在整体的民族记忆中显得可有可无。集体的回避和忽视使这段苦难记忆化为一个时代背景下的象征性符号，甚至，这个短时段的沟通记忆也可能随着代际的交替而被彻底遗忘。因此，虽然自 1945 年第二次世界大战的战火全面熄灭、日本宣布无条件投降开始，我国官方机构、相关学者和民间组织对于慰安所与“慰安妇”问题研究的资料文献收集工作便开始了，但是其影响力还是微弱的、有局限的。“慰安妇”问题受害群体的苦难记忆真正成为民族层面的集体伤痛记忆的时间要更晚一些。事实上，这部分苦难记忆进入 21 世纪后才开始大面积进入公众视野，成为普遍的历史认知。

“慰安妇”问题研究的被动和滞后，也变相透露出人类集体历史事件中普遍对女性群体疏于关注，乃至是惯性的回避的现象。“慰安妇”群体在几十年的人生历程中，经历了羞愧无助、躲躲藏藏、遮遮掩掩的

① 〔德〕阿莱达·阿斯曼、〔德〕扬·阿斯曼：《昨日重现——媒介与社会记忆》，陈玲玲译，丁佳宁校，参见〔德〕阿斯特莉特·埃尔、冯亚琳主编《文化记忆理论读本》，北京大学出版社 2012 年版，第 25 页。

半生。对于负面伤痛记忆研究对象，弱势群体身份和伤痛记忆是两大考验，尤其容易造成集体沉默。面对集体沉默背后的隐藏记忆，在不造成二次伤害的情况下，合情、合理、兼顾人道精神和历史使命地将记忆留存下来，正是口述历史研究的重要任务之一。同时，丘培培教授强烈指出"慰安妇"名称的不合理性，从《日本帝国的性奴隶：中国"慰安妇"的证言》的书名即可看出她对"性奴隶"这一性质的强调，直指日本军国主义长期试图掩盖的暴行，引导国际社会正确认识"慰安妇"问题并真正重视起来。在书中，丘培培教授提到卡罗尔·克拉克（Carol Gluck）所指国际性"记忆变革"（memory change）的重要意义：在以往默认的战争叙事逻辑中，"社会的、政治的、男权至上的历史叙事惯将女性所遭受的非人待遇正常化，将战争与性暴力的联系合理化"，[①] 但是近年来，因为中、韩、日、菲等国家相继出版"慰安妇"问题受害者的口述实录，受害者具体的叙述纷纷打破了关于制度定性、营利性、残忍程度的质疑，国际社会范围内"慰安妇"问题的真实全貌被重新认识。因此，口述历史在完成历史事件史料补充的前提下，还着重补充了女性作为弱势群体的社会性别记忆，使其重新进入历史的考量，进一步打破了民族主义和单一层面理念驱动的禁锢。

2. 口述历史研究之下个体记忆视角的差异

基于道德讨论的战争记忆具有明显的视角差异，口述历史的介入使集体记忆和文化记忆的塑造更完整。首先，在战时、战后双重创伤记忆下，作为"慰安妇"制度受害者的老人们，在自我保护的考虑和内心屈辱感的驱使下，进入一种复杂的身份认知，"不光彩"的被动记忆成了被封印的沉重负担。即使战争最终获得胜利，侵略者得到了惩罚，但在惨痛的伤害和久久得不到正式道歉的情况之下，受害老人们因孤立的记忆主体身份而被隔绝在"集体记忆"之外，成为这段创伤民族记忆中的"弃妇"，其伤痛的记忆被放入"多棱镜"的视窗，在政治、经

---

① 丘培培、苏智良、陈丽菲：《日本帝国的性奴隶：中国"慰安妇"的证言》，中国社会科学出版社 2018 年版，第 4 页。

济、外交、爱国主义教育等因素介入下，展现出各色模样，唯独隐藏了其原始个体的记忆。以纪录片《三十二》中着重介绍的“慰安妇”制度受害老人韦绍兰为例。1944 年，她从军营逃回后发现已怀有身孕，丈夫却指责她是“到外面去学坏”，几经自杀和挣扎，韦绍兰决定留下孩子。于是这个不知生父的日兵遗孤罗善学继承了母亲的伤痛记忆，在质疑的声音中长大成人，与母亲相依为命，终身未婚。这种伤痛被传承和持续积累，出于视角的差异，道德关怀的力量不足以帮助这对饱受争议的母子。探究同村村民隐藏的伦理判断和心理机制，或许能够解决母子俩战后身份认知混乱的困境，引导“局外人”进入深一层的道德认同，通过双方口述传递的价值观念和情绪，对症下药进行积极疏导。然而，随着 2019 年 5 月 5 日韦绍兰老人的离世，这种假设只能停留在假设阶段。

其次，跨越国家和民族的界限，关于战争集体记忆的讨论视角更加复杂。在当代学者反思战争的著作《漫长的战败：日本的文化创伤、记忆与认同》中，作者桥本明子针对日本国内在当代产生“混乱而分裂”的战败文化展开分析，将其原因归结于“人们在失败和战败的意义上难以达成一致”。[①] 对于日本出兵他国的战争记忆，一些人将其看作奇耻大辱，是“施害者记忆”；一些人当其是可怕的灾难，是“受害者记忆”；另有一些人认为参与战争是一件伟大的成就，产生“英雄回忆”。战败国日本在其战败创伤记忆的建构和形塑过程中充满矛盾和混乱的复杂视角，个人信仰与历史真相的矛盾造成社会层面群体身份认知的割裂，由此产生了一些无视国际史实的恶性事件，诸如日本 APA 连锁酒店在房间内摆放美化日本侵略手册事件、2015 年中国台湾的“反课纲”事件中被质疑添加“殖民”“被迫”字眼等。各类投机力量阻挠真实历史的传播和认可进程，被挑拨的抗争情绪激发了集体记忆的应激重塑，真假道德导向的博弈下，历史亲历者的口述以血肉之躯打破“多棱镜”

① 〔美〕桥本明子：《漫长的战败：日本的文化创伤、记忆与认同》，李鹏程译，上海三联书店 2019 年版，第 2 页。

之下虚幻的假象，意在不给别有所图的言论煽动留下空子，打消所有颠倒是非的诡辩行为。

最后，在人类反思大规模战争毁灭事件后，道德讨论逐渐从国家到民族，到家庭，再回归到每一个个体生命。战后很多年内，各类黑白的、模糊的、惨烈的、震撼的战争影像，通过素质教育的通识课本、大众媒体、战争事件纪念日、战争纪念馆等平台被记忆，在这触目惊心的战争记忆中，我们记住的是压抑仇恨还是对和平的向往？是垒筑高墙还是同情关怀？在种种思考和反思下，人们开始更多地关注经历过战争的人吃什么、穿什么、住哪里？他/她们如何度过艰难岁月？那些曾经亲历战争的人如今是怎样生活的？更多的人意识到，战争记忆，也是一种民族记忆。全球战争记忆研究的推进给国内受害老人和她们的家人以底气，让老人们在人生最后的阶段，能够有机会还原沉默已久的历史真相。

因此说，对于“慰安妇”制度受害老人们的口述历史研究，意义不仅在于恢复历史的原貌，更是一种对文化创伤记忆的修复。出于对口述历史作为一种研究方法的重申，生活日常化的历史研究给困步于伤痛记忆中的弱势群体正名空间，尤其在当前地缘政治情况不稳定的前提下，日本尝试摆脱战败国、侵略者等标签，强行站在道德制高点，拒绝对战时性劳工进行道歉和赔偿，甚至企图把战争罪犯描绘为烈士英雄，扰乱视听，挑战世界公认的历史权威……在一系列花样百出的政治化历史表述诡辩前，亲历者的讲述是最强有力的反击。

三　记忆媒介变化中“慰安妇”制度受害群体的口述呈现

1. 文字媒介中“慰安妇”问题的口述记录

我国早期的口述史料收集活动以新闻采访报道为主。例如，1992年12月20日，由记者江城采访整理的《武汉慰安所揭秘》公开登报发表在《武汉文史资料》，主要针对武汉地区朝鲜籍慰安妇进行专题采访，综合整理发表老人们的珍贵口述史料；在1995年至2018年的《人民日报》中，以“慰安妇”为关键词的新闻报道共139篇，“慰安妇”问题相关报道“主要随中日关系进展而跟进，具有较浓的政治色彩”。[①] 21世纪初开始，陆续出版较独立的“慰安妇”制度当事人口述采集研究书籍：2003年，由陈丽菲采访整理的“永远的伤痛：（侵华日军）‘慰安妇’证言”章节，收录在“20世纪（中国）妇女口述史丛书”系列《让女人自己说话：亲历战争》（三联书店2003年版）中；2004年，“中研院”近代史研究所的罗久蓉、游鉴明、瞿海源采访10位“慰安妇”制度受害者，出版《烽火岁月下的中国妇女访问记录》（“中研院”近代史研究所2004年版）；2005年，中国黄河电视台采访20位受害妇女，特别策划出版《人证——抗战时期山西盂县慰安妇口述实录》（山西教育出版社2005年版）；自20世纪80年代开始，山西盂县的农村小学教师张双兵采访百余位“慰安妇”制度受害者，并于2011年和2015年分别出版了《炮楼里的女人——山西日军性奴隶调查实录》（江苏人民出版社2011年版）和《“慰安妇”调查实录》（江苏人民出版社2015年版），以全面的当事人口述实录和照片资料，协助发起对日本政府的诉讼；2014年，记者陈庆港收录40多位海南的“慰安妇”制度受害者口述资料，出版针对海南地区“慰安妇”问题研究的书籍《历史的深处：二战日军中国慰安妇影像实录》（中国摄影出版社2014年版）；另外包括前文提到的2013年丘培培教授与苏智良教授、陈丽菲教授合作完成的英文版《日本帝国的性奴隶：中国“慰安妇”的证言》等。这些口述实录书籍的公开出版，也将中国大陆地区“慰安妇”问题研究引向国际社会。经过社会各界20余年的执着探索，采用口述历史方法完成的“慰安妇”问题研究成果逐步丰硕。

作为对社会重大历史事件史料不足问题的弥补，口述历史以主观化的呈现，达成客观性记录的补充，重视平民百姓和亲历者视野的经历再

① 陈婧：《〈人民日报〉建构“慰安妇”集体记忆探析（1995—2018）》，《东南传播》2019年第1期。

现，打破精英史学观的约束，尤其是对某些创伤性回忆的记录和研究具有重大意义。早期以文字档案和录音为主要记录方式的口述历史采集方式更有利于对历史事件进行梳理，框架清晰，时间线也更明朗。以陈丽菲教授收录在《让女人自己说话：亲历战争》中的“永远的伤痛：（侵华日军）‘慰安妇’证言”章节为例，陈丽菲教授首先对“慰安妇”问题的历史进行了从概念到历史事件回顾的梳理，介绍了口述实录收集工作的背景和成果，通过六年间数次到海南、武汉、山西、云南、北京、上海等地的实地调研访问，整理口述实录内容，其成果更具有理论研究价值，具有史学研究的严谨性。同时，选择口述历史的记录研究方式，选择脱离宏大叙事而进行个案展示，也更容易被已经拉开不同记忆氛围的人群所接纳和理解。

但是不得不说，受研究视角和技术影响，早期的妇女口述历史研究具有时代的局限性。“20 世纪（中国）妇女口述史”项目全部采用录音、笔录和照片的形式收集、整理、存档，一方面有当时口述史学导向的影响（当时部分口述史学者认为录音比影像更适合口述历史史料的收集，能保证其客观性），另一方面也碍于视听技术的限制和大众媒介环境的局限，历史研究学者和影视创作机构的合作不够全面。因此，对于以文字档案形式为主、以妇女口述研究视角切入的早期“慰安妇”问题研究，其在大众记忆传播上的贡献稍显不足，总体上呈现研究机构较为分散、口述采集计划不够系统、口述研究规范不够明晰等特征，还不能真正实现标准化、规范化、学科化的统合。

2. 数字化媒介中“慰安妇”问题的口述呈现

进入数字网络时代，无论是从受众群体角度还是从文化记忆传承研究层面，都不能忽视对数字视听媒介的重视和研究，从而也衍生出关于影像史学的讨论。在此仅从视听化传播的角度切入，探究数字媒介下集体记忆的构建和视听语言的叙事原则对于“慰安妇”问题研究的影响。

2017 年，聚焦“慰安妇”问题的纪录片《二十二》横空出世，成为难得的叫好叫座的登上银幕的纪录片。导演郭珂自 2014 年开始持续拍摄仅存的 22 位“慰安妇”受害者，深入其生活并收集珍贵的口述采访资料，真正将这个心酸孤独的受害群体推向大众，突破以往受众受限的学术研究、书籍、新闻采访和文献纪录片等形式，以更具有情感感染力的视听语言完成叙事创作，进一步成为广泛意义上妇孺皆知的民族记忆共识。以口述受访者的记忆支撑历史叙事，个体记忆的影视化传播涉及更具时代性的影像史学探讨。

在影片中，受访者陈述时插入的空镜头画面饱含深意。长时间、固定、大景深的空镜头穿插在受访者讲述的过程中，一方面还原了受访者的生活现状，另一方面也是受访者内心世界的投射。以沉默取代大声控诉，适当的留白把记忆叙事的节奏可视化。在纪录片中，一位受访者回忆母亲被杀经历时说“眼睁睁看着母亲被绑手绑脚扔到河里”，被抓到慰安所后发现“其中一个日本兵就是杀了我母亲的人”……残酷的记忆使老人语塞，老人无声掩面哭泣的画面和床边椅子下放的匕首、镰刀形成对比和呼应。该片在音乐和音效的创作中也逐渐展示出对口述历史视听呈现原则的思考。例如，纪录片《二十二》中删去2014年先期发行的纪录片《三十二》中过渡的背景音乐，保留环境音，制造静谧的氛围，其中只插入两首音乐：一首是根据老人回忆的家乡童谣改编的《九重山》，另一首是朝鲜族受害者遗留中国几十年，面对记者追问而哼唱的朝鲜族民间童谣《桔梗谣》。音乐的运用在影片中不起渲染情绪和主观化引导的作用，而是真正地承载历史讲述的任务，展示深藏在受访者脑海中的民族记忆和认同意识。此外，从《三十二》到《二十二》，导演郭珂多次提到团队执行和经费的困难，在时间紧迫的情势下尽力达成完整的记忆叙事逻辑，难得地保证了视听呈现的艺术性和丰富的隐喻性，这也对未来运用口述史料创作纪录片的实践者提出历史性与艺术性的双重要求。

此外，相对娴熟地运用视听语言进行隐喻表达，导演的伦理自觉更值得肯定。对于20世纪中期的战争记忆研究，这种以日常生活图景代入文化史研究的路径也为口述历史研究打开了新世界的大门，自觉转向从个体记忆中挖掘时代的集体记忆，借助个人记忆加强公共记忆，打破受害者群体被符号化的身份框架，正视历史中的苦难，将叙述主体的视角和位置还给受苦受难的老人们，真正摆脱民族主义叙事的桎梏，自下而上、自微观而宏观地解读历史，完成了一部有血有肉有泪的记忆影像作品。

口述历史研究的文献资料来自大众，也终将为大众所用，应对大众进行必要的“口述历史”概念普及，提高口述历史纪录片的传播度。从具体技术和制作层面来说，现代数字媒体技术高速发展和愈加成熟的传媒行业给视听艺术作品的创作提供了更多可能性，高速摄影机、航拍仪器、数字媒体技术、VR 虚拟技术应用等方式的介入与纪录片创作的内容达成高度融合。更重要的仍然在于，该类承载历史传承使命的口述历史纪录片如何传递历史伦理的反思，完善民族记忆，建构大众的历史意识。作为录音、文字、照片档案的史料补充，更细化精专的口述历史研究和实践值得进一步的深入研究，与影像史学、影视人类学的结合也将使口述历史的学科建设呈现更多元广阔的发展空间。

结语 发现集体沉默背后的隐藏记忆

至今为止，“慰安妇”问题的受害者仍没有得到道歉和足够的尊重，历史向前的车轮从未停止，纵使肉身和口述的声音微小，捍卫人性和尊严的努力不会停止。令人痛心的是，20 世纪 30 年代初至 1945 年间的几十万“慰安妇”制度受害者大多已辞世，她们因为战争和历史而饱受折磨的一生并未得到开解。身心折磨之下，以血肉发出最后的声音，也可以说是一份沉甸甸的嘱托。在丘培培教授等的书中，云南的李连春老人在接受采访时说：

> 我苦了一生，穷了一生，可是，有一样东西是我最宝贵的财富，那就是我的身体和清白。我的身体是我最宝贵的东西，是多少钱也赔不来的。我不是要钱，也不要找谁报复，我就是要世间公道！①

① 丘培培、苏智良、陈丽菲：《日本帝国的性奴隶：中国“慰安妇”的证言》，第 189 页。

面对战时暴行迫害和战后生存挑战，老人们承受了巨大的压力，也因羞辱激发了愤怒。愤怒给人力量，但这愤怒不是后人强行赋予老人们的人格光环，而是正义的、理智的、捍卫人性光明的力量。当身心备受摧残的老人们用最后的力气将她们的故事讲出来，即完成了沟通记忆向文化记忆的沉淀和转化。作为历史事件的史料和证据，"慰安妇"受害群体的口述资料可以对达成跨民族对话产生帮助，并有助于在国家层面介入下最终获得日方的道歉。

总结来说，关于"慰安妇"问题的妇女口述史研究，更难得的还是对人性和尊严的追问，能够发现集体沉默背后的隐藏记忆，基于对基本人文伦理的关怀，抛开社会性别伦理的既定观念约束，真正将个体的记忆融入集体的民族认同中。转身过去是为了谋求尊严，面向未来则要以平等为尺。

A Study on the Memory Writing and Presentation of "Comfort Women" Issue from the Perspective of Oral History

Li Yue

Abstract: Since the 20th century, the integration of oral history and memory studies has provided a theoretical basis for the study of the history of disadvantaged groups. In this context, the issue of "comfort women" has gradually been separated from the macroscopic war history research and focused on the individual life experience in the collective pain memory of the group from the microscopic perspective, breaking the "covering" of the nationalist narrative and completing a bottom-up writing of the group suffering memory. At the same time, based on the reflection of collective memory theory, further in-depth study of communication memory and cultural memory. Based on the current oral historical research results of the "comfort women" issue and the changes in memory media, this study conducts research on the issue of "comfort women" from the perspective of oral history with the help of memory theory and modern media.

Keywords: Oral History; Comfort Women; Collective Memory; Communication Memory; Memory Medium

中国公共史学集刊　第五集
第 141～163 页

岂曰无衣，与子同袍：新中国第一代工业建设者的意义感锻造

——评《工人阶级劳动传统的形成：洛阳矿山机器厂口述实录（1953—2019）》*

董方杰**

摘　要　新中国波澜壮阔的工业化进程浓缩了数代人的奋斗史、成长史、情感史与生命史。本文立足于《工人阶级劳动传统的形成：洛阳矿山机器厂口述实录（1953—2019）》一书，以意义感的锻造为主轴，从命运共同体的形成、大厂生活的建立、劳动竞赛的实施、集体记忆的形塑四个视角解读新中国第一代工业建设者在宏大时代变迁下的个体与群体命运，探索新中国工业突进背后的精神与情感动力。

关键词　口述史；意义感；命运共同体；单位制；劳动竞赛

* 本文系南京大学“双一流”建设基金“卓越研究计划”项目“社会学理论与中国研究”阶段性成果。

** 董方杰，南京大学社会学院博士研究生。

一 新中国工业建设口述史的缘起

自 1840 年鸦片战争以降，西方列强携工业革命之余烈，给久远的中华文明带来一记重击。无论是“救亡”还是“图存”，“富国”还是“强兵”，其内涵无不包括追求中国工业化的实现。正如孙中山在《建国方略》中所言：“各国自推行工业统一与国有后，其生产力大增，与前此易手工用机器之工业革命相较，其影响更深……中国今尚用手工为生产，未入工业革命之第一步，比之欧美已临第二革命有殊。”① 这种因工业发展所带来的生产力巨大差距使得中国人民在抵抗日本侵略时付出了极为惨痛的代价，由此在新中国的第一代领导人中埋下了种子——“没有工业，便没有巩固的国防，便没有人民的福利，便没有国家的富强”,② “要打倒日本帝国主义，必须有工业；要中国的民族独立有巩固的保障，就必须工业化。我们共产党是要努力于中国的工业化的”。③ 但由于种种历史与现实原因，截至 1949 年，中国国民经济中使用机器的现代工业仍极为落后，产值仅占工农业生产总值的 17% 左右。④

直到中华人民共和国成立，中国才开始真正意义上的大规模工业化建设。历经几代人艰苦卓绝的努力，工业增加值从 1952 年的 119. 5 亿元增长至 2021 年的 372575. 3 亿元,⑤ 其中制造业增加值占全球比重近 30% ,⑥ 中国成为唯一具备联合国产业分类中全部工业门类的国家，220 余种工业产品产量位居世界首位。⑦ 浩荡的工业化进程为中国经济

---

① 孙中山：《建国方略》，辽宁人民出版社 1994 年版，第 110 页。

② 毛泽东：《毛泽东选集》第 3 卷，人民出版社 1991 年版，第 1080 页。

③ 毛泽东：《毛泽东选集》第 3 卷，第 146 页。

④ Liu Jiejiao, Sun Qin, “A Review and Outlook of the Centennial of China's Industrialization: The CPC's Industrialization Strategy,” *China Economist*, Vol. 16, No. 5, 2021, pp. 2 - 31.

⑤ 数据来源于国家统计局，https://data. stats. gov. cn/easyquery. htm? cn = C01。

⑥ 王政：《我国制造业综合实力持续提升》，《人民日报》2022 年 8 月 3 日，第 2 版。

⑦ Liu Jiejiao, Sun Qin, “A Review and Outlook of the Centennial of China's Industrialization: The CPC's Industrialization Strategy,” *China Economist*, Vol. 16, No. 5, 2021, pp. 2 - 31.

的快速发展、社会转型的持续推进、人民生活的稳步改善提供了坚实的物质基础，也浓缩了共和国七十余年筚路蓝缕的创业历程。这部皇皇的新中国工业建设史不应该只是指标与数字的突飞猛进，更是几代人与共和国一同奋斗的成长史、情感史与生命史展现。也正是所有普通人广泛的生产与社会参与，才共同谱写了新中国工业化波澜壮阔的历史画卷。

如果我们充分认识到普通人在宏大历史中的特殊意义，抑或以历史唯物主义的经典表述——“历史是由人民群众创造的”观照现有的整个新中国工业建设相关研究，就会发现其依旧沉浸于自上而下看历史的单一叙事里，个体的鲜活历史和深邃感悟并没有得到应有的重视。[①] 但我们也欣喜地看到，相关研究和学者正在努力改变这种现状，推动学术范式和视野的转换，即“从宏大的政治经济叙事到日常的社会生活体验，从自上而下的精英视角到自下而上的底层视角，从传统史学范式到多学科交叉融合，从史实的罗列与考证到理解、行动、情感与记忆的机制机理分析”，[②] 在这个过程中，口述史在方法论意义上的重要性由此凸显。这个重要性一方面来自口述史可以“通过个体的口头叙事及由此建构的命运共同体的集体记忆，实现我们对一个时代及其上所承载的宏观社会结构及其变迁的理解”，另一方面来自“通过口述史研究能够激活命运共同体及其成员的认同感，建构起值得叙事的一个时代的社会与文化记忆”。[③]

基于此，2019 年南京大学当代中国研究院正式启动了两项社会记忆学术工程——“新中国工业建设口述史”与“新中国人物群像口述史”，其中“新中国工业建设口述史”计划在“10 年的时间里完成 10 家或 10 种类型的工（商）企业的口述史研究，以鞍山钢铁厂（集团）、

① 周晓虹：《口述史、集体记忆与新中国的工业化叙事——以洛阳工业基地和贵州“三线建设”企业为例》，《学习与探索》2020 年第 7 期。

② 董方杰、周海燕：《三线建设、现代性嵌入与中国体验——以口述史为中心的考察》，《社会科学研究》2021 年第 5 期。

③ 周晓虹：《口述史作为方法：何以可能与何以可为——以新中国工业建设口述史研究为例》，《社会科学研究》2021 年第 5 期。

第一拖拉机厂（一拖集团）、洛阳矿山机器厂（中信重工）、大庆油田和三线建设企业（贵州 011、061 和 083 三大基地的十余家工厂）这 5 家（类）企业作为新中国初期工业建设的代表；选择苏宁集团（江苏民营企业）、义乌小商品市场（浙江个体企业）、福耀玻璃集团（福建乡镇企业）、富士康集团公司（广东台资企业）和宝山钢铁公司这 5 家（类）企业作为改革开放后新中国工（商）业建设的代表”。①

《工人阶级劳动传统的形成：洛阳矿山机器厂口述实录（1953—2019）》（简称《洛矿实录》）一书起始于新中国工业建设口述史的第一站——洛阳。② 2019 年 1 月，南京大学当代中国研究院项目团队在此地围绕“工人阶级劳动传统的形成”与“农业机械化的中国想象”两大主题，开展对一拖与洛矿亲历者的口述史访谈。在访谈过程中，研究者既关注亲历者个人生命史的进程，也关注亲历者个体与时代的互构；既进行文献、实物、照片等各类相关资料的搜集，也注重对资料背后的人物情感与时代气质的勾勒；既重视访谈现场亲历者与访谈者两代人之间的记忆与情感共鸣，也不忘访谈后文字整理与影像记录对后世的精神传承，最终团队完成 124 组访谈个案，亲历者人数 150 余人，访谈时长累计 400 余小时，收集实物与照片 3500 余件，并最终整理出近 500 万字的录音逐字稿。此次出版的两册分别收录了洛矿 24 位亲历者、一拖 30 位亲历者的口述资料，完整且生动地展现了新中国成立第一代工业建设者的群像。考虑到内容聚焦，本文将立足于《洛矿实录》，以意义感的锻造为主轴，从命运共同体的形成、大厂生活的建立、劳动竞赛的实施、集体记忆的形塑四个视角解读新中国第一代工业建设者在宏大时代变迁下的个体与群体命运，探索新中国工业突进背后的精神与情感动力。

① 陆远、黄菡、周晓虹：《工人阶级劳动传统的形成：洛阳矿山机器厂口述实录（1953—2019）》，商务印书馆 2022 年版，第 12 页。

② 与该书一同出版的，还有《农业机械化的中国想象——第一拖拉机厂口述实录（1953—2019）》，由于本文篇幅有限，将主要对洛阳矿山机器厂口述实录展开评述。

二　催发意义感的精神条件：命运共同体的形成

早在1951年，在周恩来和陈云的主持下，中国开始制订从1953年到1957年的国民经济“一五”计划。这个计划的核心，是学习苏联的发展模式，尽快使新生的中华人民共和国走上现代化和工业化的康庄大道。大规模战争的硝烟虽然淡去，但整个国家依旧面临着以美国为首的资本主义世界全面的经济封锁和货物禁运，使得“一五”计划在一开始就带有着强烈的危机叙事色彩。其中，苏联援建的156个建设单位是“一五”计划的重要组成部分，因此，它又称“156项工程”。同一时期，洛阳涧西区的洛矿、一拖等数个156项目开始了联合选厂、勘探、规划、设计与施工，在短短三四年内，一个直接取材于苏联工业区模式的红色大工业区从无到有，迅速铺设在千年古都的荒野之上，为新中国提供了一幅未来工业化的直观蓝图，“洛阳模式”由此成为新中国早期工业化浪潮下的最典型样板之一。①

这个新生又古老的国家需要同时思考另一个迫在眉睫的问题——如何快速且有效地建立起一整套与整个工业文明抑或社会主义社会相适应的精神与道德体系。正如涂尔干的观察：“古老的理想与能体现这些理想的神祇正在消亡，因为它们不能满足已经出现在地平线上的新渴望，用来引导我们生活的新理想尚未出现。因此，我们发现自己处在一个过渡时期、一个道德冷漠的时期，这种道德冷漠揭示了各种悲惨的现象，我们痛苦地目睹了这些现象并为之焦虑。”② 这位社会学巨擘不仅揭示了经历着工业革命与社会革命，处于转型阶段的西欧社会面临的道德危

① 杨晋毅、杨茹萍：《河南省“一五”时期156项目工业遗产保护研究》，2011年中国第二届工业建筑遗产学术研讨会，重庆，2011年。

② Durkheim, Emile, *Durkheim on Religion*: *A Selection of Readings with Bibliographies*, W. S. F Pickering edited and translat-ed, London and Boston: Routledge & Kegan Paul, 1975。转引自潘建雷《深度分工社会的基础道德器官——涂尔干的“职业团体”学说释义》，《社会学评论》2018年第2期。

机，也同样适用于反映中国人在踏入现代社会时面对器物、制度与思想三重落后时的心灵窘境。

对于工业革命初期的西方社会来说，“训练人类放弃散漫的工作习惯，并且让他们与复杂的自动机械一成不变的规律相协调相当困难。若要有效地运转这个复杂的自动机械，就要持续有人看管；而很少有乡下的男女喜欢一天花上十几个小时，关在工厂里看管机器”，因此鲍曼认为“加入人类步调一致的工作本身”不再只是单纯的经济任务，也是一项至关重要的道德任务。①

对于新生的中华人民共和国来说，这项道德任务即如何塑造新中国工人阶级的劳动传统，② 并在情感层面将“个体的情感体验镶嵌乃至焊接进集体的精神图景，实现个体与集体的精神同构”。③ 这需要国家话语从某种程度上阐释外部环境，进行政治动员，建立起社会主义普通劳动者与国家“同呼吸、共命运”的紧密联系，在群体层面构建话语意义上的命运共同体，在个体层面由内而外生发出普通劳动者的意义感，以实现个体与群体乃至国家之间的心灵共振，或者说实现意义的集体生产。④ 我们看到即使在形势较为良好的 1954 年，《人民日报》国庆社论《为和平、民主和社会主义而斗争的五年》一文依旧发出了这样的号召：“中国人民在欢呼自己的国家成立五周年的时候决没有忘记，我们的工作只是在开始，我们的成就比起我们需要完成的任务来说还是微乎其微的。”⑤

时值洛阳涧西工业区正在开展如火如荼的大建设运动，以东北和上

---

① 〔英〕齐格蒙特·鲍曼：《工作、消费、新穷人》，仇子明、李兰译，吉林出版集团有限责任公司 2010 年版，第 42—43 页。

② 常江潇、周晓虹：《新中国工人阶级劳动传统的形成——以洛阳矿山机器厂为例》，《社会学研究》2021 年第 4 期。

③ 陆远：《社会变迁与集体主义的精神遗产——以社会主义大厂为例》，《学习与探索》2022 年第 4 期。

④ 周海燕：《意义生产的“圈层共振”：基于建国初期读报小组的研究》，《现代传播（中国传媒大学学报）》2017 年第 9 期。

⑤ 《为和平、民主和社会主义而斗争的五年》，《人民日报》1954 年 10 月 1 日，第 1 版。

海的熟练工人和青年学徒为主力的劳动大军在经过一系列系统性的政治动员后开拔洛阳。

当时厂里的职工，开始都是技术人员，操作工人东北来的多，各车间干活的骨干力量是东北人，沈阳、抚顺、大连；技术和管理人员一般南方来的多，上海多。①

有人回忆说：

那个时候我们这一拨人，就是一声令下，就来了，也不管当时的条件或自己家什么条件，有的有妻儿老母的，有的拖着小的，有的甩在家里的，不管是南来北往的，你上海的也好，辽宁的也好，那时候一声令下，就像我这样卷着铺盖卷就过来了。②

这些几乎是当时新中国最优秀的产业工人，具备较高的思想觉悟，抛弃了所在地较为优越的生活条件，但面对几乎是一穷二白的洛阳，“住在棚子里头，吃的都是红薯”，也表现出了“水土不服”的症状。

刚调来的时候，洛阳的生活又脏又苦，脏的是整个洛阳市就一条中州路，还都没修好，是土路，上下班，汽车一跑轰隆隆的，大家都不太习惯。苦的是生活条件太差了，没地方洗澡，没地方买菜，只有一个小合作社，卖公家的米面油和鸡蛋什么的，没有卖蔬菜的。当时的新鲜蔬菜很金贵，没有卖的，只能吃咸菜。如果吃蔬菜，那属于改善生活，要去农村买，后来买的人多了，农村也没有了。正是由于又脏又苦，当时有好些人跑掉呢！上海跑回去的最

① 陆远、黄菡、周晓虹：《工人阶级劳动传统的形成：洛阳矿山机器厂口述实录（1953—2019）》，第86页。

② 陆远、黄菡、周晓虹：《工人阶级劳动传统的形成：洛阳矿山机器厂口述实录（1953—2019）》，第120页。

多，因为上海过来的人一看，生活条件差距太大了！[①]

巨大的生活差距使得洛矿在建设之初便遭遇了“人心浮动，军心不稳”的局面，甚至发生了不少人宁愿不要档案也要“跑路”的行为，以至于洛矿不得不派出车间主任和保卫科科长前去阻止。

> 跑回去的人大部分我不认识，都是听别人说的，只有两个我知道，跑了后被抓回来，经教育再也没跑了。大连来的人也跑，因为大连是个老城市，卖啥的都有，不像这儿，啥也没有，听说大连来的跑掉了三个。当时我们厂的厂长叫纪登奎，他下了个命令，派厂里的车间主任和保卫科科长到洛阳东车站去抓人，只要是洛矿的人，无论你什么原因，买的车票统统无效。就这样做了，还是有好些人偷偷往回跑，最后没办法，厂长抓了一些典型，处分最重的，就是记过处分，在一块开会批斗。再严重的，送去劳动教养，后来再也没有人往回跑了。我记得很清楚，“五一”劳动节的时候，抓了一批回来，后来通过教育，有的改了，保证不再往回跑；有的死顽固，这次抓回来，下次还跑，最后没办法，送了一批劳动教养，这股风才刹住。[②]

在物质条件暂时无法迅速改善的情况下，思想与情感工作的重要性由此被提到了一个极其重要的位置，或者说该项工作一直处于非常重要的位置。正如裴宜理所言，“激进的理念和形象要转化为有目的和有影响的实际行动，不仅需要有利的外部结构条件，还需要在一部分领导者和其追随者身上实施大量的情感工作……情感模式具有感召普通群众做

① 陆远、黄菡、周晓虹：《工人阶级劳动传统的形成：洛阳矿山机器厂口述实录（1953—2019）》，第228页。

② 陆远、黄菡、周晓虹：《工人阶级劳动传统的形成：洛阳矿山机器厂口述实录（1953—2019）》，第228页。

出革命行动的力量”，[1] 在革命年代行之有效的情感动员技术诸如诉苦、批评与自我批评、忆苦思甜、戏剧表演、典型示范、突击队宣誓等方式依旧被运用到新中国成立后的工业生产实践过程中，既往的个体苦难与国家、民族的苦难紧密相连，忆苦思甜大会上的痛哭流涕不仅打破了人与人之间的陌生与隔阂，实现了个体到群体的破冰，为命运共同体的形成铺垫了基础，同时打破了个体与国家之间的情感通路，家国叙事唤起了劳动者情感层面的认同，由此催生了劳动者从事生产时的意义感。

> 来的时候，厂里把当地的环境、历史状况给我们说了说，说以后大家要忆苦思甜，搞了三天的忆苦思甜活动，好多人在忆苦思甜会上都哭得不成样子了。是怎么忆苦思甜的呢？就是感谢毛主席，感谢共产党让我们有了工作，有了比较好的生活，鼓舞大家的干劲。后来厂里慢慢建设了现在的二金工，当时的金属结构车间，现在叫矿山机器厂，开始大规模地生产建设。[2]

时间来到 1960 年，伴随着中苏交恶，苏联方面召回了所有在中国工作的苏联专家，废除了各类经济合作协议。而此时的中国正处于“三年困难时期”，大面积的自然灾害引发了粮食与副食品的短缺危机，面临着 1949 年以来最严峻的经济困顿，内外形势的恶化直接促成了命运共同体的形成。正如周晓虹提到的那样“正是由于朝夕相处、共生共存，就会在某种程度上形成对危机、命运甚或使命的共同认知”，[3] 并且在上述各类思想与情感动员技术的作用下，实现了国家话语的民间再创造，[4] 命

① 裴宜理：《重访中国革命：以情感的模式》，《中国学术》2001 年第 4 期。

② 陆远、黄菡、周晓虹：《工人阶级劳动传统的形成：洛阳矿山机器厂口述实录（1953—2019）》，第 230 页。

③ 张勇等：《多学科视角下三线建设研究的理论与方法笔谈》，《宁夏社会科学》2021 年第 2 期。

④ 周海燕：《意义生产的“圈层共振”：基于建国初期读报小组的研究》，《现代传播（中国传媒大学学报）》2017 年第 9 期。

运共同体内部由此产生包括语言、观点和价值观在内的相似的符号与解释系统，[①] 并在成员的持续互动与密切联系下构筑起“道德密度”，[②]“我群”的形成直接促使危机归因的外部化。这一点在普通劳动者如何看待20世纪60年代历史时尤为明显——正是因为要给苏联“还债”，大家都勒紧裤腰带过日子。[③]

> 两个国家闹僵了，专家们一会儿就撤了。苏联提起来要钱，就是我给你的东西，所有重武器，飞机、大炮、坦克乱七八糟统统要钱。中国没办法了就还账，咱们（什么）也没有，就依靠农业，弄点苹果啊、茶叶啊，依靠农业去还贷款。[④]

三　涵养意义感的物质基础：大厂生活的建立

如果说伴随着内外危机的爆发，命运共同体的形成为意义感的催发提供了精神条件，使得话语动员下的情感表达切切实实转化为命运共同体成员的集体行动，那么随着新中国工业建设的持续推进与内外局势的稍渐平缓，临时性、应急性、低水平的生活状态显然不足以维系工业建设者从事生产劳动时的意义感，一整套从摇篮到坟墓的大厂生活制度（单位制）就此建立。单位制的产生最早可以追溯到革命时期根据地的建设与军事共产主义的供给制，[⑤] 新中国作为一个后发国家，面对社会资源总量不足的客观现实，但又要进行高速工业化与强力组织化建

① 张勇等：《多学科视角下三线建设研究的理论与方法笔谈》，《宁夏社会科学》2021年第2期。

② 周晓虹：《集体记忆：命运共同体与个人叙事的社会建构》，《学术月刊》2022年第3期。

③ 陆远、黄菡、周晓虹：《工人阶级劳动传统的形成：洛阳矿山机器厂口述实录（1953—2019）》，第231页。

④ 摘引自洛矿访谈WJY。

⑤ 路风：《单位：一种特殊的社会组织形式》，《中国社会科学》1989年第1期。

设，[①] 单位制成为当时政治、经济与社会体制的基础，[②] 是国家进行社会控制、资源分配和社会整合的组织载体。[③] 有关单位制的相关研究极其充分，大致沿着两条路径展开：一条是自上而下的制度与组织逻辑，[④] 另一条是自下而上的行动者视角。但近年来随着口述史学的蓬勃发展，日常生活的细节与情感逐渐得到研究者珍视，我们也得以从研究范式的转换中窥见普通劳动者作为主体在单位生活的状态与体悟，以及大厂生活是如何维系劳动者的意义感与生产热情。《洛矿实录》一书同样呈现了这一点。

单位制最大的特点在于企业不仅需要承担经济功能，而且需要承担庞大又细碎的社会职能，即单位办社会，[⑤] 由此单位成了一个微型社会的制度建构，这个“大家庭”也成为许多人一辈子生活的物理与精神空间。

> 我印象中就像一个大家庭，进了厂之后，什么都不用管，从幼儿园开始，有小学、中学、大学，还有医院、供电、供暖、食堂、澡堂，什么都有。你只要进到这个企业里面，到退休都不用出门，就是这样的状态……食堂也比较全，食堂的思想就是不能挣工人的钱，什么成本什么价，最有特点的就是食堂门口有一根自来水管，（外面）都生锈了，夏天拧开都是冰冻橘子汁，很棒吧，特别棒……感觉很幸福。[⑥]

在当时中国社会整体处于短缺经济的大背景下，“单位人”则享有

① 刘建军：《单位中国：社会调控体系重构中的个人、组织与国家》，天津人民出版社 2000 年版，第 59 页。

② 路风：《单位：一种特殊的社会组织形式》，《中国社会科学》1989 年第 1 期。

③ 李路路：《“单位制”的变迁与研究》，《吉林大学社会科学学报》2013 年第 1 期。

④ 李路路：《论“单位”研究》，《社会学研究》2002 年第 5 期。

⑤ 刘建军：《单位中国：社会调控体系重构中的个人、组织与国家》，第 191 页。

⑥ 陆远、黄菡、周晓虹：《工人阶级劳动传统的形成：洛阳矿山机器厂口述实录（1953—2019）》，第 303 页。

相对优越的物质生活条件和业余文化生活。

当时我记得最有意思的是，厂里防暑降温，给职工发的是冰糕票，一天一张票，一张票拿一根冰糕，一个月30张就跟一版邮票那样。我爸把冰糕票拿回去，我就拿着保温桶跑到厂里来拿。冰糕票一递给人家，就给你30根冰糕，回家放到冰箱里边，觉得可美。当时冰糕、汽水都是厂里面自己生产的。厂里以前还有露天泳池，有三个池子分开来，娃娃池、浅水池、深水池。刚开始在娃娃池，后来慢慢游泳技术高了，就到了浅水池，初中以后就跑到深水池。还有澡堂，当时每家房子非常小，都要去澡堂里去洗澡。现在我看微信里说南方人、北方人洗澡习惯不同，但是我从小到大就没感觉到南方人跟北方人洗澡有什么区别，大家都是去澡堂。还有理发馆，我印象里当时理发员很多都是上海人，因为理发人很多，排着很长的队，防止小孩闹，人家专门准备连环画给小孩看，想得特别周到。①

当时厂里还有个工人俱乐部，就属于工会管，他们主要是放电影多一些，跟外边的剧团联系来放，国产的影片比较多，外国主要是苏联电影，也有印度的，《流浪者》，唱《拉兹之歌》，到处流浪；还有一些其他国家像保加利亚的、罗马尼亚的，这就比较少，很少能看到。俱乐部是天天都放电影，每天定时定点，当然要买票，不过票价也很便宜，一开始五分钱一张，后来涨到了一毛，又涨到一毛多，最贵的时候是两毛钱一张。有时候开全矿的行政会议，如果会结束了时间还早，也放电影，这个钱就是工会出，大家免费看。②

---

① 陆远、黄菡、周晓虹：《工人阶级劳动传统的形成：洛阳矿山机器厂口述实录（1953—2019）》，第44页。

② 陆远、黄菡、周晓虹：《工人阶级劳动传统的形成：洛阳矿山机器厂口述实录（1953—2019）》，第87—88页。

这种相对优越的物质条件和业余文化生活带来了极强的幸福感与满足感，并在与“他群”的对比过程中得到强化，优越感油然而生。

还有冰糕房呢，就在水龙头旁边的小窗口，冰糕啥的也都便宜，5分钱一根，那个好吃，有冰牛奶、橘子糕和绿豆糕，一开始就这两种冰糕，好吃，巨好吃，太棒了，好便宜，学校门口卖的那种大冰坨子还卖一毛一根呢，厂里这边也是一根，但都是纯绿豆，好吃，特别香。这也不对外卖，咱有门卫，有保卫部，一般人进不来，它也不对外销售，就是供厂内使。①

不过企业里的孩子跟本地孩子还是能看得出来，我觉得小学的时候，小女生打扮都挺时髦的。因为很多人老家在沿海城市，有些衣服可以从老家寄过来，打扮就比较洋气，洛阳本地人相对来说没有那么时髦。②

所以当命运共同体与大厂生活制度紧密相连，来自五湖四海的劳动者生活在相对独立的空间设置下，“以厂为家”的观念逐渐深入人心，身份认同不断强化。如果政治动员是通过各类情感唤起来建立普通劳动者与民族国家这个“想象的共同体”之间的联系，那么大厂生活制度则让劳动者切身感受到自身乃至家庭的命运与单位之间的紧密关系，意义感便在大厂的日常生活中不断滋养。

四　驱动意义感的群体动力：劳动竞赛的实施

西方学者在研究以苏联为代表的共产党国家过程中形成了一整套分析范式——列宁主义理论，这套范式从共产党国家中的列宁主义政党着

① 陆远、黄菡、周晓虹：《工人阶级劳动传统的形成：洛阳矿山机器厂口述实录（1953—2019）》，第303页。

② 陆远、黄菡、周晓虹：《工人阶级劳动传统的形成：洛阳矿山机器厂口述实录（1953—2019）》，第45页。

手，强调的是列宁主义政党严格的组织纪律、严密的组织结构、强大的意识形态以及它对国家与社会的持续且绝对的主导。在具体的实施过程中，列宁主义政党将现代的组织形式与传统的克里斯玛权威进行了有效的结合，在国家内部进行一系列的政治宣传和政治动员，在组织内部则利用意识形态团结成员，利用组织纪律建立结构，建立成员对于组织的吸引力和忠诚度，以保证组织对于成员的熟悉与掌控。这套范式迄今依旧是海外中国研究进行毛泽东时代分析时的主流工具，在列宁主义理论范式中，普通群众只是国家或政党逻辑下的客体，遮蔽了普通劳动者作为行动主体时的心灵、情感、体悟与逻辑，从而很难超脱档案或文件叙事。

与此同时，当我们下沉到毛泽东时代的工厂研究中，现有研究普遍认为在单位制度下由于缺乏物质激励，劳动者在生产过程中普遍存在懒散状态与效率低下的情况，[①] 实际上这与《洛矿实录》中所展现的第一代工业建设者“鼓足干劲、力争上游”的劳动叙事截然不同。他们所展现的劳动者在工业生产中的积极状况与精神面貌甚至让我们动容。

> 当时加班可以说是家常便饭，多快好省地建设社会主义，鼓足干劲、力争上游嘛。对年轻人来说，都想要求进步，表现得好一些。尤其是1957、1958年，在焦裕禄的影响下，工人们的积极性相当高。根据具体要求，一些任务必须完成，完不成就要加班，开始是三班倒，然后是两班倒、大班倒，从12点开始干到12点。也没办法，不大班倒完不成任务。（大家）怨言很少，执行命令是第一的。[②]
>
> 印象最深的当时有一句口号，“以少活十年的精神完成任务！”那时候条件没有现在这么好，但是没有人讲这个，我们加班都是自

① 李怀印、黄英伟、狄金华：《回首“主人翁”时代——改革前三十年国营企业内部的身份认同、制度约束与劳动效率》，《开放时代》2015年第3期。

② 陆远、黄菡、周晓虹：《工人阶级劳动传统的形成：洛阳矿山机器厂口述实录（1953—2019）》，第77页。

动的，每天给两毛钱夜班费，就是发张餐票，你拿着去食堂吃顿饭，因为加夜班会饿嘛。①

究竟问题出在哪里？部分源自一些研究过于简单化地处理“物质激励与劳动表现”之间的关系问题。正如李怀印指出的那样，“认为毛泽东时代的中国工人因缺乏物质激励而在工厂生产中普遍怠工，生产效率必然低下，这种看法同样过于简单。事实上，国营企业工人的许多问题，只是在 1978 年后，随着政治压力的消失、物质激励的引入，从而不可逆转地损害了先前由各种正式和非正式因素所构成的生态均衡，使习惯于单位安稳环境的工人失去了认同和安全感之后，才真正成为问题”。②

至此，本文想要说明的是，无论是海外中国研究普遍认为的行动者主体性缺失，还是“因缺乏物质奖励而消极怠工”的刻板印象，都不足以还原毛泽东时代社会主义大厂下普通劳动者的真实状况。正如本文开头叙述的那样，假使我们想要探索新中国工业突进背后的精神与情感动力，就必须深入普通劳动者的内心世界中，追寻其意义感的建立过程。如果说命运共同体的形成为意义感的催发提供了精神条件，大厂生活的建立为意义感的涵养储备了物质基础，那么劳动竞赛的实施在前面两者的前提下便成为驱动意义感的群体动力。同时普通劳动者在劳动竞赛中的广泛参与和积极表现，一方面回应了行动者主体性缺失的问题，另一方面也解构了“物质激励与劳动表现”的经典关联。

新中国成立以后，工人阶级成了国家的主人。为了实现“人民当家作主”的政治承诺，在国营工厂的具体运作过程中，工厂民主管理委员会、职工代表大会、“两参一改三结合”都被视为工人参与企业管理的

① 陆远、黄菡、周晓虹：《工人阶级劳动传统的形成：洛阳矿山机器厂口述实录（1953—2019)》，第 82 页。

② 李怀印、黄英伟、狄金华：《回首“主人翁”时代——改革前三十年国营企业内部的身份认同、制度约束与劳动效率》，《开放时代》2015 年第 3 期。

重要制度安排,[①] 以体现其主人翁的政治地位。与此同时，另一项重要任务——塑造新中国工人阶级的劳动传统也提上日程，劳动竞赛的大规模推广与实施是其中最为关键的步骤之一。

《洛矿实录》生动展现了普通劳动者眼中劳动竞赛是如何实施且让人全身心投入的。1954 年全国总工会发布的《关于在国营厂矿企业中进一步开展劳动竞赛的指示》详细阐述了对于劳动竞赛的基本设想与实施纲领:“劳动竞赛是共产主义劳动态度的一种具体表现，同时它本身就是一种最好的共产主义教育。劳动竞赛可以根本改变人们对劳动的看法，使人们认识到新社会的劳动是光荣、高尚、勇敢的事业，使人们正确地对待劳动，正确地对待公共财物，克服工人阶级队伍中非工人阶级的思想——小生产者以及资产阶级的思想。劳动竞赛也是一种群众性的实事求是的批评与自我批评，借助于它可以打破因循守旧的观念，突破一切束缚群众前进的障碍，把蕴藏在工人阶级内部的潜在力量逐步发掘出来。劳动竞赛是工人阶级创造能力的不竭的源泉。”因此劳动竞赛不仅被用来提升生产效率与创新能力，也被作为一种思想教育与改造的工具，甚至其实施本身就带有鲜明的表征，“是工人阶级成为国家的领导阶级之后的自决的劳动热情的必然的表现”。在此基础上，全国总工会进一步要求“每个企业、车间和小组，全面地、均衡地完成和争取超额完成国家计划的各项指标，通过劳动竞赛不断地提高劳动生产率，提高产品质量，降低产品成本，改善操作条件，保证生产安全，通过劳动竞赛不断地提高工人群众的技术水平和企业的管理水平。为了达到这些要求，就必须十分注意生产技术的革新与劳动组织的改进，而不应该是偏重于拼体力的。这样的劳动竞赛，必须是有组织有计划的，不能是自流的。这样的劳动竞赛才能成为持续的经常的劳动方式，而不是突击”,[②] 劳动竞赛因此成为国营工厂极其重要的制度设置。

① 汪华:《工人参与、政治动员与国家政权建设——一项关于车间民主的社会学考察(1956—1965)》,《开放时代》2012 年第 10 期。

② 中共中央文献研究室编《建国以来重要文献选编》第 5 册，中央文献出版社 1993 年版，第 64—67 页。

在洛矿的劳动竞赛实施过程中，我们看到了更为细致的微观技术，如“一天等于十年”的宣传口号、“开门红”的时间设置、超额完成的劳动规定、红白旗的争夺竞争、工作效率的可视化比拼、劳模评比等，也正是在“热气腾腾”的工作氛围和群体竞争下，劳动所带来的成就感与在群体展演中的荣誉感进一步激发出普通劳动者的工作热情和创造能力。

> 1958年我们正式投产的时候，也是“大跃进”的时候。“大跃进”时的建厂口号，先提的是“一天等于十年”，后来又改成“一天等于二十年”，把这些口号落实在工作中，就是开门红。什么叫开门红呢？每天早上7点去上班，夜里9点、10点再下班，每天的工作要超额完成，否则，人家就来拔你的“白旗”，认为你的工作可以其他人干，不需要你干，你不就没有价值了吗，所以“拔白旗”意味着你这人又不红又不专。开门红期间，因为上班要上到晚上10点，所以有孩子的，都放在哺乳室和幼儿园，吃饭在食堂。那个时候，为了鼓励大家，说尽管还处于1958年，但实际已经干到进入60年代了，因为大家干劲足，每天8小时的工时，不需要8小时就能完成，工作干得越快，越早进入1960年。后来，为了让大家相互竞争，你追我赶，建立了劳动竞赛制度，即定额的8小时工作，有人可能2小时干完，也可能6小时干完，谁花的时间最少，谁就得奖。得奖的人，给个奖牌，还有机会评劳模。①

在劳动竞赛的过程中，为了进一步激发意义感，典型人物的塑造是另一种非常重要的动员手段。通过设立光荣榜、光荣册、先进工作者、劳动模范等荣誉奖励机制，洛矿涌现出一大批典型人物，甚至可以“一把一把地抓”。

---

① 陆远、黄菡、周晓虹：《工人阶级劳动传统的形成：洛阳矿山机器厂口述实录（1953—2019）》，第230页。

> 杨奎烈，我们厂的典型，知道吧？就在我们那个年代，像他那样的人一把一把地抓。什么礼拜天？什么叫“到点了”？这个工作没干完了，你当头儿的，你还想回去？你就把自己捆在那个战车上了，就干吧！就是这么个状态，大家就是这样过来的。那个时候不是哪一个人，各个车间的（领导）基本就是这么个状况，没有什么计较这个那个的，思想还是比较纯的。①

其中，最著名的典型人物莫过于“共产党人见贤思齐的榜样”——焦裕禄。他在洛矿工作长达九年，先后担任洛矿筹建处资料办公室秘书组副组长、一金工车间主任、调度科长等职务，其“亲民爱民、艰苦奋斗、科学求实、迎难而上、无私奉献”的“焦裕禄精神”虽然是在兰考发扬光大的，但早在洛矿已为人所知。

> （其实）在一金工车间我们就知道他的肝不好，一天二十四小时待在车间不回家，经常待在车间。车间里没床，有一条大板凳，就（在）办公室二楼，走廊头上。这么长、这么宽，他经常在那上面躺一躺休息，我估计睡是不会睡的。（他）抽烟抽得厉害，一天两包不够，三门峡牌的，提精神嘛。2.5 米卷扬机建成以后，他已经又黑又瘦，头发胡子老长，没有时间理发。这个人太苦了，毛主席说身体是革命的本钱，对他来说，他的要求太高了，达不到自己的要求就不行，一心一意为大家工作。这个人太可惜了，死得太早了。②
>
> 焦书记跟我们同吃、同住、同睡，他办公室不呆的，绝对是吃苦在前。作为车间主任，他成天要跟我们在一起，整天看着我们。尤其是到了月底的时候，零点以后，你完不成入库，单进不去，合

① 陆远、黄菡、周晓虹：《工人阶级劳动传统的形成：洛阳矿山机器厂口述实录（1953—2019）》，第 115 页。

② 陆远、黄菡、周晓虹：《工人阶级劳动传统的形成：洛阳矿山机器厂口述实录（1953—2019）》，第 78 页。

格证开不出来，你这个月就没有完成任务，你是不是要打屁股？我跟我师傅要完不成任务，打我师傅屁股；车间生产任务完不成，打焦裕禄的屁股——那时纪登奎在厂里。任务怎么完成的？只有一个字：干！我们工人嘛，已经算比较能吃苦的；看看焦裕禄，他比我们还能吃苦！他是一直要等到我们把这个入库单办完，拿到手，他才放心。[①]

最终在劳动竞赛的“你追我赶”与典型塑造的“见贤思齐”中，我们得以看到新中国第一代工业建设者是以何种精神面貌进行生产劳动的。

我们那个时候就把厂看做我们自己的，我们干活都是为自己干，为国家干，没有被雇佣这种概念。我给你举个例子，就是焦裕禄车间生产的那个卷扬机，都是加班赶，好多人体力都受不了，有的装配需要大锤打。举起大锤“哐”地落下去了，靠着大锤就睡着了，就瞌睡成那样了，也没有人说“睡一会儿吧”。当时还闹过一次笑话，当时还有工人住在城里，下了班回家休息，骑自行车骑到七里河那儿，实在瞌睡得没办法，就那个地方一拐弯，把自行车扎那儿，躺在地上就睡了。警察一看慌了，以为有人出事了，结果一看，人家在那儿呼噜呼噜地睡。就这样累，也没人说“给我加班费吧，给我钱”啥的。直到现在，我们对厂还是很有感情的。[②]

余论　实现意义感的代际传递：集体记忆的形塑

在《洛矿实录》中，不同的亲历者在叙述当时的劳动者是如何拼

① 陆远、黄菡、周晓虹：《工人阶级劳动传统的形成：洛阳矿山机器厂口述实录（1953—2019）》，第171—172页。

② 陆远、黄菡、周晓虹：《工人阶级劳动传统的形成：洛阳矿山机器厂口述实录（1953—2019）》，第93页。

命工作时，经常以“睡在大板凳”上来进行举例，而对于这种“睡在板凳”上的行为最早来自洛矿的“精神图腾”——焦裕禄。除了焦裕禄，一些老专家、老师傅也会因为加班而躺在板凳上。

> 最让我感触的是新重机工程进行的时候，我们有几个老师傅，也是50年代支援建设过来的，比如设备维修专家郑凤林师傅、低压电工专家顾冠玉师傅、高压电工专家陈家驹师傅，还有原来中信重工热加工的副总师李道同师傅，筹建的时候，他们都退完休六十多岁，有的快七十了，就那个岁数，跟我一样熬到三四点，有时候老头们就是躺到长凳子上（休息）。①

从生产者们工作疲惫之余躺在长凳子上休息，我们仿佛看到了焦裕禄的灵魂从未消失，以一种特殊的方式存在于洛矿工人的身上，并且时时刻刻影响着那些后来者的行为方式，或许我们可以用“集体记忆”来概括。

在哈布瓦赫的集体记忆框架中，“集体记忆具有双重性质——既是一种物质客体、物质现实，比如一尊塑像、一座纪念碑、空间中的一个地点，又是一种象征符号，或某种具有精神含义的东西、某种附着于并被强加在这种物质现实之上的为群体共享的东西”。②

事实上不只焦裕禄的灵魂附着在洛矿工人的身上，类似的榜样还有刘玉华、曲绍慧、杨奎烈等。

> 洛矿（除了）对国家物质方面的贡献，还有一个特点，就是精神方面的贡献。从红色记忆的角度说，洛矿有着60多年的光荣传统。比如说焦裕禄留下的“焦裕禄精神”，不仅仅是洛矿的精神财富，也

① 陆远、黄菡、周晓虹：《工人阶级劳动传统的形成：洛阳矿山机器厂口述实录（1953—2019）》，第272—273页。

② 〔法〕哈布瓦赫：《论集体记忆》，毕然、郭金华译，上海人民出版社2002年版，第335页。

是国家的精神财富。我们在不同时期都涌现了许多劳模，最早的劳模大概是刘玉华，是五六十年代的劳模，参加过全国的群英会，她那个“铁姑娘工作组”名闻遐迩。我们后来还有一个非常有名的全国劳模叫曲绍慧。曲师傅是铸造车间的，要铸造一个模型会有很多旧钉子钉到一块，最后有些模型废了，她就把在废砂堆中的钉子废物利用收集起来，经年累月合计 11 万斤，我们就称之为“万斤钉精神”。弘扬“万斤钉精神”就是要学习她这种降本增效的意识，爱厂如家、废物利用。最近的是“新时期焦裕禄式的好干部”——杨奎烈，就是你们在墙报上看到的宣传画的主人。他生前是中信重工能源公司经理、党委书记，和焦裕禄一样身患肝病，一直到肝癌晚期病倒在工作岗位上。他是矿山厂的子弟，也就是俗称“矿二代”。先是参军，从部队复员以后进厂当工人再提干。杨奎烈的事迹对干部、员工的影响也很大，体现了焦裕禄精神的传承。①

如果对于社会表征的理论传统有所涉猎，我们就会惊喜地发现哈布瓦赫对于集体记忆的类型划分与涂尔干的集体表象、莫斯科维奇的社会表征有一种天然的亲和性。这里我们继承周晓虹在《转型时代的社会心态与中国体验——兼与〈社会心态：转型社会的社会心理研究〉一文商榷》中对于集体表象与社会表征的处理，以“集体表征”统合，诸如“传统、风俗、习惯、国民性、集体记忆或集体无意识，以及时代精神、社会价值观、社会氛围、舆论与时尚、社会共识甚或意识形态都视为集体表征的不同形式”，② 不同类型的集体表征与集体记忆之间存在着相互建构的复杂关系。那么对于洛矿来说，有关于焦裕禄等劳模的集体记忆乃至中华人民共和国成立初期第一代工业建设者们的精神传统就是其赖以为生的集体表征，时至今日依旧发挥着强大的建构现实的能

① 陆远、黄菡、周晓虹：《工人阶级劳动传统的形成：洛阳矿山机器厂口述实录（1953—2019）》，第 351 页。

② 周晓虹：《转型时代的社会心态与中国体验——兼与〈社会心态：转型社会的社会心理研究〉一文商榷》，《社会学研究》2014 年第 4 期。

力。这些能力包括但不限于生产动员、身份认同、意义感驱动，也正因如此：

> 2008 年我们做企业文化的时候，把企业精神正儿八经提出来，表述为：中信重工的企业精神就是焦裕禄精神。具体是三句话十二个字：诚信敬业，拼搏奉献，开拓创新。①

Forging the Sense of Meaning for the First Generation of Industrial Builders in the People's Republic of China—Review of *the Formation of Working Class Labor Tradition*: *Oral Narratives of Luoyang Mining Machinery Factory* (1953 – 2019)

Dong Fangjie

Abstract: The magnificent industrialization process of the People's Republic of China embodies the history of struggle, growth, emotions and life of several generations. This paper is based on the *The Formation of Working Class Labor Tradition*: *Oral Narratives of Luoyang Mining Machinery Factory* (1953 – 2019) and focuses on the forging of the sense of meaning. From the perspective of the formation of a fate community, the establishment of factory life, the implementation of labor competitions, and the shaping of collective memory, the paper interprets the individual and community's fate

① 陆远、黄菡、周晓虹：《工人阶级劳动传统的形成：洛阳矿山机器厂口述实录（1953—2019）》，第 341 页。

of the first generation of industrial builders in the People's Republic of China under the grand historical changes and explores the spiritual and emotional dynamics behind rapid industrial progress.

Keywords: Oral History; Sense of Meaning; Fate Community; Unit System; Labor Competitions

中国公共史学集刊 第五集
第 164～185 页

过往与当下：后现代史学语境下历史记忆与历史书写的关系问题*

冯 帅**

摘 要 宏大历史叙事的解体昭示着记忆研究的勃兴。对于个人记忆、集体记忆以及文化记忆的概念明晰，是从事记忆研究的起始工作。三者之间的关系既存在明显区隔，又保有一定关联性。同时，基于历史学、历史社会学以及历史编撰学不同的研究视角，记忆的历史性特性突出表现为主观性与客观性、动态性与静态性以及持久性与回顾性，而在借由各式历史书写"语言"对记忆开展的符号化运用中，其政治功能与社会功能逐渐显现，并呈现一定的交叉与融合。历史叙事对历史与记忆具有极强的阐释作用，但也须防止过犹不及。记忆研究凭借对历史认识论与本体论的重大突破，对历史研究具有显著的补益价值，而历史研究则需保持一种"多重意义上的例外"。

关键词 历史记忆；历史书写；历史叙事；后现代史学

---

* 本文系 2021 年吉林省高教科研重点（自筹）课题"西方制裁背景下高校加强国际交流合作应对战略研究——基于吉林大学的实证分析"（JGJX2021C5）阶段性成果。

** 冯帅，吉林大学文学院博士研究生。

在乔治·奥威尔（George Orwell）发出“谁控制过去就控制未来；谁控制现在就控制过去”这一历史感叹后的21世纪，[①] 记忆研究正成为当下史学研究的一大热点。“在一个宏大叙事的时代，历史的在场意味着历史能够永远征服记忆：也就是说大写的历史（History）吞噬了‘各种小写的历史’（Histories）。而在一个宏大叙事崩溃的时代，就不会如此。”[②] 历史记忆正是在20世纪后期宏大历史叙事解体这一首要学术背景下出现的。[③] 质言之，记忆研究的兴起直接与20世纪后期的后现代主义史学理论思潮密切相关。

20世纪70—80年代，后现代主义思潮席卷史学领域，突出体现在以海登·怀特（Hayden White）和弗兰克·安克斯密特（Frank Ankersmit）为代表的叙事主义史学理论的兴起。叙事主义史学理论的核心观点可以概括为，历史认识的客体由语言和推论实践所构建；历史学家要解读史料所用语言的背后意义，质疑史料的可靠性与不言自明性，质疑对历史认识的信仰和对客观真理的追求。[④] 这一系列观点对传统史学造成动摇根基的巨大挑战，直接致使宏大历史叙事解体，并将对记忆的关注引入历史研究。记忆是后现代主义思潮留下的为数不多具有重要价值的概念与论域，它促使学者开始关注那些边缘化的、非主流的、异常的社会历史现象。

记忆研究发展至今，主要存在两条发展脉络。其一，记忆理论的复兴与深化。以莫里斯·哈布瓦赫（Maurice Halbwachs）的集体记忆

① 〔英〕乔治·奥威尔：《一九八四》，董乐山译，上海译文出版社2009年版，第40页。

② 〔美〕阿兰·梅吉尔：《记忆与历史理解》，张旭鹏译，《史学理论研究》2012年第3期。

③ 此处指针对历史记忆的大规模研究的出现，这一系列研究直接延续发展至今。记忆研究在史学领域的兴起最早可以追溯至20世纪初，社会学、心理学与哲学均对其发展做出了突出贡献，但其在历史研究中地位的确立则有赖于法国年鉴学派第三代学者的贡献，这也是学界关于记忆研究缘起达成的共识。

④ 何兆武、陈启能主编《当代西方史学理论》，上海社会科学院出版社2003年版，第37页。彭刚教授认为叙事主义史学理论最显著的理论取向是将历史文本作为历史学家全部理论反思工作的重心，其突出特征则是将历史学彻底文本化了。参见彭刚《叙事的转向：当代西方史学理论的考察》，北京大学出版社2017年版，第225页。

(Collective Memory) 理论为起点，皮埃尔·诺拉 (Pierre Nora) 对其加以复兴和深化。诺拉主编的《记忆之场：法国国民意识的文化社会史》7 卷本大获成功后，记忆研究迅速成为历史学界的一大焦点。如今阿龙·康菲诺 (Alon Confino)、阿兰·梅吉尔 (Allan Megill)、科尔文·克莱恩 (Kerwin Lee Klein)、马克·塔姆 (Marke Tamm) 等学者继续沿着这一路径进行理论探索。[①] 其二，大屠杀 (holocaust) 记忆研究的出现与扩展。大屠杀记忆研究在 20 世纪 80 年代末成为学界焦点，引发了关于记忆与遗忘、记忆创伤、记忆伦理的持续争论，并对历史研究的本质、客观性、限度、真实性等根本问题产生强烈质疑。[②] 这两股趋势的研究重点和采用方法虽各有侧重，但彼此吸收借鉴，共同推动了记忆研究的持续发展。

记忆研究传入国内后也已取得一定具有启发意义的创获。起初国内学术界侧重对记忆展开本体论探讨。彭刚教授是国内较早关注记忆问题的学者之一，其关注领域广泛，既包括历史与记忆、记忆与真理的关系问题，也留意政治目标的实现与利用记忆伸张正义等现实问题。他认为记忆在受到特定社会存在因素影响下，带有一定的重构特性，但这并不

---

① 相关文献参见 Allan Megill, "History, Memory, Identity," *History of the Human Sciences*, Vol. 11, Iss. 3, 1998; Allan Megill, *Rethinking Objectivity*, Durham: Duke University Press, 1994; Alon Confino, "Collective Memory and Cultural History: Problem of Method," *The American Historical Review*, Vol. 102, No. 5, 1997; Kerwin Lee Klein, "On the Emergence of Memory in Historical Discourse," *Representation*, Vol. 69, 2000; Marke Tamm, "Beyond History and Memory: New Perspectives in Memory Studies," *History Compass*, Vol. 11, Iss. 6, 2013。

② 有关大屠杀记忆的研究可参见 Saul Friedländer, "History, Memory, and the Historian: Dilemmas and Responsibilities," *New German Critique*, No. 80, Special Issue on the Holocaust, 2000; Saul Friedländer, *Memory, History, and the Extermination of the Jews of Europe*, Bloomington: Indiana Univeristy Press, 1993; Dominik LaCapra, *Writing History, Writing Trauma*, Baltimore: Johns Hopkins University Press, 2014; Dominik LaCapra, *Representing the Holocaust: History, Theory, Trauma*, Ithaca and London: Cornell University Press, 1994; Cathy Caruth, *Unclaimed Experience: Trauma, Narrative, and History*, Baltimore: Johns Hopkins University Press, 2016; Jeffrey C. Alexander, *Trauma: A Social Theory*, Cambridge: Polity Press, 2012; Michael Rothberg, *Traumatic Realism: The Demands of Holocaust Representation*, London: University of Minnesota Press, 2000。

表示不存在记忆真实，因此他主张对历史与记忆等概念开展审慎适度的把握与理解。[①] 王晴佳教授特别留意到当前记忆研究的一个悖论性趋势：记忆研究的开展在一定程度上导致传统政治史研究的回归。他从史学史角度详细考察了记忆研究的“前世今生”，敏锐地察觉到当代记忆研究中政治权力无所不入的渗透，并及时敲响了这一警钟。[②] 与前两者基于历史学视角的考察不同，周建漳教授将历史学与哲学进行了有效融合。其主要关注方向是记忆对历史单一性的补益、历史学科学性与道义性的张力以及记忆本位的合理性等问题。他主张对历史与记忆的研究应该充满人文关怀，历史研究相较记忆而言具有宏大的认识视野，而记忆研究的多元复杂也可以为历史研究的扩展深化提供更多可能性。[③] 此外，国内包括赵世瑜、王明珂、左玉河、张旭鹏、张荣明等在内的多位学者也对记忆研究进行了精彩论述。[④]

记忆研究本身论域广泛，涵盖主题多元，与上述宏观性论述不同，国内一些年轻学者较多关注国外记忆研究名家的著述译介与思想阐释。黄艳红作为皮埃尔·诺拉《记忆之场：法国国民意识的文化社会史》中译本的主要译者，在书评中对诺拉的记忆研究进行了详细论述。[⑤] 刘亚秋对莫里斯·哈布瓦赫的集体记忆理论展开社会学分析，针对哈布瓦

① 彭刚：《历史记忆与历史书写——史学理论视野下的“记忆的转向”》，《史学史研究》2014 年第 2 期。

② 王晴佳：《记忆研究和政治史的复兴：当代史学发展的一个悖论》，《史学理论研究》2019 年第 4 期。

③ 周建漳：《历史与记忆》，《史学史研究》2020 年第 1 期。

④ 相关研究包括但不限于：赵世瑜《传说·历史·历史记忆——从 20 世纪的新史学到后现代史学》，《中国社会科学》2003 年第 2 期；王明珂《反思史学与史学反思》，上海人民出版社 2016 年版，第 89—145 页；张荣明《历史真实与历史记忆》，《学术研究》2010 年第 10 期；左玉河《历史记忆、历史叙述与口述历史的真实性》，《史学史研究》2014 年第 4 期；张旭鹏《史学的个体化与记忆研究的兴起》，《史学理论研究》2012 年第 3 期；郭辉《中国记忆史研究的兴起与路径分析》，《史学理论研究》2012 年第 3 期。

⑤ 黄艳红：《“记忆之场”与皮埃尔·诺拉的法国史书写》，《历史研究》2017 年第 6 期。中译本参见〔法〕皮埃尔·诺拉主编《记忆之场：法国国民意识的文化社会史》，黄艳红等译，南京大学出版社 2015 年版。

赫的记忆二重性、社会本体论、社会框架论等展开了极具深度的社会学阐释。[①] 除此之外，记忆也与认同问题密切相关，包括个人身份的自我认同、所属民族的族裔认同、历史集体记忆与民族认同的密切联系、国外某一国家的民族认同在内，诸多问题都得到国内研究者的高度关注，比较突出的有吴玉军、郭若平、刘慧梅和姚源源、刘燕军、高源等的研究。[②] 近年来随着移动互联网技术的传播与普及，口述史研究日渐兴盛，围绕其与记忆研究的关系、两者结合的逻辑与路径、方法论异同的比较、口述实践与记忆理论的互补等问题，国内多位学者也有颇多贡献。[③]

不论整体研究抑或微观研究，国内学者都表现出深厚的研究功力。基于前人研究，本文以历史记忆与历史书写的关系为主线，着重探讨四个问题：第一，明晰个人记忆、集体记忆以及文化记忆三者的概念，探讨三者之间的复杂关系，进而提出应秉持的恰当态度是怎样的；第二，记忆主要的历史性特性有哪些，如何体现出来；第三，历史记忆的符号化过程怎样发生，历史记忆的主要功能包括哪些；第四，历史叙事对历史记忆具有怎样的作用，其又可能存在哪些需要警惕的悖论。

---

① 刘亚秋：《记忆二重性和社会本体论——哈布瓦赫集体记忆的社会理论传统》，《社会学研究》2017 年第 1 期。

② 参见吴玉军《传承历史记忆：国家认同建构的重要路径》，《人民论坛》2019 年第 3 期；郭若平《百年党史书写：时间、记忆与阐释》，《近代史研究》2021 年第 3 期；刘慧梅、姚源源《书写、场域与认同：我国近二十年文化记忆研究综述》，《浙江大学学报》2018 年第 4 期；刘燕军《南京大屠杀的历史记忆（1937—1985）》，《抗日战争研究》2009 年第 4 期；李昕《创伤记忆与社会认同：南京大屠杀历史认知的公共建构》，《江海学刊》2017 年第 5 期；高源《历史记忆与族群认同》，《青海民族研究》2007 年第 3 期。

③ 相关研究参见周晓虹《口述史与社会记忆：现状与未来》，《南京社会科学》2020 年第 3 期；周晓虹《口述历史与集体记忆的社会建构》，《天津社会科学》2020 年第 4 期；钱茂伟《口述史再思考》，《史学理论研究》2021 年第 5 期；胡洁《个人叙事与集体记忆：口述史的多维建构》，《学术月刊》2021 年第 11 期；郭辉《史料、路径与领域：记忆史视域下的“口述”》，《理论月刊》2022 年第 4 期；刘亚秋《口述史作为社会研究的方法》，《学术月刊》2021 年第 11 期。

一　历史与记忆

历史与记忆这对双重变量存在多层关系，对此学界已存在较多探讨。按照自19世纪末20世纪初以降现代学科的划分逻辑，记忆被纳入脑生理学、神经学、心理学以及认知科学的研究范畴，属于人体的自然官能之一。历史这一饱含深厚学术传统的学问则自成一门学科，并不断趋近实证化、科学化方向，两者存在天然的区隔与差异。事实上，关于历史究竟是不是一门科学长久以来都存在争议。因此，对记忆与历史之间的关系进行严格学科意义上的分析有失偏颇。而在惯常思维中，记忆在一定程度上又等同于历史，人的记忆可以算作对过往历史的一种复现。合理也较为公允的一个态度应当是，历史与记忆的联系从来都是相对的。记忆与历史在某些指涉内容和意义上联系紧密，相互重叠，甚至可以等而化之，在另外一些意义上则明显对立与区隔，彼此难以兼容。

虽然历史—记忆这两个处于天平两端的概念总处于变动之中，不同学者的观点也见仁见智，但对一些基本概念进行必要的界定与分析，将有助于历史研究者开展合理化阐释。首先，关于记忆与回忆之间的细微差别。荣格尔（Friedrich Georg Jünger）把“记忆”等同于“想到的”，即知识，而“回忆”则让人联想到个人经验。他认为记忆的内容“我可以教给自己，就像别人可以教给我一样。但是回忆的内容我却不能教给自己，别人也不能教给我”。[①] 雅各布·坦纳（Jakob Tanner）认为，“记忆的流传受到存储媒介的保障，并在呈现的物质性（书籍、绘画、建筑、居所等）中得到固定”，而回忆则是“一种流动性的、把过去的事件现实化的过程。它针对的是一种依赖于语境、交流，亦即主观之间的事件过程”。[②] 周建漳在《历史与记忆》一文中借用心理学概念将记忆与回

① Friedrich Georg Jünger, *Gedächtnis und Erinnerung*, Frankfurt: Klostermann, 1957, p. 48.

② 〔德〕斯特凡·约尔丹主编《历史科学基本概念辞典》，孟钟捷译，北京大学出版社2012年版，第58页。

忆进行区分。他认为多数史学家探讨的记忆多是包含了回忆在内的总称概念。笔者暂借此概念，除特别说明外，本文所说的记忆同时包括作为内在心理状况的回忆和以文本或口头形式呈现的外在的记忆表达。

其次，需要将历史与记忆结合起来考察，提出记忆层面的历史概念。基于政治与技术等原因，历史可以算作对特定历史记忆进行筛选、增删、统一化后的结果，这在一定程度上满足了人类本身对于已逝过往进行统一认识的需要。司马迁提倡的“述往事，思来者”，即是历史发挥记忆功能的体现。克莱恩认为，记忆因涵盖范围广阔，成功将公共史与口述史等以前被忽略的边缘史学研究纳入其中。① 当代新文化史名家彼得·伯克（Peter Burker）则直接将历史视为“社会记忆”。②

最后，基于差异化的理论前提与逻辑预设，记忆模态呈现不同的划分类型。心理学将记忆按照不同层次与人体机能分为几个类型，比如短时记忆与长时记忆、外显记忆与内隐记忆、语义记忆与情景记忆等。③ 相较心理学依据记忆层次的划分，社会学与历史学的划分则较为混杂多元，比如个人记忆、集体记忆、叙述性记忆、有意识记忆、无意识记忆等。④ 根据记忆主体、涵盖内容与指涉意义上的区隔，笔者不揣

① Kerwin Lee Klein, “On the Emergence of Memory in Historical Discourse,” *Representation*, Vol. 69, Special Issue: Grounds for Remembering, Winter, 2000, pp. 127 - 150.

② Peter Burker, “History as Social Memory,” in Peter Burke, *Varieties of Cultural History*, New York: Cornell University Press, 1997, pp. 43 - 59.

③ 借用这一区分，扬·阿斯曼进一步将“情景记忆”称为“情节记忆”，认为其与人的经验有关，而“语义记忆”与我们习得并记住的东西有关，与意义和指称相关联，具有显著的社会性。阿斯曼还将“情节记忆”进一步划分为由视觉构组起来的实景记忆和由语言构组起来的叙述性记忆。参见〔德〕扬·阿斯曼《宗教与文化记忆》，黄亚平译，商务印书馆 2018 年版，第 2—3 页。

④ 除上述记忆类型外，随着近年来记忆研究大兴，有学者对此提出了“历史纪念”（historical remembrance）的术语，也有学者使用“记忆术的实践及其结果”（mnemonic practices and products）这一说法。参见 Jeffrey Olick, “From Collective Memory to the Sociology of Mnemonic Practices and Products,” in Astrid Erll and Ansgar Nünning eds., *Cultural Memory Studies: An International and Interdisciplinary Handbook*, Berlin: de Gruyter, 2008, p. 151; Jay Minter, *Remembering War: the Great War between Memory and History in the Twentieth Century*, New Haven: Yale University Press, 2006, p. 3。

冒昧暂将记忆划分为“个人记忆”、“集体记忆”与“文化记忆”三种。

“个人记忆”（Individual Memory）这一术语的使用在概念上存在不一致，有些研究侧重强调记忆能力，有些偏向于记忆过程，还有些则倾向于记忆结果。本文意指两种范围不同的情况：一类指称任一带有自我认知意识痕迹的、关于过去事件与情境的回忆；另一类指涉某种具体情况，其中对过往事件或经历的回忆，与前者更宽泛的个体身份或个人发展概念之间存在隐含的联系。从该角度来定义个人记忆，一方面包含了具有自我身份认同意味的“自传记忆”，另一方面也囊括了更大范围内的认知基础。

“集体记忆”的概念一直存在争论。[①] 作为集体记忆理论的开创者，莫里斯·哈布瓦赫认为通常被视为“个人记忆”的记忆，其实是一种集体性社会行为，包括家族、族群、社群以及国家在内的社会组织群体都有其相应的集体记忆。个人参与的诸多社会实践均可视为一种无形中强化群体认同与历史记忆的集体活动。[②] 哈布瓦赫的核心观点是记忆受“社会框架”的制约，但其未能超越群体层面将记忆的受制现象扩展到更为宽泛的文化领域。保罗·利科（Paul Ricoeur）从最简单的主体区分上定义了“集体记忆”，他认为凡是指称为单数的记忆就是“个体记忆”，凡是指称为复数的记忆即是“集体记忆”。利科这种直白划分最大的贡献在于明确了记忆的主体范畴，但其并未对集体记忆进行更进一步的探讨。事实上，集体记忆一方面既表现为一个群体对共同亲历事件的记忆，也表现为一个群体共享某一类或某些特定记忆。

“文化记忆”（Cultural Memory）这一概念最早由德国艺术史学家阿

① 一些学者倾向于用“社会记忆”来代替“集体记忆”这一表述，认为“集体记忆”一词过于强调记忆的集体性，可能让人忽视社会中个人的意图与主动性，或忽视社会内政治与文化层面的动态因素。参见 Jeffrey K. Olick and Joyce Robbins, “Social Memory Studies: From ‘Collective Memory’ to the Historical Sociology of Mnemonic Practices,” *Annual Review of Sociology*, Vol. 24, 1998, pp. 105 – 140。

② Lewis A. Coser, “Introduction: Maurice Halbwachs,” in Lewis A. Coser, *On Collective Memory*, Chicago: The University of Chicago Press, 1992.

拜·瓦尔堡（Aby Warburg）于20世纪20年代提出，到了20世纪90年代，扬·阿斯曼（Jan Assmann）夫妇对这一概念进行了充分阐述，表示记忆已逐渐成为“文化研究的一种新范式”。[①] 他们认为“文化记忆”属于包括交往记忆、对物的记忆、模仿性记忆在内的人类记忆四个外部维度之一，强调对物的文化意义的传承。“物”同时指向某些带有目的和意义的实物与象征物，如纪念碑、墓碑、神像、仪式、节日等。[②] 它包含了大量不同时间和地点的黏结记忆与群体身份认同，并从这些张力和矛盾中汲取活力。[③] 后来哈拉尔德·韦尔策（Harald Welzer）提出“社会记忆”概念，指称人们无意识“制作历史”的日常实践，试图将其与文化记忆加以区分。[④] 事实上，“文化记忆”同时涵盖了上述不同的内涵，指向人类社会的任意互动过程，是一个范围甚广的文化概念。

关于上述三个极具争议性概念的复杂关系，也需要进行一番大致梳理。首先，个人记忆与集体记忆两者不相等同又并非截然对立。针对两者之间的困扰性差异，学界大致包括两种观点。一类学者将历史与记忆等而视之。康尼尔·李德（Conyors Reed）认为“历史是指记录下来的或未记录下来的对人类往昔经验的记忆”。[⑤] 而卡尔·贝克尔（Carl Becker）“人人都是他自己的历史学家”的主张，[⑥] 更为这一观点添上浓墨重彩的一笔。与前一类学者观点相反，哈布瓦赫态度鲜明地将两者进行了差异划分。他将一种个人记忆称为“自传记忆”，明确表明其为个体对昔日亲历事件的记忆；历史集体记忆则是需要“通过书写记录和

① Jan Assmann, *Das Kulturelle Gedächtnis: Schrift, Erinnerung und politische Identität in frühen Hochkulturen*, München: Beck, 1992, p. 11.

② Jan Assmann, *Das Kulturelle Gedächtnis: Schrift, Erinnerung und politische Identität in frühen Hochkulturen*, p. 21.

③ 〔德〕扬·阿斯曼：《宗教与文化记忆》，黄亚平译，第36页。

④ 〔德〕哈拉尔德·韦尔策编《社会记忆：历史、回忆、传承》，季斌、王立君、白锡堃译，北京大学出版社2007年版。

⑤ 〔美〕康尼尔·李德：《历史学家的社会责任》，张文杰编译《现代西方历史哲学译文集》，上海译文出版社2000年版，第140页。

⑥ 〔美〕卡尔·贝克尔：《人人都是他自己的历史学家——论历史与政治》，马万利译，北京大学出版社2013年版，第195—212页。

其他类型的记录（比如照片）才能触及社会行动者，但是却能通过纪念活动、法定节日诸如此类的东西而存续下来”。[①] 换句话说，历史集体记忆需要借由一定的记忆媒介来加以唤醒、重启、强化及存续。哈布瓦赫以简单的二分法原则来处理个人记忆与集体记忆的关系，无形中将个人记忆与历史集体记忆两相对立起来，忽视了对两者之间存在联结的探讨。[②] 个人记忆与集体记忆的关系实则更加复杂，一种更为可取的态度在俄国社会学家亚历山大·L. 尼基福罗夫（Alexander L. Nikiforov）身上能够找到，他认为历史记忆“是一个社会中多数成员脑海里留存的对过去事件的系统性再现”。[③] 这种记忆既有私人性的成分，即个体对过去亲身经历的事件的记忆，同时，官方历史、文献记载、媒介宣传以及他人讲述在其中也扮演着重要角色。

其次，关于历史记忆与集体记忆的关系也应加以审慎对待。皮埃尔·诺拉对集体记忆与历史记忆进行了区分。他认为“集体记忆是群体经历中的‘过去’之残留”，相反，历史记忆“是学术和‘科学’传统的成果……分析性的、批判性的、准确的和独特的历史记忆，来源于理性，而不是为了说服别人”。[④] 换言之，诺拉认为集体记忆是流动的、变形的，且不断裹挟着某个群体的传统，而历史记忆是分析性与理性的，是专门科学方法应用的一种结果。这一分析在一定程度上区分了集体记忆和历史记忆的概念，但这种“在集体记忆和历史之间一分为二的做法，忽视了历史学家的社会和文化语境，而且可能给历史的‘科学’方面

① 〔法〕莫里斯·哈布瓦赫：《论集体记忆》，毕然、郭金华译，上海人民出版社 2002 年版，第 42 页。

② 一些学者已经观察到历史与记忆的联结问题，认为两者虽不相同但存在汇聚融合之处。参见 Amos Funkenstein, "Collective Memory and Historical Consciousness," *History and Memory*, Vol. 1, 1989; Peter Burke, "History as Social Memory," in Thomas Butler ed., *Memory: History, Culture and the Mind*, New York: Blackwell, 1989, pp. 97 – 113。

③ 〔俄〕亚历山大·L. 尼基福罗夫：《历史记忆：意识的建构》，冯红译，《国外理论动态》2017 年第 12 期。

④ Pierre Nora, "Mémoire Collective," in Jacques Le Goff ed., *La Nouvelle Histoire*, Paris: Editions Complexe, 1978, pp. 398 – 399.

赋予一种莫须有的客观性和历史性”。[①] 因此，除了认识到两者互不等同这一点，还需要进行更深层次的探讨。历史记忆作为范围相当宽泛的概念，表现为对过往事件的书写记忆，是包括个人记忆与集体记忆在内的双向建构甚至是多向建构。集体记忆肯定是历史记忆，但历史记忆中并非尽然集体记忆。

最后，从社会文化的理解层面来讲，个人记忆、集体记忆以及文化记忆之间的区隔并非十分明确，三者在一定程度上彼此相融，可以进行集中探讨与一体化理解。以 20 世纪 50 年代至 70 年代中国社会普遍的知青下乡运动为例，关于这一社会潮流的历史记忆既是一种人言人殊的个体记忆，亦构成一代知青群体的共同记忆，而细究起来其背后则映射出当时特定历史环境所表现出的特殊文化记忆的特征。在此意义上讲，个人记忆、集体记忆与文化记忆实现了相互交融。因此，对于这几个概念的理解与运用应该秉持一种相对主义的温和态度，这并非否认其存在的基础差异，而是在认识到彼此异同之后更为恰当的一种做法。

二　记忆的历史性特性

以过往与当下来考察记忆，记忆具有本质属性、时间属性和组织属性三大属性，集中体现在针对主观—客观、动态—静态和持久—回顾的探讨上。具体而言，主客观的区分旗帜鲜明地代表着记忆的本质属性，持久—回顾主要侧重于对记忆时间属性的探讨，动静关系则同时兼具记忆的时间属性与组织属性。同时，历史书写每时每刻都内含于三者之中，显示出其与历史记忆的复杂关系。

记忆的本质属性意指针对主观—客观的区分。记忆首先表现为人的生物属性和人脑的自然机能。在生物学意义上，记忆是一个积极的和创

---

① 〔美〕帕特里克·格里著，罗新主编《历史、记忆与书写》，北京大学出版社 2018 年版，第 139 页。

造性的心智过程，且与当下紧密联系。[1] 任何人类个体都拥有专属私人记忆，其表现出多种幻漫随意的呈现方式，而个体又出于各种原因，必然存在记忆遗忘与消散的现象。因此，记忆的主观性不言自明。也恰由记忆的这一本质特性，引致了关于其价值几何的广泛争论。这一争论主要围绕记忆的主观性与客观性/科学性问题展开，一些学者对记忆之于历史书写的客观作用提出严重质疑，认为记忆总体上维持着一种心理想象的模糊群像，因而属于绝对主观领域；另一些学者则主张诸如口述史等主观记忆可以为历史书写过程展现更多的可能性与丰富性，可以成为历史研究的来源之一，从而印证记忆的科学价值。究其实质，这其实是对记忆本身准确与否以及能否准确反映历史事实的性质探讨。任何一种单纯强调记忆主观性或客观性/科学性的论断都是片面的，记忆总是相对的。它处在相对模糊与相对准确中间，等待历史学家巧妙地维持这一平衡，并将记忆的正确功用发挥最大。可以说，记忆并不存在任何严格的界限或绝对的主客之分。如果存在，只有一种，即记忆保存并维系的历史总是有限的。这种有限性造成记忆主体对历史事实的记忆在一定程度上也是有限的和模糊的，因此，对它在历史书写中的作用需进行极为谨慎的对待。同时任何历史记忆都无法囊括历史事实的全部内容与面向，事实上即使是历史学本身也无法做到“过往历史中所发生的事情里面，能够留存下来痕迹的不过沧海一粟，因而人们无法纤毫毕至地还原过往的一切”。[2] 因此，对于记忆主观性与客观性/科学性的分析应秉持一种马克思辩证法的理解，即抛弃极端绝对主义，保留相对主义。

从历史社会学出发，记忆兼具动态性与静态性两种特性。历史社会学尤其强调时间敏感性，即总是对某一主题或议程进行前因后果式的历史论证，将研究主题视为众多“前因”综合作用的结果，认为“我们只能通过时间序列去理解人类如何创造并改变他们所在的世界，同时找

① John Bransford, *Human Cognition: Learning, Understanding and Remembering*, Belmont: Wadsworth Publishing Company, 1979.

② 彭刚：《叙事的转向：当代西方史学理论的考察》，第141页。

出其原因、明确其影响”。[①] 沿着这一思路可以发现，记忆的出现、强化、扩散、遗忘与消逝都是若干因素汇聚的合力所致。在这众多的变形过程中，记忆在一定程度上是动静兼备的。一开始，所有关于当下发生事件的记忆在出现、衍化以及持续的流变中都是动态的，而当这一记忆被诉诸笔端，成为历史书写的定格瞬间时便被静态化处理。之后，随着当下的远逝，历史真相被不断挖掘，研究实践持续深化，更多关于这一记忆的事实被重新发现，记忆所携带的历史开始被分化与重构，昔日的历史事件、构成的历史记忆以及原先的历史书写方式此时便开始呈现一定的动态变化性质。同时，当伴随时间流逝更多的研究出现后，原有的历史认知与历史记忆也可能相应再次或多次发生变形，这又反作用于当下与随后的历史书写。因此，任何历史事件、历史记忆以及由此产生的历史书写都是动静兼得，并贯穿始终。静态性旨在强调历史记忆的定格瞬间，突出其中保持的基础信息与稳定特质。动态性则较多关注作为一个过程的历史记忆，留意包括个人、社会、经济、政治等诸多因素的复合作用，强调历史记忆的建构与重构。因此，动态性与静态性兼具记忆的组织属性与时间属性。

而从历史编撰学的视角着手，记忆则显示出另一番历史图景，其突出特性是持久性与回顾性。持久性是记忆形成、保存、散布以及消逝的过程，而回顾性指向一个基于当下的、重新描绘过去现实图景的努力，它更加受到当下对意义与各种理解范畴的需求的激发和引导。相较之下，持久性强调记忆的经久持存，凸显记忆的历史意识与稳定特质，回顾性则更为关注过往记忆是如何根据当下需求和即时考量而被不断调整的，凸显记忆的当下意识与易变特质。两者虽对过往与当下持不同态度，但均属记忆的时间属性。另外，时间属性赋予记忆以持久的过往与变化的当下，并于两者纠缠之中实现记忆的双重建构或多重建构。以“自传性记忆”为例解，“自传性记忆是一项具有双重建构性的活动：

① 〔美〕理查德·拉赫曼：《历史社会学概论》，赵莉妍译，商务印书馆 2017 年版，第 14 页。

在头脑中建构作为个人经历之要素的过往事件和环境时，我们也同时建构并维持作为回忆之主体的我们自身——也就是说，作为主体，每个人都意识到自己是一份独特的个人经历记录的所有者，并且因此也是真正有能力回忆这段经历的唯一的人”。[①] 而当作为记忆主体的人自觉或不自觉将文化记忆施加于记忆的建构活动时，包含个体、历史、当下以及社会在内的多重要素建构由此产生。

不论是关于记忆主客观性的争论，还是围绕其动态性与静态性展开的探讨，抑或是针对持久性与回顾性的历史编纂学分析，都在历史书写的全过程中或隐或显地有所反映。究其实质，反映的是如何定义过往与当下，以及如何看待两者关系的问题。杰弗里·丘比特（Geoffrey Cubitt）的论述恰如其分地回答了这一问题，“过去是一个相对的概念。只有与现在，当然还有未来联结在一起时，它才是有意义的。拥有一种过去意识，为现在的经历和期待赋予了意义，而同时它也从现在的经历和期待中获得了意义。过去与现在之间被认为存在的关系的本质，在不同的社会中会有所不同，并且会随着社会的发展而演化”。[②] 对于过往与当下的关系思考又折射出我们如何看待世界、如何看待时间以及如何思考个体存在意义的哲学命题。在这其中，观念、想法、动机成为统摄一切行为的起始点与主导力量，也恰恰表明记忆研究的价值所在。

三　符号化的历史记忆与历史叙事

历史记忆与历史书写间的复杂关系不仅映射在记忆的三大历史性特性中，而且经由对历史记忆展开符号化运作最终达致历史叙事的高度得以彰显。相较前者，后者的表现更为隐蔽和不易察觉。

“语言”是一种“话语装置”，历史即是被“语言”表象化的过

① 〔英〕杰弗里·丘比特：《历史与记忆》，王晨凤译，译林出版社 2021 年版，第 95 页。
② 〔英〕杰弗里·丘比特：《历史与记忆》，第 216 页。

去。[①] 质言之，历史依赖“语言”来建构过去，任何历史都是运用“语言”对过去进行有意识编排、分化、重组与改写的过程。借助“语言”这一特定工具来构建特殊的历史记忆，即为历史书写。“语言”表述呈现或营造出的语境与情境昭示着历史书写的意义所在。

同时，任何特定内容的表达与意义的阐发，都必然经过形式的包装与运用。历史是被物化的过去，历史记忆有赖将其实体化加以保存。这种实体化方式指涉历史记忆的媒介和承载物，包括历史教科书、文学、纪念馆、博物馆、纪念品以及历史遗迹等，其构成历史书写的特定表达“语言”。比如，历史的各式物质性遗存发挥着形态各异的记忆功能，使历史记忆得以持存与延续，也使过去得以继续保持当下的在场。这与阿维夏伊·玛格利特（Avishai Margalit）提出的“遗产”概念殊途同归，其认为，“共享的记忆可以借助于遗产的概念加以表达，抽象的遗产形式如观念和信念等，具体的遗产形式如建筑物和纪念品等”。[②]

诚然，历史记忆的承载物并非全然具象物体，也包括抽象为日常生活习惯与习俗的各种传统。承载物本身并无很强的功能性意义与阐释性价值，不过在充当历史记忆的承载物与传递者角色时，在经过人为利用后承载物逐渐被赋予某种纪念碑式的抽象意义，其本身逐渐符号化、象征化。承载物本身变成塑造历史记忆的一个特定场域，不论这种场域是实物特定存在的范围，还是存在于人们头脑中的记忆印象。这些承载物即构成皮埃尔·诺拉所称的“记忆之场”。诺拉认为“记忆之场”指涉不同社会群体存放其记忆的场所，这既包括现实的三维时空场所，也包括象征层面上的节日庆典等实践活动，还包括各种具有教育功能的文本

---

① 本文的“语言”一词并非指日常表达沟通中所用的狭义上的语言。事实上，任何旨在说明事由、阐述意义、帮助理解的有形或无形的概念与事物在特定意义上都可被称为“语言”，如建筑语言、艺术语言、电影语言等。本文所指即是这种广义上的语言含义。

② 〔以〕阿维夏伊·玛格利特：《记忆的伦理》，贺海仁译，清华大学出版社 2015 年版，第 55 页。

材料与“理念之物”。[①]“记忆之场”是作为记忆残留物而存在的，它是纪念意识的一种表现形式，具有实在性、功能性与象征性三个特征。[②]同时，“记忆之场”是一种重返历史现场的“通道”。通过“记忆之场”这种历史书写的特殊“语言”，个体可以在想象上重返过去，重返事件发生的瞬间，去体会、感受与经历记忆中的真实事件，这中间伴随着一系列复杂的思维重组与解构—建构过程。爱德华·卡尔（E. H. Carr）曾言：“历史是历史学家与历史事实之间连续不断的、互为作用的过程，就是现在与过去之间无休止的对话。”[③] 延续这一思路，记忆、记忆之场抑或历史书写则为这种对话与交谈提供了必要“通道”。

记忆符号“传递着社会生活所遵循的隐形法则，以及对假设无须形式化验证的共同理解”。[④] 历史记忆经由符号化过程成为历史书写的阐述对象，开始展现其特有的两个功能：政治功能与社会功能。首先，政治功能隐含在历史书写具有一定指向性和目的性的预设条件下，在此记忆成为“权力的一个工具和目标”。[⑤] 历史书写一定有一个大前提，即书写什么以及为谁书写的问题。对这一问题的不同理解与回答，引导著述者采取迥异的书写方式与叙述手法来记述过往历史，进而彰显出背后差异化的书写意图。反过来，这些不同的写作意图在历史流变与悠悠岁月中又不断形塑着人们的历史记忆和历史想象。另外，历史书写的价值是什么，也是必须回答的一个问题。长期以来历史书写都是作为一种统治阶级用于宣扬自身政权合法性与正当性的现实工具，其背后体现的是

① 〔法〕皮埃尔·诺拉：《记忆与历史之间：场所问题》，皮埃尔·诺拉主编《记忆之场：法国国民意识的文化社会史》，第68页。

② 〔法〕皮埃尔·诺拉：《记忆与历史之间：场所问题》，皮埃尔·诺拉主编《记忆之场：法国国民意识的文化社会史》，第20—21页。

③ 〔英〕E. H. 卡尔：《历史是什么?》，陈恒译，商务印书馆2007年版，第115页。

④ 〔美〕斯图尔特·休斯：《历史学是什么？——科学与艺术之争》，刘晗译，北京师范大学出版社2018年版，第90页。

⑤ 〔法〕雅克·勒高夫：《历史与记忆》，方仁杰、倪复生译，中国人民大学出版社2010年版，第111页。

强烈的现实政治诉求的表达逻辑。[①] 通过对历史进行有意识的清零工作，隐蔽掉对统治集团不利的历史事实，有意识地将历史竞争中失败者的历史抹除或贬损。由此，历史书写更多彰显出鲜明的政治功能。正如帕特里克·格里（Patrick J. Geary）所理解的，所有的记忆，不论是“个人记忆”，还是“集体记忆”抑或“历史记忆”，“都是对某些（广义上）深含政治目的的事物的记忆”。[②]

其次，当统治集团将历史书写这一功能广而化之推向被统治者，并对记忆采取社会化运用时，则会逐渐形成一种整体性社会氛围，无形中塑造一般民众的历史记忆与社会观感。事实上，历史书写将历史记忆逐步转化为文化记忆，并不断巩固加深这一文化印象，从而使历史记忆实现了超越阶层、身份、性别、种族等或外显或潜在的分明界限，完成了代际传播的政治任务与记忆的情境性建构，形成一种群体性的“体察式”认同。以历史教科书为例，历史教科书在某种程度上便是对历史记忆的社会化运用，最终形成的是面向民众共同的文化记忆，其构成普通民众关于历史事实与文化认同的重要来源与基础。与此同时，政治权力对于这一历史记忆的集体形塑异常清楚和敏感，因此政治权力总会不同程度干预历史教科书的组织、编写与出版等过程。在这里则显示出历史书写政治功能与社会功能的交互影响。

记忆一旦形成就具有诠释功能，甚至这一功能在记忆构建之初就已埋在潜移默化的过程中。在这一过程中，认知偏差总是存在的，即历史记忆与历史事实之间永远横亘着过去这一时间性难题，由往昔历史事实

① 许多学者对此进行了有益探讨，如 Benedict Anderson, *Imagined Communities*, London: Verso, 1991; Eric Hobsbawm and Terence Ranger eds. , *The Invention of Tradition*, Cambridge: Cambridge University Press, 1983; Jonathan D. Hill ed. , *History, Power, and Identity: Ethnogenesis in the Americas*, 1492 – 1992, Iowa City: Univeristy of Iowa Press, 1996; Michael Herzfeld, *A Place of History: Social and Monumental Time in a Certain Town*, Princeton: Princeton University Press, 1991。

② 〔美〕帕特里克·格里著，罗新主编《历史、记忆与书写》，第139页。

的发生到历史记忆的复现与重构，这一过程必然伴随着或大或小、或深或浅的认知偏差与理解鸿沟。以口述史为例，其与记忆天然存在密切联系。不同于传统政治史关注精英人物的整体趋向，口述史由于技术手段的便利化与研究对象的普遍化，将焦点放至社会普通民众中。口述史借由口述这一特殊表达方式还原历史事实，可以为记忆研究提供不同于传统文献史料的丰富信息，其本身亦可成为记忆研究的考察对象。但由于过去这一时间性难题的存在，在具体运用口述材料时则需审慎甄别，即口述材料因亲历者的情感、态度、立场、社会地位等条件存在差异，也可能错漏、夸大、贬损某些历史事实。在这其中，记忆遗忘、认知偏差与理解鸿沟必然存在，但这并不表示历史记忆无法准确记述历史，[①] 历史记忆总是表现出一定相对的历史事实。诚如埃尔顿（G. R. Elton）所言："无法知晓全部的真相与全然不认识真相是两码事。"[②] 因此，作为历史阐释主体的个人，在此进行介入性活动来分析、体悟、思考所研究的历史对象，再将这些思考进行系统编排以形成一整套描述历史与建构记忆的特定方式，即为历史叙事。按照海登·怀特（Hayden White）的说法，叙事一直是并将继续是历史写作的主导模式。任何历史书写理论的首要问题便是解释叙事在历史编纂中的持续存在。一种历史话语的理论必须解决叙事在历史文本生成中的作用问题。[③]

叙事本身即是一种建构性的行为，其在普遍意义上倾向于一种言语再现形式，是"对于一个时间序列中的真实或虚构的事件与状态的讲述"。[④] 任一叙事模式或叙事范式在一定程度上都是一种相对完整的时

---

① 当然，精准无疑的记述断难做到，但历史研究的目的就在于无限接近历史真实，努力还原历史事实。

② Geoffrey R. Elton, *The Practice of History*, Malden: Blackwell Publishing, 2002, p. 46.

③ Hayden White, *Figural Realism*: *Studies in the Mimesis Effect*, Baltimore: The Johns Hopkins University Press, 1999, p. 3.

④ 〔美〕杰拉德·普林斯：《叙事学：叙事的形式与功能》，徐强译，中国人民大学出版社 2013 年版，第 2 页。

空表达。多种历史记忆与历史书写，共同营造出历史叙事特有的时空感。历史叙事随着时间变化而相应改变，不同阶段的历史叙事也呈现差异化的特征与性质，深受行政权力的干预以及学术潮流等多种因素影响。需要注意的一点是，历史叙事存在其“原初叙事”的一面，这是叙事发展过程中最基本的表现形式。历史记忆与历史书写共同营造出的特定历史叙事在时间推移过程中会出现“叙事的扩展”。在一定意义上说，历史叙事永远都处在扩展过程中，各种关于历史的叙事与解释都是在一定程度上对历史的阐释。不过“原初叙事”是所有历史记忆共有的特性，而“扩展叙事”则由当权者与特定需求来决定其是否具有更多的延伸性。

“在某种程度上，叙事有一种审美力量，因为它将事件整合在一起，构成人们认为有趣而且令人愉悦的种种模式。同样，它也有一种文化力量”，它有能力“灌输并激起某种思想上的满足”，历史叙事概莫能外。[①] 但历史叙事需要警惕其中可能存在的悖论。历史研究者在从事历史记忆研究时带有明确的道德立场与目的色彩。这一方面折射出史学家背后的社会思潮与历史情境乃至政治权力的潜在影响，另一方面也无形中强化了这种政治色彩。这种看似构成悖论的关系，其实折射出历史书写与历史叙事过程中的政治性。同时，需要警惕情感在历史记忆研究中泛滥，防止将记忆浪漫化。虽然情感与理性并非截然对立，其作为一种共情工具在塑造集体认同与共同认知方面非常适当，但是在单纯的记忆与历史研究中不应该过分强调情感这一因素，对其使用应该保持恰如其分的适度原则。因为历史研究的本质要求客观性，虽然并无全部真实的历史，但情感在历史学家身上如若“喷涌而出”，则无疑会严重影响历史记述与史实写作的客观性与真实感。[②] 另外，虽然情感史近些年正在

① 〔美〕阿兰·梅吉尔：《历史知识与历史谬误：当代史学实践导论》，黄红霞、赵晗译，北京大学出版社 2019 年版，第 90 页。

② 这并不等于说历史研究不可以拥有人文关怀，不可以从人道主义来观察历史与现实，而是说不能过度强调情感在历史研究中的作用。

勃兴，但围绕其概念、原则以及应用空间仍存在较多争议。[①] 因此，历史研究的首要工作仍是提供关于已逝过往的恰当阐释，要对历史事件的基本事实与抽象意义进行合理解释，同时还必须要对历史事实的论证与解释保有开放性，审慎对待任一历史叙事。

结 语

记忆本身特有的开放性特征促使其对历史研究进行了重大结构性调整与变动。一方面，围绕历史研究的认识论，任何历史叙事都表现出一定的单一性，记忆研究则对其加以深化。首先，历史叙事的单一性表现在史料文本的单一，而历史记忆研究则从全新视角切入，更倾向于将史料视为社会记忆的遗存，在经由对史料文本的筛选与社会记忆的分析中重构历史事实，挖掘其背后隐藏的社会情境与文化认同。其次，这种单一性还表现为历史叙事的单一，即任一历史叙事虽内含统一性与阐释性，可以构成逻辑合理、叙述晓畅的历史阐述，但囿于主观选择与客观条件，其中必然遮蔽或隐去了大量未曾留意的历史事实。

另一方面，记忆研究也将有关历史本体论的讨论重新拉回历史学者的研究视野中，也就是历史研究的基本对象、研究方法及时空概念等问题。记忆研究修正了长期以来政治史占据主导地位的情况，在历史的舞台上展示出更多的微观研究与细节探讨，“构成对政治史研究的一种非

① 情感史作为一门新兴研究，目前在国内尚未形成学术思潮。相关研究可参见〔澳〕查理斯·齐卡《当代西方关于情感史的研究：概念与理论》，张广翔、周嘉滢译，《社会科学战线》2017 年第 10 期；〔挪〕海尔格·约德海姆、〔德〕玛格丽特·佩尔瑙《全球概念史：文明、教化与情感》，杨光烁、张旭鹏译，《国际社会科学杂志（中文版）》2015 年第 4 期；〔德〕乌尔特·弗雷弗特《书写情感的历史》，田庆强译，《世界历史》2016 年第 1 期；赵涵《当代西方情感史学的由来与理论建构》，《史学理论研究》2020 年第 3 期；王晴佳《拓展历史学的新领域：情感史的兴盛及其三大特点》，《北京大学学报》2019 年第 4 期；李志毓《情感史视野与二十世纪中国革命史研究》，《史学月刊》2018 年第 4 期。

常重大的挑战”。[①] 这种挑战可以被称为“月亮背面式的呈现”，即透过对大量传统史学有意忽视或研究匮乏领域的关注与表述，记忆研究实现了历史研究新视角的补充、内容的丰富、研究边界的拓宽与价值的补益。而历史研究中的叙事时空，是受制于物理或地理意义上的特定时空概念。因为历史的记录、书写以及历史叙事的完成有赖于一定时代潮流与社会总体发展状况的多重影响。正是在这一层意义上，才出现“历史的囚徒”这类较为悲观的说法，但记忆研究对其补益作用也恰恰在于，透过记忆的更迭与延续，历史研究的时空概念得到了很大程度的扩展与深化。

虽然记忆研究对历史研究起到很强的补益作用，但历史研究仍需强调客观性，这归根到底是想避免历史与道德之间的张力，希望历史研究者秉持不偏不倚的中立态度从事学术研究。同时“记忆现象的表现形式纷繁多样，从跨学科的角度讲它不能被某一专业完全有效地确切了解；从单一学科内部来看它也显得矛盾重重”。[②] 因此对记忆的研究应该融合多个学科领域，诚如阿龙·康菲诺所言：“记忆研究的优势之一是它坚定不移的跨学科性，它融合了历史学、人类学、社会学和其他领域。对历史学家而言，一种允许多样性存在的单一性似乎才是最佳策略。”[③] 历史研究需要也应当永远保持一种“多重意义上的例外”。这即是说，历史研究在由古至今经历众多学术传统、研究流派以及挑战危机的转换后，仍可保有其特殊的学术活力与人文关怀，彰显历史学的学科价值。因为，历史只有一种自明性，即对历史真实的永恒探索与持久深入。

---

① 王晴佳：《记忆研究和政治的复兴：当代史学发展的一个悖论》，《史学理论研究》2019 年第 4 期。

② 〔德〕阿莱达·阿斯曼：《回忆空间——文化记忆的形式和变迁》，潘璐译，北京大学出版社 2016 年版，第 8 页。

③ 〔美〕阿龙·康菲诺：《历史与记忆》，付有强译，《天津社会科学》2014 年第 6 期。

Past and Present: a Study on the Relationship between Historical Memory and Historical Writing in the Context of Postmodern History

Feng Shuai

Abstract: The disintegration of Grand Narrative indicates the boom of memory researches. The definitions on memory researches including the individual, collective and cultural ones should be clear, for those mark the origin of memory studies. There is a great demand on concerns about the distinctions and relevance on those notions. Meanwhile, with various perspectives, the characteristics of historical memory would appear both subjective and objective, in some cases it would be dynamic, static, recurrent and retrospective after enough observations. With different interpretations in symbolizing memory, political and social functions would be detected vividly and the functions will be in accordance with realities. Historical narrative has strong explanatory effect on history and memory, but it must be prevented from going too far. With its great breakthroughs of historical epistemology and ontology, memory researches will be no doubt beneficial to historical researches, however, historical studies itself should be remained multiple exceptions.

Keywords: Historical Memory; History Writing; Historical Narrative; Post-modern History

中国公共史学集刊　第五集
第 186 ~ 202 页

口述历史传播：学术与公众之间

林　卉*

摘　要　2022 年是口述历史核心团队实践二十周年，也是中国传媒大学口述历史研究中心成立十周年。回首这二十年，成就颇多。从意义层面看，经历了电视栏目组到纪录片创作团队再到学术机构的变迁，过程中广泛传播了口述历史理念、奠定了中国公共口述历史实践的发展方向，并从不同角度扶持了一大批口述历史项目；从发展层面看，在长期保持口述历史档案机构核心属性的同时，在口述历史人才培养和全国乃至国际口述历史行业交流平台打造方面做出了积极探索，是研究中国口述史学及公共史学绕不开的经典案例。

关键词　口述历史；《我的抗战》；"家·春秋"；中国口述历史国际周

2022 年，是中国传媒大学崔永元口述历史研究中心（简称"中心"）成立十周年。如果从中心的骨干团队开启口述历史访谈实践的

* 林卉，中国传媒大学崔永元口述历史研究中心副主任，中国口述历史国际周发起人、组委会执行主席。

2002年算起，已过去了整整二十年。这是现代“口述历史”理念自20世纪70年代末80年代初漂洋过海进入中国并经历90年代的沉淀后，在学术与公共领域融合发展形成独具中国特色、蓬勃生长比肩国际水平的二十年，也是科技助力下的传统媒介时代向互联网时代和信息传播时代过渡过程中，口述历史本体属性与受众范围发生根本变化的两个十年。

作为中国现存规模最大的口述历史机构，中心成立前后虽人员构成有所变化，但无论是早期坚持的以作品为导向的电视节目思维，其后恪守的“与时间赛跑”原则，还是如今倡导的“为未来记录过去”规则，主创团队在二十年中始终以贴近口述历史实践现场、弘扬口述历史理念及推动口述历史多元发展为己任，是观察者也是参与者，是发现者也是引领者。在中心成立十周年之际，将机构本身的发展历程作为案例进行剖析，既有利于帮助各界更深入地了解团队历程，发掘口述历史机构在社会传播活动中亲历的具体变迁，亦有望助力口述史学研究者探究其中的经验教训，服务更深层次的理论研究。

一　2002—2012年：一个口述历史团队的诞生和发展

梳理中国大陆地区的口述历史发展历程可以了解到，早在新中国成立初期，1959年4月29日，周恩来总理在全国政协茶话会上提出：“希望过了60岁的政协委员都能把自己的知识和经验留下来，作为对社会的贡献。”号召老一辈政协委员们将几十年来看到和亲身经历的变化、平生积累下来的知识经验等传之后世。1959年5月12日，全国政协文史资料研究委员会成立，由中国科学院中国近代史研究所所长范文澜担任主任委员，规划、组织、推动征集和撰写工作。[①] 全国政协专门成立文史资料研究委员会，由中国社会科学院近代史研究所所长范文澜担任主任委员，规划、组织、推动征集和撰写工作。这场大规模的记忆唤醒与记录行动伴随了大量的口述历史访谈，也积累下了数量可观的资料成

① 《人民政协文史资料工作》“创建与奠基（1959—1978）”，中国政协文史馆内部资料。

果。不过到20世纪70年代末“口述历史”这一专有学术词语才进入中文语境，且在八九十年代也只是得以在有限的学界范围内普及。直到2004年，由中国社会科学院近代史所等机构共同发起的中国现代文化学会口述历史专业委员会即中华口述历史研究会成立，这一阶段绝大多数的口述历史研究与交流行为仍局限在学术研究领域。

在公共领域，多家媒体都曾报道，我们早期的口述历史团队按不同主题记录中国“影像史记”的想法，是在2001年团队创始人一次对日本NHK电视台的访问过程中为其庞大的影像库所震撼后萌生的，并于2002年率先开展了对老电影艺术家的访谈。这也给外界营造了团队自2002年起就开始进行口述历史专业实践的印象。但在实际工作中，团队内部经历了从电视访谈到人生访谈再到口述历史访谈三个阶段的意识更迭，直到2010年才正式启用“口述历史”概念，并将其体现于2012年在中国传媒大学专门成立的研究机构名中。换句话说，从电视栏目《电影传奇》到纪录片《我的抗战》，再到中心资料库，团队对口述历史的两次认识转变带来了工作成果属性的逐步更迭。

（一）在电视栏目访谈实践中认识口述历史

中心资料库中记载的最早接收到的一批访谈视频，是导演沙蒙之子刘钟湘所捐赠的其对一批电影从业者的采访，于2001年登记入库，其中包括老一代艺术家乔羽、郭兰英、谢晋等，当时是为筹备一档名为《电影传奇》的栏目所用。2002年，团队正式开始了大规模的对中国电影史亲历者的访谈，首位受访对象是电影《小兵张嘎》的原型人物赵波。《电影传奇》栏目于2004年4月3日在中央电视台综合频道开始播出，每期讲述一部电影的创作过程以及其间的逸闻趣事，并穿插这部电影的参与者或身边人回忆相关往事的片段，第一期主题为《林海雪原：杨子荣》。

从访谈亲历者的角度切入对中国电影史的记录，最初很大一部分原因是出于对老电影作品的热爱和对于访谈节目形式的熟悉，彼时还并未涉及对更为宏观的历史研究的思考。由于节目中包含了传统档案应用和影片经典片段的再现，访谈内容只占全片比重的一部分。为此，早期的相关人物访谈也集中在具体影片的拍摄过程、困难及趣闻等，单个人物的访谈时长一般为 2 小时左右。但在实践过程中，逐渐有负责采访的成员反馈老人们在回答预设问题之余谈及许多珍贵往事。如导演王为一首次接受访谈时已九旬高龄，但交谈中他提及自己青年时期和音乐家聂耳的友谊，分享了穿越时光的个体记忆。“这些老人坐在镜头前，根本不会按照你的思路来讲，他是要把一辈子都告诉你，最长的一位老人讲了 7 个小时。那时候我们听不下去，觉得耽误时间。后来，我们仔细地听了几位老人的讲述，坐在一起聊，突然开窍了——电影史其实就是社会史，如果我们把中国电影史弄清楚了，就等于读懂了那段中国历史。从那天开始，我们就决定，以后再也不做过于功利的采访了。”①

随着访谈经验的积累，团队开始自发尝试不受主题限制地收集每位受访者“个人生命史”的记录方式，让亲历大时代的个体分别回忆自己在特定历史时期独有的人生故事。而这正是西方学界运用已久的口述历史访谈手法的要点之一。之后，随着受访者范围逐渐扩大，团队不仅在原有受访群体基础上纳入了对译制片等作品创作者的访谈，还以海外出访或邀请受访者到中国来的方式，完成了对朝鲜、日本、南斯拉夫、阿尔巴尼亚、罗马尼亚等国曾经有作品在中国流传的电影人的访谈。“中国老电影人口述史”项目在结项时，访谈人数有 1700 余名。不仅如此，团队不断扩充，又接连创建了“早期留苏学生”“抗日战争亲历者”“西南联大亲历者”“外交家”等多个主题的采访组，积累了大量访谈素材和私人档案，并在此基础上于新中国成立 60 周年之际推出了纪录片《我和我的祖国》，精选新中国成立后各行业的人物代表和特殊事件，通过独一无二的个体视角展现了新中国日新月异的变化与发展。

（二）中国口述历史：由纪录片走向公众

电视节目访谈，尤其是新闻人物采访与口述历史访谈的关系已多

---

① 尹欣、曹静：《向后看，就是向前进——与崔永元谈口述历史》，《解放日报》2010 年 12 月 10 日，第 13 版。

次由专人论述，此处不赘。从个人实践角度，电视节目访谈与口述历史访谈最大的共同点是在前期采访阶段，为梳理嘉宾个人经历，择选正式录制时的重点段落，往往要引导其将此前的人生尽量详细地讲述出来。而最大的区别则在于目的不同，后期处理的方式也不同。为制作节目所收集的信息在节目编辑完成并播出后往往会因失去作用被丢弃，而如果作为口述访谈的成果，这些内容的使用价值其实才刚刚开始显现。

2010 年 8 月 16 日，如今已被誉为纪录片行业现象级作品之一的《我的抗战》在知名门户网站搜狐网率先播出，2011 年 4 月又凭借其口碑顺利登陆中央电视台纪录频道。除了主创人员的身份为本片带来的传播热度，本片在宣传中反复强调的“口述历史”手法对于公众而言也是个非常新颖的概念，是一种全新的历史事件记录理念。全片内容基于团队“抗日战争亲历者”访谈资料库，结合数百位抗日战争亲历者回忆、独特的动画手法和珍贵的史料，通过人物、事件、专题等不同线索构建出《卢沟晓月》《八百孤军》《飞虎！飞虎!》《胜利了》《活下去》等 32 集内容。曾经的普通士兵、情报人员、修路民夫、知识分子、文艺工作者等，在那个特定的历史时期都是抗战这一重要历史事件中的一分子，是历史的见证者。片中大量使用这些亲历者的回忆，细节与温度并存，为观众呈现曾处于社会不同阶层的老人们对于抗战历史的回忆和诠释，从尽可能完备的细节还原了战争全貌，最大化体现了口述历史资料的传播优势。

团队在几年间选择将抗战题材作为访谈主题，一是发起者的兴趣使然，二是关于抗日战争真实历史的访问尚能寻根溯源，只是“不能再等了，那些人太老了，他们年纪太大了，他们慢慢在失去记忆。这些受访者大多是当年的普通一兵，其中绝大多数接受的是一生中的第一次采访，也可能是最后一次。所有的大（历史）都是由小的（历史）构成的，也许我们能够记住战场上将军振臂一挥，但是我们记不住冒着枪林弹雨冲上前线的士兵的身影。可是真正的历史，就是由将军振臂一呼，士兵们冲上战场的背影组成，这些细节同样重要”。[1] 如今看来，这番话既是对过往口述历史热情与成果的定义，也是对团队下一步走向的定位。此时团队的实践模式已与《电影传奇》时不同，对几百位抗战老兵生命故事的采集行为，并不是以制作这部纪录片为最终目的的，相反，这次“衍生行为”仅仅体现了库内五百多位抗战老兵访谈素材中的很少一部分内容，更多未播出的资料至今仍为国内外抗战研究者所用。片中所展现的访谈内容和团队过去几年间采集的素材相比实为九牛一毛，采集资料本身才是工作的主体。出发点的不同，最终造就了完全不同的作品属性。[2]

（三）从口述历史馆藏到学术机构

纪录片《我的抗战》凭借广泛的影响力成为口述历史实践成果的典型样本，不仅激发了公众记录身边历史的热情，也不经意间将其发端于传统媒体的影像记录模式传播开来。口述历史在中国的公众范围内呈现出独有的发展轨迹，更多人自发地关注老兵、关注影像的力量、关注口述历史。这既与推动口述历史诞生的核心要素——传播技术的发展密切相关，又受现阶段中国独特的媒介发展等因素影响。在这之后，我们看到大量来自公共媒体、文化机构、公益组织的记录者与历史学、社会学、人类学等学界同人并驾齐驱，留下了许许多多历史事件亲历者的声画。中国的公共口述历史实践自此开启了一个完全不同于西方走向的全新模式。

作品的成功、口述历史的号召力以及团队背后的庞大资料储备开始吸引越来越多的注意力，中央电视台、北京师范大学、北京大学等多家机构的领导都曾到访口述历史团队当时位于北京市怀柔区的资料基地探访，讨论将团队纳入机构的可能性，也都表达了愿为推动这项事业长足

---

① 刘玮：《〈我的抗战〉央视首播》，新京报网，2011 年 4 月 19 日，https://www.bjnews.com.cn/ent/2011/04/19/118665.html。

② 林卉：《中国口述历史类影像作品创作变迁》，姜萌、王文婧主编《中国公共史学集刊》第 2 集，中国社会科学出版社 2019 年版，第 189—205 页。

发展提供助力的意愿。最终，决定将机构设立在中国传媒大学。这既是因为这里是中心创始人的母校，人和资料都有回家之亲切感，又考虑到学校拥有传播学、艺术学等多个强势学科，能够支撑团队对口述历史的长期发展规划。

2012 年 2 月 27 日，中心正式成立。时任中国传媒大学党委书记李培元在致辞中欢迎杰出校友携十年口述历史丰厚成果与母校合作，并表示此次合作不但使中国传媒大学在口述历史学科领域占据了一个独一无二的制高点，同时将有助于中国口述历史的学术研究、社会教育及中国口述历史的国际影响力的大幅提高。[①] 学校将使用面积近 9000 平方米的 24 号楼作为中心的办公场所，这座原为学校老图书馆的楼体，一侧原为四层、每层高 5 米的阅览空间，可满足后续各类展览的陈设；另一侧为书库改造而成的资料库，一共七层，可以容纳中心原团队十年间积累的所有资料——4000 余人次的口述历史影像资料及图片、实物。

刚刚成立的中心，有着五个专业的访谈小组，分别负责五个正在进行的访谈项目——“新中国早期建设亲历者口述史”“抗战老兵口述史”“抗美援朝口述史”“知青口述史”“民营企业家口述史”，每月可采集近万分钟的口述视频，同时还会带回大量的扫描资料和图书档案；在资料入库后，会由编目部门跟进完成整理入库及备份工作，再交由专业的校对人员完成访谈内容的整理；同时，还有其他机构协助完成口述历史专项资金的募集。这样的口述历史实践规模、工作经验累积和良好前景在中国是独一无二的，团队对下一步在学校支持下开展的口述历史教学、人才培养及学科建设和学术交流等工作也充满了信心。

二　2012—2022 年：口述历史工作的三种形式

就在中心的成立前后，口述历史在中国各领域的传播也取得了一系

① 《崔永元与中国传媒大学合作口述历史》，新浪网，2012 年 2 月 28 日，https://news.sina.com.cn/m/2012-02-28/113524022165.shtml。

列进展。2011 年 5 月，著名历史学家定宜庄教授等主编的《口述史读本》公开出版，系统地介绍了口述历史学科的国际发展脉络；同年 12 月，由资深媒体人唐建光及《看历史》团队发起的“国家记忆 2011 · 致敬历史记录者”颁奖礼举办，倡导推动保存国家和民族记忆，并寻求前行之路；两年一度的中华口述历史研究会学术会议在因故停办若干年后，再度举行并改为年会；资深口述历史学者陈墨于 2013 年出版了著作《口述历史门径实务手册》，一本基于中国本土口述历史实践的工具书；同年年底，中心下设的展馆群落也对外开放，秉承着“朝馆夕室”的概念，楼内公共区域白天以六大主题博物展馆的样态面向公众，晚上则是对师生开放的自习室。

十年间，作为一名普通群众，可能在中心进行过参观，看过露天放映的胶片老电影，参加过文化沙龙，甚至做过口述历史整理工作的志愿者；作为一名学者，可能来中心的资料室查询过研究用口述访谈资料，参与过中心组织的口述历史专业工作坊、研习营或研讨会；作为中心内部的工作人员，在这期间也清楚地感受到正亲历的变革。从工作室到高校的战略科研特区，有太多个人和团队需要调整、转型的地方。最终，中心从实践型团队转变为集采集、收集与研究于一体的综合团队，并且在口述历史理念传播、多元化口述史料库搭建和全国乃至国际性口述历史交流平台方面也都做出了探索。

（一）基础：口述历史访谈、整理与研究工作持续开展

中心成立后，团队成员在原有优势基础上结合学校的整体规划，进一步标准化了采集、整理和资料开发要求。这其中要专门一提的是资料整理环节，即入库后口述历史资料的编目、保存、誊抄、审校等流程。团队确立了三重标准。一是明确了访谈资料文字化过程中的“字字对应”原则，并辅以表情、体态变化的记录，最大化保持对受访者语言风格和内容的留存，再经历工作人员两次校对和受访者本人的一次确认，三校版本向研究者公开时准确度已非常之高。二是推行口述史料的多版本容灾备份理念，首先完成所有磁带类资料的数字化，其后在中心恒温

恒湿资料库内保存两个版本的资料拷贝，之后再以一千公里的物理距离为准绳，在国内其他城市设立另外一个资料备份基地，避免人为损伤和自然灾害带来的珍贵资料遗失。三是推动资料编目系统的不断改进，中心的资料团队结合日常丰富的应用经验，在元数据管理和检索需求上下了苦功夫，无论是正在应用的简易版口述历史资料编目系统，还是已见雏形的新系统，在行业内都颇受关注。

基于原本就非常专业的口述历史访谈队伍，结合上述愈加专业的内容整理团队，中心原有项目的质量得到了保障，并陆续成为银泰公益基金、中国大百科全书出版社、首都博物馆、国网浙江省电力有限公司、航天动力研究所等机构开展的专题式口述历史访谈项目的执行方。不仅如此，2016 年中心团队在丁俊杰主任的带领下先后申请到了“我的抗战——口述中的抗战十四年”“新中国　新电影”两个国家出版基金项目，极大地鼓舞了团队的士气。同年，几位新老同事又携手完成了《述林：战争阴云下的年轻人》一书的编辑，在图书市场上再次引发了一波口述历史热。2017 年，中心与校艺术研究院合作招收艺术口述史方向硕士研究生；2021 年，为使这一方向更加完善、更利于学科化发展，又迁移到校传播研究院最新设立的信息传播方向下，招收传播学专业口述历史与传播方向的硕士研究生。可以说，中心领导带领下的这个团队，在这十年间花费了极大心力推进口述历史的实践、教学与科研工作。

（二）丰富：口述历史资料收集与理念传播打开局面

2014 年，中心资料馆藏部开始谋划扩充资料容量，使其成为在现有项目基础上更加多元、更贴近“初心”设想的资料库。这一年，始于 1994 年的互联网一代年满 20 岁。这年秋天，“人人都是自己的历史学家”这句美国历史学家卡尔·贝克尔的名言成为首届“家·春秋”口述历史影像记录计划的宣传口号。这是一个中心作为学术策划机构参与主办的公共文化项目，“家·春秋”取自著名作家巴金的代表作，以示由公益、学术和文化传播机构联合组成的项目主办方带动更多年轻人以影像方式记录家国之春秋的初衷，并希望在大众中培植口述历史的种子，进一步探索口述历史的公众参与模式。项目设立了竞赛机制，面向海内外高校学生征集优秀的口述纪录影像作品参赛，并聚合全社会力量共同推进年轻人参与口述历史。

如果说纪录片《我的抗战》向公众灌输了口述历史概念并推广了影像访谈这一西方同人并不常用的模式，“家·春秋”项目对推动口述历史在中国发展的意义则可以概括为：将口述历史从可运用的素材采集方法升华为主动的记录意识，提升公众对于口述历史核心理念的了解，培养出一大批火种般的口述历史青年实践者，让口述历史在中国实现可持续发展。2016 年冬，因其在口述历史和纪录片领域逐年增强的影响力，“家·春秋”项目获得了中国（广州）国际纪录片节年度十大纪录片推动者的荣誉。这个持续了四年的项目对于社会的意义还在于，它实现了唤起公众和社会对口述历史的重视、唤醒更多力量进入口述历史领域的初衷，让口述历史这一“寻根”的工具被更多人认知、熟悉、接受，并通过聆听与记录，让历数千年不衰的文化血脉与当下的信息文化融会贯通，推动社会文化发展和历史记忆的书写。“家·春秋”项目实则是一次口述历史在中国的社会学深度实践。项目最终覆盖 35 个城市，吸引了 167 所大学近 1200 名年轻人一起来做口述历史，沉淀下近 300 部纪录片作品，采集了上千位平凡人物的个体史，聚集了近 50 位口述史名家、纪录片导演参与到项目中来，相关作品在优酷视频和新浪视频的点击量达 300 万次。

类似推广口述历史同时扩充口述历史库藏的活动，还包括中心在 2021 年与腾讯新闻合作举办的“亲爱的故乡”微纪录片大赛。项目呼吁网友“一起记录故乡，重新发现故乡”，提交与故乡有关的微纪录片作品，最终共收到 1552 位创作者投稿的 4449 部短片，内容遍布祖国各地，北至乌苏里江河畔的渔村、中俄边界的小城，南至海南三亚布曲村、云南大理白族村落、澳门。这些内容现在也成为中心库藏的一部分。而平时慕名而来、将个人或机构所采集的口述历史资料捐赠备份入中心资料库的事情也不时发生。一方面，我们离最早的“影像史记”的理想越发接近；另一方面，伴随活动或捐赠而开展的一次次口述历史理念传播活动，提升了公众对于口述历史的认知，扩大了中心的知名度，在一定程度上也促生了未来让更多资料“回家”的良性循环模式。

（三）延展：国家级口述历史交流平台成功搭建

口述历史交流平台的搭建是在中心领导给予极大信任和自由度的背景下，我本人工作的侧重点之一。Oral History 理念最初进入中国时被译为“口述历史”并沿用至今，但这个翻译并未涵盖口述历史贴近人的特性，尤其“历史”二字颇具严肃之感，在一定程度上误导了公众对其内涵的理解，窄化了接纳人群。事实上，随着传播技术近年来日新月异的发展和传媒生态的巨变，公共领域的口述历史实践在这期间体现出极强的适应性，一些案例呈现了让人惊艳的效果。作为中国最大的口述历史实践机构，我们的团队多年来积累了许多工作经验，也在成长与发展过程中见证了口述历史概念的初步普及和口述历史行业的多层次并荣。中心工作逐步稳定后的2014年，我个人除了参与到“家・春秋”项目的具体策划中，也开始思考公众面对口述历史的常见困惑，如口述史是一门学科还是研究方法？如何做口述历史？采集而成的口述史料何去何从？为此，我在开始阶段策划了“口述历史在中国”系列学术沙龙，以每月一到两场活动的频率，展示这一领域的专家学者观点、典型案例解析、独特经验分享等，并请相关专家针对公众的问题做出各自的回应。这一活动旨在从多角度、多维度呈现行业现状，供关注者交流、思想碰撞。立足这样的出发点，活动陆续与公众见面，反响比预期强烈，也让我和同事们近距离接触到了更为丰富的口述历史形态。

接下来就有了“中国口述历史国际周”项目在2015年的诞生。每年11月“中国口述历史国际周”在中国传媒大学举行，至今已举办八届。这是中心在持续进行口述历史访谈和资料收集的同时，为推动这一领域学术交流与国际传播活动而搭建的国际性平台。我们为这个平台规划了五个板块：其一，口述历史国际研习营，集结更多有实践基础且有意进一步提升口述史料认知的同人，在国内外专家的引领下更上一层楼；其二，年度纪录影像展映与交流，邀请前一年高品质、高影响力的纪录片作品主创到场交流，分享创作的幕后细节；其三，国际口述历史项目展，每年为全国乃至世界各地的口述历史项目提供集中展示的机会；其四，“口述历史在中国”国际研讨会，由口述历史大家引领的多主题学术论坛，促进研究者们从实践分析和理论辨析角度提升学界对口述历史记录与阐释的认知；其五，口述历史之夜，将在各领域取得成就的口述历史人请到台前，请他们回忆各自与口述历史结缘的方式，介绍项目成功的经验，同时体会幕后纪录者少有的高关注度和荣誉感。学术机构如中华口述历史研究会、中国人民大学史学理论研究所，公益机构如中国红十字基金会、越众公益基金会、中国传媒大学教育基金会、河南省慈善总会等，都支持并助力促成了这些构想的实现。

中国口述历史国际周迄今已吸引了来自中国、美国、加拿大、德国、英国、澳大利亚、南非、伊朗、日本、韩国、印度、新加坡、蒙古等国家和地区数千位口述历史同人的参与，线上线下逾百万人次的互动，既实现了国内同人的广泛交流，也在国际范围内发出了中国声音。2019 年，美国哥伦比亚大学口述历史中心执行主任 Amy Starecheski 参加第五届中国口述历史国际周后在哥伦比亚大学官网特别撰文，提到“口述历史从中国公众那里获得的高度关注，是美国同行们可望不可即的”。2020 年及之后的活动因为疫情缘故均采用线上方式进行，同样受到了国际关注，著名的英国口述历史学会在其学刊 *Oral History* 上专门发表了活动介绍文章。如今，中国口述历史国际周线上线下已吸引了千余名业内人士参加，为千余个口述历史项目提供了展示、交流的平台，成为中国口述历史领域的重要年度活动，也将中国口述历史推向更为广阔的世界。

三　2022 年之后：规划与挑战

回顾中心历程可以发现，这二十年来的主要发展路径取决于几方面的因素。首先，显而易见地，主观因素是中心创始人的号召力。从早期启动口述历史相关项目的发念，到后来为各类项目积极筹备资金、开拓局面，再到近年来在各类学术与传播活动中为中国口述历史事业摇旗呐喊，中心创始人是中国口述历史事业名副其实的旗帜性人物之一。有他的情怀和视野，有他用影响力和行动力持续推动着这番事业，才有中心现在的繁荣局面。其次，是学校在这十年间给予的坚定支持。无论是为中心所用的集访谈、研究、展陈、馆藏于一体的专业办公场所，还是校领导和各部门在日常工作及中心重大活动中的鼎力支持，以及学校在课程设计和专业发展方面围绕口述历史开展的多次方案讨论与实施，都体现出中国传媒大学对口述历史在高等教育和社会文化建设中所起重要作用的充分肯定。

此外，时代的进步也惠泽口述历史的发展。政策层面，包含“讲好中国故事”等一系列国家立场的传播口号带来了具体需求与积极响应，让自下而上的记录方法迎来了自上而下的肯定与支持，口述历史从业者的积极性和能动性得到调动。技术层面，随着媒介生产环境变化，科技发展带来影音工具大规模普及，辅助口述历史实践的普及难度降低；传播生态层的变化也引领了全社会话语赋权后的丰富走向，激励了受众记录与表达的热情。作为口述历史实践、传播、研究的综合机构，中心同样在这些积极的影响中快速发展。在中心成立十周年之际，作为管理者之一，可以很踏实地回望过去的成绩，但也面临着如何规划未来中心发展的压力，下一阶段如果想取得更进一步的发展，机遇与挑战并存。

（一）口述历史学科、学术体系及话语体系建设

中心团队这些年可见的成就之一，是对口述历史方法论的完善。无论是对访谈阶段各环节的丰富实践和摸索，还是资料管理阶段对访谈和相关信息的重视，以及应用阶段对多种传播形式的研究，都有持续的推进和产出。团队成熟度高，在业界的知名度和口碑也保持稳定。除国内举办和参与的各项活动外，中心成员还多次参加美国口述历史协会、英国口述历史学会及国际口述历史协会等组织发起的国际活动，不断发出中国声音。在人才培养方面，中心常年对外开设口述历史工作坊与国际

研习营，培养出了一大批专业从业者；在校内有专门的硕士研究生培养点，陆续开设了“口述历史研究”“口述历史导论”“记忆研究导论”“口述历史实践与案例分析”等多门课程；围绕青少年教育，在2016—2020年间陆续开展了“蒹葭”青少年口述历史影像计划和中国传媒大学附小等校的口述历史高参小课程……2021年，中心骨干团队完成了《口述历史十讲》教材的编写工作，现正在出版过程中。

但现有的努力距离口述历史学科化实现仍有距离。这其中有现行学科体系本身需要融合发展的原因，行业人才短缺也是一大现实问题。学界许多研究成果颇丰的学者本身都另有深耕多年的专业研究领域，行业内知名的实践者又不具备高校长期任教的种种条件。关乎领域生态的难题，需要全行业共同面对，也需要大家共同努力才能解决。没有诸多同人对于中国口述历史建设和话语体系建设共识的达成，这个困难很难引起足够的重视；而由于口述历史的横向跨学科属性，如果没有各学科同人的群策群力，这项事业也很难超越现在的发展水平。

（二）口述历史与家国记忆留存

口述历史由丰富的记忆讲述汇聚而成，而记忆既是文化传承的载体，也是话语权表达的底气。从小家到大国，回望历史时能够有迹可循的意义深远，但对这份“痕迹”的访存一直且仍将面临诸多困难。“口述历史有什么用？用现在市场价值来衡量，没什么意义，它有用的时候可能我们都已经不在这个世界上了。但它对这个民族有用。我们的民族是怎么艰辛地从以前走过来的，那些磨难中所有人的勇敢坚强和他们的开朗豁达，这些经历里面有教训，也有积极的引导。需要有人把它搜集，保留下来。”

十年来，中心成员们因为对口述历史的坚守都收获了巨大的认同感和成就感，但中心未来的责任更重大。较大的挑战就包括实践成本。访谈环节的成本可以预见，但资料维护和应用探索环节的成本并不被普遍理解。以美国南加州大学Shoah基金会为例，在著名导演史蒂芬·斯皮尔伯格的带领下，该机构记录了数万名大屠杀幸存者的证词，打造出了一个庞大的视觉历史与教育影像库。2012 年和 2013 年，中心团队曾两次造访该机构，在其资料管理工作等方面获得了许多启发。该机构在 2018 年宣布引入现代影像技术，建成了可以互动的记忆展厅，成为美国当代口述历史领域的特色案例，但这其中所包含的技术成本及可以想象的展陈所需的巨大资金投入也让我们望而却步。

党的二十大报告指出："坚守中华文化立场，提炼展示中华文明的精神标识和文化精髓，加快构建中国话语和中国叙事体系，讲好中国故事、传播好中国声音，展现可信、可爱、可敬的中国形象。"可以说口述历史实践是这一指示的最佳践行方法之一。中心作为中国传媒大学的下属科研机构，未来更有条件也更能充分发挥媒介融合、视听语言优势，实践和理论升级并重，立足国家战略，增强文化自觉，坚定文化自信，以强烈的历史主动精神助力国际国内文化传播需求，积极投身于文化强国建设。故此，尽管困难重重，但在有限的资源条件下如何让口述历史能够为社会所用，如何以更大的社会专业力量、公益力量来推动中国口述历史对于家国记忆的持续收集与传承……这条道路值得我们为之躬耕不辍。

结　语

作为口述历史领域的多年实践者和研究者，笔者尝试记录中心的发展历程和在不同时期的工作侧重。这是一个长期持续生产口述历史成果的团队，也是研究中国口述历史不能跳过的重要观察对象。在学术与公众之间的这十年，见证了一个团队的转型之路，也记录了中心利用自身优势，服务、连接与建设口述历史事业的全过程。诚然，口述历史在各领域应用中都面临着真实性、专业性、法律与伦理等方面的多种声音，但新事物的诞生与生长必然有其原因与土壤，在实践中不断发展与完善才符合事物基本特征。中心和其他口述历史专业机构在这方面虽有类似的困境，但步履维艰中的摸索与坚持，也恰恰体现出中国口述历史的精神所在。

同时，这篇文章也是一名中国口述历史蓬勃发展期的亲历者和见证者，对在中国最大的口述历史机构十年间工作经历所做的一次饱含深情的摘要式回望。能在这一阶段涉足这一领域，并以此为专业，幸莫大焉。愿中国的口述历史事业和中心的发展都有更值得期待的未来在前方，召唤更多同人通过口述历史“走进历史深处，抢救捕捉那些即将被吞噬的、曾经闪耀的点点星光，给未来保留一点前行的光亮，让人们在千百年后依然可以与历史温情对话”。[①]

Oral History Communication: between Academia and the Public

Lin Hui

Abstract: 2022 marks the 20th anniversary of the launch and practice of the Oral History Team, as well as the 10th anniversary of the establishment of the Oral History Research Center at Communication University of China. Looking back on these twenty years, there have been many achievements. From a meaningful perspective, it has undergone changes from television program groups to documentary creation teams, and then to academic institutions. During this process, the concept of oral history has been widely disseminated, laying the foundation for the development direction of China's public oral history practice, and supporting a large number of oral history projects in multiple ways. From a development perspective, while maintaining the core attributes of oral history archives institutions in the long term, active exploration has been made in the cultivation of oral history talents and

① 尹欣、曹静：《向后看，就是向前进——与崔永元谈口述历史》，《解放日报》2010年12月10日，第13版。

the construction of national and even international oral history industry exchange platforms. It is a classic case that cannot be separated from the study of Chinese oral history and public history.

Keywords: Oral History; My War of Resistance; Home · Spring · Autumn; China International Oral History Week

中国公共史学集刊　第五集
第 203 ~ 207 页

大家来做口述史

——唐纳德 · 里奇访谈

"福州船政文化口述史计划" 项目组

编者按：唐纳德 · 里奇是美国口述史学的代表人物，曾先后担任美国口述史协会主席和美国参议院历史室特邀历史学家，著有《大家来做口述史》《牛津口述史手册》等作品。为了了解唐纳德 · 里奇的学术生平，"福州船政文化口述史计划" 项目组通过邮件采访了这位国际口述史领域的权威。

受访者：唐纳德 · 里奇（曾任美国口述史协会主席、美国参议院历史室特邀历史学家）

采访者：邓啸林（"福州船政文化口述史计划" 主要参与人）

翻译者：马湉（剑桥大学历史系思想史专业博士生）

中国的读者只知道您的学术经历，但是对您的成长经历不是很了解。请问是怎样的契机，促使您从事口述史事业的？

我能与口述史结缘，实属巧合，这要从我的博士学位论文说起。我的论文围绕詹姆斯 · M. 兰第斯（James M. Landis）展开，他是美国 20 世纪 30 年代至 60 年代的一名政府官员。我做论文的时候，他已去世十年了，但美国国会图书馆存有二百箱关于他的手稿。在这些文件中，我找到了一份他晚年的访谈录，但并不完整；我在哥伦比亚大学找到了完整版本。这对我的研究意义重大，因为在访谈录中，兰第斯先生用自己的话讲述着他的生平，但还是省略了许多重要内容。于是，我转而采访他的家人、同事和其他重要的相关人士。通过一系列访谈，我改进了我的研究，并最终写成了一部关于兰第斯先生的书。我也因此幸运地在美国参议院历史办公室获得了职位，负责开展口述史项目。在近四十年里，我开展了各类访谈，它们首先以美国参议院为主题，其余的则涉及我所写的其他书。1976 年，我加入美国口述史协会（Oral History Association），得到了更多正式训练，不久之后，我便成了该协会的活跃成员。1986 年，我成为协会主席；十年之后，我的妻子安妮也担任主席。另外，我们两个也是国际口述史协会（International Oral History Association）的活跃成员。

您的两部著作《大家来做口述史》和《牛津口述史手册》受到中国学术界的好评和广泛关注，在您看来在创作这两部著作的两个时期，您对口述史的理解有着怎样深化的过程？是否存在一个从事口述史的范式？

在我担任美国口述史协会主席后，特威恩出版社（Twayne Publishers）的一位代表找到我，策划出版一套口述史系列丛书。从 1990 年到 2000 年，我们共出版图书 26 卷。特威恩出版社表示，该系列应包含一部手册，专门介绍如何开展口述史；基于我的个人经历及我在美国口述史协会参加的各种会议，我决定亲自撰写这部手册。该手册于 1995 年出版，并在各种口述史课程与工作坊中派上用场。后来，特威恩出版社并入一家大公司，我们的口述史丛书计划也随之终止。然而，牛津大学出版社与我商定，于 2003 年出版我的《大家来做口述史》第二版，第三版亦于 2015 年面世。该书之所以多次再版，是因为口述史是一个充满变化的领域，新出现的技术与研究方法使其不断更新。此外，牛津大学出版社也请我主编《牛津口述史手册》。我在美国口述史协会和国际口述史协会结识了许多人，故邀请他们为此书撰稿。其中一些人选择书写他们专长的题目，另一些则尝试探索新话题。我对该项目的最终成果很满意。编撰《大家来做口述史》和《牛津口述史手册》的经历让我受益匪浅，尤其重要的是，我进一步了解到读者的反馈与建议。从我20世纪70年代接触口述史以来，口述史领域发生了诸多变化，这些变化在这两部书中有所体现，包括解读访谈的诸多新方法以及使用访谈的广泛途径。

在中国，口述史虽然很热，被民族学、人类学、新闻学、社会学等专业应用，在历史学领域却没有得到相应匹配度的认可，主要是由于历史学家对口述史真实性的怀疑。因此我们想请您介绍下美国口述史在整个美国史学界的地位及发展情况，以为中国口述史学界乃至历史学界参考。

从你的描述来看，口述史在中国的情况和在世界各地的情况颇为相似。口述史是一个交叉学科，因为许多领域的研究都会用到某种形式的访谈。虽然各类访谈常有差别，但各领域的参与者大可相互借鉴。然而，历史学者常对访谈持怀疑态度。部分原因是大多数历史学者研究的时段距今久远，他们不可能去采访那些时代的人；另一原因则是历史学者往往被训练去关注书面材料。但随着时间流逝，这种怀疑情绪已减弱，尤其是在美国和欧洲。在这些地方，越来越多的历史学者在研究中用到访谈，包括使用那些多年前做的、现已被存档的访谈。我想指出一点，历史学者接受的训练使其对所有的材料皆持怀疑态度。不管是书面还是口头材料，他们都被鼓励去核实所有信息。当我们提高标准，我们的成果才会受到尊重。

杨祥银教授最近出版了《美国现代口述史学研究》一书，在书中他提到，美国口述史研究经历了"档案传统""新社会史转向""记忆转向""叙述转向""共享（的）权威：口述历史关系反思""数字转向""情感转向"等不同历程，您是否认可这一观点？对于其中的"数字转向"，目前中国国内出现了以微信公众号等新媒体为代表的史学传播，这不能不影响到口述史的发展，您是怎样看待这一新现象的？

我同意杨祥银教授对美国口述史发展各阶段的描述。20世纪70年代，口述史的范围还很窄。当时，我最初结识的那些口述史学家们经营着大型档案馆，并倾向于采访政、商、军界的杰出人物。与这种“着眼于上层”的研究路径相反，之后的口述史范围更宽，囊括了诸多社会和文化问题；同样，对这些问题的分析方法也更加细致，包括“记忆研究”和采访者与受访者之间“共享权威”的研究。20 世纪 90 年代，口述史开始经历技术革命的冲击，我们记录与保存访谈的方式发生了改变，更重要的是，我们呈现访谈的方式也有所变化。现在，我们上网就可了解世界各地的口述史项目信息，我为美国参议院开展的诸多访谈也被放在网上供人们阅读。作为一个口述史学家，我对此感到欣慰。另外，我上网就能看到这么多访谈集，省去了奔赴各地的麻烦，作为一个研究者，我很感激能拥有这样的资源。

在目前中国的口述史学界，有着两种风格，一种是以传播学为中心的、跨学科的研究范式；另一种是以历史学为中心的，口述、文献、实物互证。您认为哪种研究范式更应该被提倡，中国的口述史应该走一条怎样的发展路径？

我想，口述史的研究方法和用途往往多样且无定式，不限于单个学科或领域，这也许是口述史的巨大优势。因为口述史有众多应用途径，口述史学者也不断尝试新方法，并重新解读旧材料。我们要分享自己的研究结果，耐心倾听新的发展动态，这一点很重要。

我们注意到您曾任美国参议院历史室特邀历史学家，而在中国的中央官方智库中，往往是经济学家和法学家等占据要津。所以我们想请您介绍一下美国的史学家是怎样参与政府决策的，以及其相应的体制保障，这样也可以为中国的历史学者提供借鉴。

在世界大多数地方，口述史与公共史学关系密切。公共史学研究者可能会像我一样供职于某家公共机构，或通过博物馆展览、表演、网页和其他经营项目来影响广大人群。在这些项目中，口述史颇有效用，因为它能收集许多易于使用的信息。口述史呈现人们多彩而又充实的经历，这些经历由当事人亲自讲述，故能吸引广泛的听众。在美国参议院，我做了许多事，包括研究、写作、设计展览及纪念重大历史事件。做口述史只是我的任务之一，但它是我最喜欢的任务，我从中获得的信息也有助于我开展其他工作。我认为，所有的决策者都能受益于专业历史学者提供的信息，因为学者们熟悉之前发生的事，清楚什么政策有用、什么无用，以及之前的政策为何能被采用。有时，弄清这些问题的最佳途径就是与之前的决策者或政策执行者交流。当前的决策者可能遇到复杂的局势，当我为他们提供有用的信息时，我感到很欣慰。

最后一个问题，想问您对口述史和公共史学关系的看法，还有对中国的史学青年有什么建议和期许？

我认为，研究公共史学很有意义，我也很高兴看到这么多年轻学者能投身这项事业。我们研究收集到的信息十分重要，如果只在学术界流通，未免可惜。我们应把这些信息分享给每一个人。公共史学学者需面向广大听众，正是这一需求让学者们更富创造力、想象力和试验精神。然而，我们也需要设定高标准，不断优化我们的实践，确保我们的成果准确、真实、优质；在这一点上，口述史和公共史学是相通的。我很赞赏中国正在进行的各种口述史项目，也盼望听到中国口述史的新发展，并把它们写入《大家来做口述史》一书的新版本。

中国公共史学集刊　第五集
第 208 ~231 页

现代口述史对当代方志修纂的意义
——以国内新兴村庄志书为例

谈　凯*

摘　要　现代口述史自 1948 年诞生以来，便以其独特的跨学科性与现代性在不到一个世纪的时间内蓬勃发展。目前，口述史已经成为记录、保存、解释、传播过去社会各领域内各成员观点与记忆的重要研究学科。在面对中国独特的地方文献资料——地方志书时，口述史能够凭借其独特的访谈方法与宽泛的研究领域将社会上零散的民众记忆转变为真实可靠的公共记忆，并使其成为地方文献的一部分。目前来看，口述史方法是当代方志在修纂中向大众主体转变的最重要手段，是统合一个地域范围内的集体记忆并将其转变为真实可信资料的最佳措施。然而，目前口述史方法运用于地方志编修的呼吁虽多，实践亦初具规模，但仍存在访谈方法不规范、资料不公开、重视收集而轻视对共同体的分析等问题。因此，口述史在地方志的应用过程中，应当重视资料收集全过程的记录与资料库的建设，亦应在基本口述材料的基础上

* 谈凯，中国人民大学历史学院 2020 级本科生（强基计划）。本文由杨祥银教授指导。

研究各地域范围内的人群共同体的集体记忆、发展变化，使得各地方志真正成为本地民众所讲述的历史。

关键词　口述历史；地方志；村庄专志；史料收集；史学理论

一　口述史应用于当代方志修纂的新趋势

口述历史是一门历史悠久而又颇为新潮的学问。① 一方面，西方史学早在修昔底德时期就已经出现了通过访谈来探寻重大历史事件的史学方法。② 中国自先秦起也存在官府采风及史迹实考的悠久口述史传统。口述史的源流，几乎同历史学本身一样古老。另一方面，在19世纪录音技术和20世纪影像技术发展的大背景下，以及在21世纪数字化的时代浪潮中，口述资料的存储形式逐渐多样，口述史工作如雨后春笋般兴起，世界各地均出现了口述史研究机构与项目。历史的记录与研究都仿佛进入了一个“口述历史的时代”。

这一历史研究方法的兴起带动了国内一项重要文化项目的发展：各地方志的修纂开始有意识地运用口述史方法。同历史记录的早期方式一样，各地方志在修纂过程中也会向社会民众征集资料，运用访谈来补全当地史事。实际上，明清时期的地方志在修纂过程中早已经暗含了口述历史的某些因素。③ 然而，在当时修纂志书的主体（政府）看来，这些

① 史学界一般将美国著名历史学家阿兰·内文斯（Allan Nevins）1948年建设哥伦比亚大学口述历史研究室一事作为现代口述史学诞生的标志（详见杨祥银《主编的话》，杨祥银主编《口述史研究》第3辑，社会科学文献出版社2018年版，第3页）。

② 〔美〕唐纳德·里奇：《引言：口述史的发展历程》，唐纳德·里奇编《牛津口述史手册》，宋平明、左玉河译，人民出版社2017年版，第1页。

③ 〔美〕戴思哲：《中华帝国方志的书写、出版与阅读（1100—1700年）》，向静译，上海人民出版社2022年版，第149—157页。

资料的征集与访谈无非是对社会上存在的资料进行系统的整理，主观上并非要对某一特定群体的集体记忆或某些公共记忆进行探究；其在修纂中采取的访谈方法与形式，更是不能与现代口述史的研究方法相提并论。

近年来，随着国内口述史的兴起，口述史方法对地方志编纂的意义引起了众多学者的思考与讨论。在口述史应用于方志的理论研究方面，刘善泳较早意识到古代地方志当中的口述史因素，并力图将口述史理论建立在悠久的志书修纂历史中；[①] 林琼华、张文等人则更系统地介绍了口述史理论与具体运用，并重视当代地方志书当中某特定群体集体记忆的价值，提出了方志的口述史"资料库"这一构想；[②] 口述史方法对当代地方志编纂的推动作用也受到官方重视，口述史在当代地方志修纂中的具体意义与操作流程在 2013 年全国地方志系统口述史专题培训过后得到了更为系统的总结；[③] 最近，张英聘亦对口述史视角下地方志的未来发展进行了更为系统的总结与展望，提出方志由公众参与来成为集体记忆的一部分、以多角度混合叙事代替以往的单一视角叙事和重视方志与口述史的跨学科视角等倡议。[④] 口述史用于方志修纂的呼声日益高涨，其可行性亦在实践中被证实。

在口述史服务于方志纂修的具体实践上，港澳台的相关活动则更为兴盛。王熹系统地整理了澳门口述历史用于当地方志纂修的历程，总结了 21 世纪前后口述历史在澳门方志修纂中的作用与问题，并提出口述资料入志应当详加筛选，将零散的、各方面的口述资料整合起来，统一分析，此外，他还对口述资料抢救的紧迫性发出了呼吁；[⑤] 刘智鹏则将

① 刘善泳：《口述史在地方志领域的地位与价值》，《中国地方志》2007 年第 9 期。

② 林琼华：《口述史与地方志编纂研究》，《广西地方志》2015 年第 2 期；张文：《关于构建地方志口述史料库的设想——从〈我的抗战：300 位亲历者口述历史〉谈起》，《广西地方志》2012 年第 5 期。

③ 《2013 年全国地方志系统口述史专题培训班纪要》，《中国地方志》2013 年第 8 期。

④ 张英聘：《口述史视野下地方志事业发展的新趋向》，《中国地方志》2018 年第 1 期。

⑤ 王熹：《口述历史资料与澳门方志修纂》，杨祥银主编《口述史研究》第 2 辑，社会科学文献出版社 2018 年版。

口述历史与香港史志编纂的关系拆解分析，从地方史志诸如人物、劳工、医疗等领域强调了口述史对香港史志的构建作用；[①] 张素玢则以其撰写的《二水乡志》为例，叙述了口述史应用于方志修纂的全过程。[②]

总的来看，自21世纪以来，有关口述史与地方志修纂交互发展的讨论未曾中断，相关实践也在蓬勃发展。这展现出口述史在地方志修纂领域的旺盛生命力，是西方史学理论应用于中国地方社会历史研究的绝好范例，或许能够对各地的地方史志予以更为科学的再书写。

然而，在积极讨论的背后，当今学人也应看到如今口述史与地方志在结合中面临的问题：现有的相关研究往往具有极强的前瞻性，在理论的高度上或许能够深刻影响未来地方志的修纂，但上述研究多专注于口述史理论在方志编写中的方法论，即使有对口述史应用于方志的实践，也多集中于港澳台地区。目前，政府组织修纂的当代方志，实际上已经有意识或无意识地运用了某些口述史的方法。本文将从部分当代方志或具有方志性质的官方编纂丛书中的口述史因素出发，从具体实践的角度，对口述史帮助当代方志中个人记忆向集体记忆的转化做出初步探索。

二　当代方志中固有的口述史因素

新中国成立后，我国方志的修纂实际上进入了新的探索与发展阶段。早在1956年国务院科学规划委员会的《十二年哲学社会科学规划方案》中，编修地方志已经被纳入其中。新中国成立初期志书的编修有了全新的指导思想。[③]

第一，自民国以来就已经兴起的“民志”特征被完全确立，人民

① 刘智鹏：《口述历史与当代香港史志的编纂》，杨祥银主编《口述史研究》第2辑。

② 张素玢：《口述历史、田野调查与方志纂修：以二水乡志为例》，杨祥银主编《口述史研究》第2辑。

③ 刘纬毅、诸葛计、高生记、董剑云：《中国方志史》，三晋出版社2010年版，第335页。

群众在志书中开始作为被叙述的主体出现，取代了以往的士绅官僚。这一趋势使得相关史料需要围绕着地方社会的普通民众展开收集。[①] 方志需要较为精确地概括地方上发生的重大事件，并将其作为当地的集体记忆记录下来，需要寻找某一地域、某一行业的代表性人物，以作为集体人格的象征。自20世纪五六十年代开始，各地志书便开始肯定民众的历史贡献，劳动人民在地方志中拥有了自己的角色。新型方志对塑造更广泛集体记忆的需要，使得口述史的访谈方法与记录研究群体记忆的理论有很大的应用空间。

第二，新中国成立以来地方志的种类日益多样，出现了诸多类型的新专志。以村庄为主体的地方志、以区域关系发展为主线的志书如《闽台关系志》、以方言人群为主体的方志如《昌黎方言志》，以及以河湖江海等地域观念进行新型划分的河湖志等相继涌现，有些亦作为地方志的续编或补充材料被纳入当地的方志体系。这些专志出现较晚，内容较为新颖。新专志往往致力于对某一特殊地域、某段特殊关系以及某类特殊人群的考察。如方言志，记叙的是方言的流变、传播与现状，需要采访大量的当地人民才能够得到关于方言较为准确的情况。这些信息的记录与保留，都需要现代化的、规范的访谈流程。因此，口述史学在助力新型志书的编纂上亦有重要意义。

第三，国家层面上对地方志工作的指导与要求，也日益呼唤着对口述史方法的需要。2006年国务院颁布《中华人民共和国国务院令（第467号）》，对各地地方志的工作有了空前明确的规定。其中，国务院对地方志的定性包括了地方志书与地方综合年鉴，地方志被明确定义为“全面系统地记述本行政区域自然、政治、经济、文化、社会等方面情况的年度资料性文献”。[②] 这既反映了我国对千年来志书编修工作的总体认识，也明确了地方志是一部跨学科的、涵盖当地自然与人类社会信息的综合性文献。这样的要求，使得当代方志中对各方面信息的需求增

---

① 详见刘纬毅、诸葛计、高生记、董剑云《中国方志史》，第339—340页。

② 《中华人民共和国国务院令（第467号）》，《人民日报》2006年5月31日，第14版。

加。而按照国务院的要求，社会信息在方志中的更新速率亦大大提升。方志被规定每20年左右编订一次，各年的综合年鉴也成为更新方志的一手资料。在记录20年间社会发展的具体情况时，这些综合年鉴需要对各地流传至今或新出现的文化风俗习惯与人物、传说等有更准确的记录与保存。

此外，该文件第十一条明确鼓励修志机构“向机关、社会团体、企业事业单位、其他组织以及个人征集有关地方志资料”。[①] 如此一来，地方群体的记忆甚至个人的记忆便显得尤为重要。口述史方法显然能够很好地适应国家层面对地方志的新要求，利用访谈手段以及之后的分析、总结与探究，某些地方群体的记忆便能够被还原，从而形成一部实际由社会大众共同书写的地方志书。社会记忆在口述史方法的助推下，已经拥有成为集体记忆的上升通道。

第四，新中国成立以来的修志实践体现出对“详今略古”传统原则的继承。当代方志并非单纯的史著，而是具有极强的实用性。部分学人在修志过程中提出“详今明古”，[②] 主张对古代当地历史沿革做出系统整合，以达到明确地区中历史文化的目的。然而，几乎所有的当代志书都极度看重方志对当代社会的作用，因此方志对现代社会具体情况的需求一般远高于对古代史事的需求。而地区对经济、政治、文化现状的记录，一方面由政府工作报告、地方综合年鉴提供；另一方面，出于对“详今”的重视，也应当以口述史学的方法对社会各群体的发展进行记录，以形成对当代地方社会中集体记忆的重要补充。

第五，从新中国成立后的历史进程看，当代方志作为记录某一地区各时段各方面情况的系统性文献，在记叙20世纪六七十年代我国社会

① 《中华人民共和国国务院令（第467号）》，《人民日报》2006年5月31日，第14版。

② 相关观点以著名方志学家黄苇对当代方志的编修意见为代表，黄苇主张依照具体情况来审视古今记叙的详略与否，如自然灾害、地名源流等延续性较强的概念应当“古今俱详”。但总的来看，当代方志的编修不一定全部“详古”，但必然需要“详今”。详见黄苇《方志论集》，浙江人民出版社1983年版，第262—265页。

主义路线探索艰难曲折的历史阶段时，往往缺乏足够的信息来源。出于种种原因，当年政府的工作报告与宣传文章已经少有留存，仅凭单薄的文献资料难以还原真实的历史情况。地方志的编纂一贯有着“秉笔直书”的传统，在当代的修纂中更是需要实事求是地反映各个时期的情况。面对这段史料缺失的时期，修志者在编修记录过程中可深入挖掘的资料之一就是特殊时代下的群众记忆。新中国成立不满百年，经历过特殊时代的人群在记忆中仍保留着较为真实的情况。

然而，由于当时社会分工的不同以及个人视角的局限，盲目地采访某个或某几位特殊人物并依据片面言论还原历史容易造成偏差。对特殊时期历史的还原与再现，实际上是追寻当时社会人群集体记忆的过程。因此，采访者需要对从事各个行业，身处不同位置、境遇的人的记忆加以记录、甄别、对比，并将这些口述材料记录在册。这一历史还原工作所需要的严谨性、全面性与口述史的工作原则高度吻合，是为编纂“建国初期特殊年代人群集体回忆”的系统工程。由于这一工作是从社会的个体入手，且深入时代下的社会各层面，口述史方法无疑会得到极为频繁的运用。

因此，自新中国成立以来的当代方志，出于记叙主体的变化（由原本的官僚士绅转变为今日的社会各阶层）、方志体例的更新（专志的出现）、国家层面的要求以及方志原则的继承等，其编修再也不能像古代一般在原本文献资料的基础上进行汇编。当今志书所重点记叙的群体及群体间的交流、自然景观的变迁以及民俗传说等都需要从当地人民群众的记忆中寻找答案；当代志书出于“详今明古”的需要，其重视的记叙时段仅限于新中国成立至修志所在年份前后的数十年间，因时代因素而缺失的史事、传诵至今的传说或新近流行的风俗、民众观念在数十年间的变化，都可以在口述史方法的引导下转变为文本资料。显然，口述史学的研究方法具有独特的价值，其相关理论将与方志编纂的具体实践融合发展。这展现出其对地方志编修工作的独特意义。

三 口述史理论的特点及其在方志编纂中的特殊价值

（一）口述史方法的核心因素：采访

同新闻记者与民族志学者一样，口述史学者的核心工作之一即为对信息提供者的采访。口述史学者通过对特定人群的采访，从而获得对某一群体/事业项目/地区发展的充足资料。口述史学的采访手段追求的是还原某件事情的真相或对某类群体的真实写照。因此，不同于新闻记者注重事件的新闻价值，采用求快、求新的“逼问式”采访，也不同于民族志学者单纯注重文化风俗，深入当地文化并充当旁观者的记录性采访，口述史学家往往是力求还原某一历史事件，在文献资料之外追寻可能得到的各种历史线索。因此，在采访的准备上，口述史学家注重提前规划，深入采访，将采访内容尽可能详细化、全面化并逐字实录，存放于公共档案机构。[①] 这便要求口述史学者对采访工作预设种种情况、运用多种技巧。如对某一事件的采访需要经历更多的反思与分析，也可间隔一段时间后进行二次采访，以此和新闻采访分离开来；再如有时采访对象的家人、友人等社会关系密切人物的加入，有助于尽可能多地唤醒受访者对某一历史事件的回忆；[②] 又如对事件冲突双方的采访，能够从截然不同的受访者立场出发，还原事情的真伪曲直。[③] 这些技巧使得口述史学家在采访阶段就赋予采访资料转变为可信史料的基础。经过精心采集的访谈资料不仅可信，而且尽可能做到了对某一事件、某一群体的全面回忆。口述史学采访方法的严谨与全面，为以往的新闻采访与民族志研究所不及。

因此，对致力于涵盖当地社会各方面信息的当代地方志而言，其下的特殊人群概况、特殊年代风貌、相去不远的历史事件以及每年的综合

① 〔美〕唐纳德·里奇编《牛津口述史手册》，第25—26页。
② 〔美〕唐纳德·里奇编《牛津口述史手册》，第24页。
③ 〔美〕唐纳德·里奇编《牛津口述史手册》，第33—43页。

年鉴，都需要本地人群的共同参与，并非政府主体单独能完成；同时，政府主导下的当代地方志，需要的是准确的信息，即对当地历史事件的客观定性、对当地特定群体（如山区的护林工人、产油区的石油工人）的准确认识等。以采访为核心的口述史学恰恰能满足当代方志在这两方面的要求。在研究对象上，口述史同方志一样，所涉及的领域涵盖社会各方面，能够从社会各领域人群当中提取出有效信息；同时，口述史对还原历史事件/人群真实情况的追求，也与地方志寻求准确性的要求不谋而合。

（二）集体记忆与公共记忆

1. 口述史学对记忆的辨析与利用

口述史一贯承担着将个人/集体记忆转化为公共记忆的作用。这一特性使得口述史学家极度重视受访者的回忆问题。个人记忆的不稳定性与主观性也为口述史材料的可信度带来了种种争议。有关短时记忆、感觉记忆与长时记忆的辨析也是口述史学家所必备的技能。通过采访得来的素材不一定能够完全转化为可靠的史料，其中必然含有错讹、夸大的成分。如何将这些记忆转化为可靠的史料，是口述史研究者长期面临的重要问题。

虽然口述史学家目前尚不能够从繁多的个人回忆中完全辨明其中的真伪，找准全部重点，但口述史学至少能够帮助人们在处理记忆问题的过程中发现被特别巩固的记忆，以及这些记忆如此根深蒂固的原因。基于此，口述史学家可以在记忆的主观性中找寻个人对过去、对历史的解读特色，以及这些解读所透视出的时代因素。

在编修当代志书的过程中，所需要收集的民众记忆无疑具有相当强烈的主观性，可能会严重影响最终的记录结果。尽管口述史学家在面对记忆的不稳定性时略显得无奈，但口述史方法能够有意识地甄别长期记忆与其他记忆，并通过记忆的主观性找寻个人/群体心态在时代下的演变，从而将记忆的主观性变为个人心理在时代中的反映。因此，口述史在面对集体/个人记忆时，能够尽可能地还原真实的事件原貌，较为有效地消除掉记忆偏差对地方志修纂以及最终结论的影响。

2. 社会记忆向公共记忆的转化

口述史在丰富公共记忆的层面上同样贡献突出。事实上，口述史是使得历史变得“更加民主”的绝好手段，公众首次能够有机会直接参与有关自身群体发展以及记忆的书写工作。英国社会史学者保尔·汤普逊（Paul Thompson）早在21世纪初便极具前瞻性地提出了口述史对该领域的适用性：

> 口述史可以随时随地落实下去。在国内任何地方，口述史都可以成为地方研究的丰富的主体：如地方工业或手工业史、特定共同体中的社会关系、文化和方言、家庭的变迁、战争和罢工的影响，等等。①

汤普逊关于口述史对地方研究意义的论述几乎完全适用于中国当代地方志的编修工作。地方的社会关系、工业发展以及方言等都是口述史所需要重点关注的课题。将这些课题进行口述史研究并最终作为可信史料被当地方志采纳，实际上也是将社会记忆转变为公共记忆的过程。口述史同时具备的严谨性与求真性的访谈手段，使其足以从人民群众的各个共同体当中抽离出真正的历史。这大大帮助了在传统地方历史记叙中沉默的广大底层群体，拓宽了地方志下公共记忆的范围。正如汤普逊所言，口述史是“围绕着人民而建构起来的历史”。②

（三）小结

口述史作为一门重视民众群体，以严谨的采访手段作为其主要信息收集方法的学问，在对待历史事件时力求恢复原貌与真实情况，能够很好地满足当代地方志的资料性、求真性特征；在研究领域上，口述史涵

① 〔英〕保尔·汤普逊《过去的声音：口述史》，覃方明、渠东、张旅平译，辽宁教育出版社2000年版，第8—9页。

② 〔英〕保尔·汤普逊：《过去的声音：口述史》，第24页。

盖地方各方面的发展情况与人群间的交流互动关系，能够助力地方志编修的各个方面；最重要的是，口述史致力于将各个共同体乃至个人记忆转化为集体记忆，能够帮助地方志将记叙的主体真正转变为本地群众，使得各地域内各个共同体的声音都能够成为当地历史的一部分，各行业从业者的形象也都能够得到清晰的描绘。口述史方法无疑是使地方志成为以本地公众为核心的大众化资料的最佳手段。

四　口述史在当代志书中的具体应用实例——村庄志书

（一）村庄志书的兴起、类别与其中的口述史因素

村庄志书是近年来颇受重视的一类专志，自 21 世纪以来，中央及地方政府都对各地村庄多有关注，村庄志作为一种新兴专志骤然兴起。

时至今日，尚未出现全国性质的村庄志书。在类别上，村庄志可按记叙的主体被分为三类：省域级别的村庄志、市县层级的村庄志与专叙某一村落的村庄志。不同级别的村庄志在不同程度上对当地的乡村风貌做出了详尽阐述。而在命名问题上，村庄作为人类聚居组织的基本组成单位之一，其数量极为庞杂，就算是以村庄为记叙主体的村庄专志，往往也只是从当地选择最具代表性的村落，而忽略或简记其他村落。因此，村庄志在具体命名上一般为“名村志”或“村庄纪略”。

村庄志所记录的主体是某一省域或市域内的村庄，其中的核心要素包括村庄的基本信息，村庄的名人、伟人，以及村庄的独特民俗、传说、特色产业等。其研究的范围局限于某一地区的村庄群落甚至某个单独的自然村，能够依靠的文献资料极为有限。每个村庄的历史细节、风貌变迁或依托口口相传，或依托村庄中的民俗民风来体现。因此，在村庄文献资料极少、主要依靠采访收集相关信息的情况下，口述史方法无疑具有极为独特的价值。在诸多专志中，村庄志依靠采访获取资料的特点极为突出。

此外，村庄作为中国社会最基本的组成单位之一，是由一个个极小

的共同体——家庭组成的。有些村庄本身即为一个大家族的集合。因此，村庄居民的来源以及村庄中各个姓氏或主体姓氏的流变，乃是村庄志重点关注的内容。然而，具体到某一村庄、某一家族的历史信息，传统的地方志往往语焉不详，仅能从其中找寻到某一家族大致的来源与寥寥数位杰出士绅。村庄志意图理顺村内家族史与姓氏源流的努力，必须依靠村民对自我认同与祖先认同的集体记忆。口述史方法恰好能够提供一个厘清村民自己家族源流乃至整个村庄历史的绝佳手段。

（二）部分地区村庄志口述史的运用现状

1. 省域下的村庄志口述史运用：以浙江、江苏为例

就全国范围来看，在省域范围内编修的村庄志目前仍相对较少。较为系统且完善的仅山东、江苏、浙江三省。其中尤以浙江、江苏的村庄志编修工作严谨细腻，两省在1993年分别组织编纂了《浙江省名村志》《江苏名村志》。作为体例完善且开省域一级村志先河的著作，我们可以从中一窥其口述史因素。

作为20世纪90年代新兴起的村庄志书，两省的村庄志都致力于创造本省自改革开放以来创造的“乡村现代化传奇”，如《江苏名村志》所提及的：

> 江苏名村之所以闻名，是因为这些村确实富庶文明，那里的村民过上了他们的父辈梦寐以求的“楼上楼下，电灯电话”的舒坦日子。用当地人的话说，就是过去的地主老财，也比不上他们现在过的惬意日子。更为可贵的是，在那里没有贫困，也没有暴富，真正实现了共同富裕的理想。①

无独有偶，《浙江省名村志》在阐述其编写目的时也做出了类似的表述：

① 江苏省地方志编纂委员会编《江苏名村志》，江苏古籍出版社1993年版，第1页。

> 本书收集的不少农村，坚持以经济建设为中心，加快农村工业化和农业现代化的步伐，并使两者相互促进，相互推动，从而能逐步缩小功能差别；有的村通过市场建设，发展配套服务等途径，加快农村城镇化的进程，因而缩小城乡差别……从这些村活生生的事实中，可以看到我们梦寐以求的光明的前程正在闪耀。①

从以上表述中不难看出，两省编修村庄志的重要目的都在于表彰省内现代化产业发达的各个村落，勾勒出省内乡村发展的辉煌历史与光明前途。然而，支撑起两省乡村现代化奇迹的实际上是各个村中的一位位产业能人、一个个成功转型发展的集体化企业。要支撑起村志的“现代化奇迹”，就必须将当地乡村企业的发展简史嵌入村志当中。对这些兴起不到半个世纪的企业来说，采访显然是最佳的手段。

基于此，两省村庄志记叙一个村产业发展的基本流程一般为“追溯历史—能人奇事—企业发展”。当地的文化工作者负责现场调研采访，由修志机构最终统筹编纂。其间处处可见口述史访谈的因素。以浙江省桐乡县五丰村为例。负责该村调研的是桐乡县的文化工作者杨承禹、陆坤祥。该村在历史上是以渔业和水稻种植业为主的典型江南村落。其工业化历程自 20 世纪 50 年代开始，经历了由生产队主导到村党委主导最终到以私企与外出务工为主的发展历程。《浙江省名村志》在记述这些新兴的工业化乡村时，实际上已经在运用口述史的手段书写乡村的发展状况。②

须知，村庄工业的开展是规模极小的经济活动，亦不需要将所有细节都报当地政府审批，很难留存下严谨的政府数据与文献记载。而村庄志在记叙如五丰村等村产业发展之时，对各个阶段的发展情况、工人具体薪资、产业结构以及工作细节都有非常详细的记载。如 20 世纪 80 年代村党委书记对丝绸产业的投资与获利具体情况，村镇随经济发展而兴

---

① 魏桥主编《浙江省名村志》，浙江人民出版社 1993 年版，第 2 页。

② 详见魏桥主编《浙江省名村志》（上），第 203—208 页。

起的文化活动、文化事业等，变化显著而又富有细节。显然，村庄志的修纂人员在对村庄进行调研的过程中，确实对当地的村民甚至当时的主政人员进行了系统的访谈，从而拿出了较为全面系统的数据，还原了一个又一个乡村工业奇迹的发展真相。

除流程化的“塑造工业奇迹”外，口述史因素的运用还见于两省村志对各村姓氏源流以及家庭情况的考察中。如《江苏名村志》在每一村落篇章会首先概述该村落的家庭情况以及村庄成员的学历，进而是村民整体的就业情况、民风民俗与村庄行业的领军人物等。实际上，两省的村庄志除了对现代化历程的重视，也格外重视村镇中的民众群体。显然，志书的编纂者进行了一次相当大规模的信息收集，将各个村落的村民群像以数据、学历等为指标进行了刻画。各个村落村民群体的特点、习俗、社会分工甚至历史来源由此一目了然。可以说，两省在对村民群体的刻画上，或多或少地运用了口述史访谈的基本方法。

2. 市县层级的村庄志中的口述史因素：以《胶州村庄纪略》为例

如前文所述，省级别的村庄志书在实际操作中已经含有相当成分的口述史因素。然而，由于以省为研究范围编纂而成的村庄志成书较早，[①] 且所研究的范围过大，往往要从数千个乃至以万为计的村落中挑选出典型村落，其对口述史的运用存在较大的问题。如主观上并未严格参照或运用口述史的访谈原则与规范，对民众共同体形成的相关探索较为粗略，等等。因此，近年来亦出现了以市县为研究范围的村庄志书。相比于省域的村庄志书，市县层级的村庄志或许在运用口述史方法上有着更多的经验与实践。

《胶州村庄纪略》可谓近年来较为典型的主动运用口述史方法的县域村庄志之一。其编修目的即为“集中力量加快抢救挖掘这些宝贵的历史文化与集体记忆”。[②] 在编修的工作安排上，《胶州村庄纪略》的最主

① 如前文所述的《浙江省名村志》与《江苏名村志》皆成书于1993年，其他如《山东强镇名村志》等村庄志也成书于21世纪初年。

② 胶州市政协委员会编《胶州村庄纪略》，胶州市政协委员会2014年版，第746页。

要目的就是留住文献资料以外的历史。[①] 作为一部带有口述史性质的村庄志，这部志书更多地在于“志人”，即更为细致地考订村庄传说、姓氏变迁与集体回忆。

首先是村庄的传说。该志书的编纂人员花费极大的精力对当地每一村落的传说都做了采访与记录，在几乎每一村落都收集到了不同年代的传说。与以往的地方志书相比，这些传说有相当一部分从未出现在本地记载当中，属于当地村民一直以来口口相传的故事。这些最原始的口述材料虽然不能被作为信史使用，但为当地村庄群体的探索提供了极为宝贵的素材。

其次是胶州当地的历史开发情况。有些村落能够追溯至西汉乃至先秦（如中庸村）；有些村庄讲述的是有关唐代的建村故事（如马湾村）；有些村落仅存其祖先定居的故事，大致断代在元末明初。这些长期存在于人民群众记忆中的故事，或许可以从侧面反映该村的建村年代。将各村落的建村故事统筹对比，便是反映胶州乃至青岛地区开发历程的一份有益资料。[②]

再次是当地人群之间的交流与互动。各村的建村传说、丧葬习俗、[③] 主体姓氏及家族源流各不相同。其中既有元末明初的移民者，也有自称先秦就定居此处的“本土居民”，亦有改革开放以来重新组建的新兴村落。各地的建村传说以及习俗、姓氏传说能够在很大程度上反映该村建立以前人群的生活特点以及空间变迁。通过口述史采访得来的一手资

---

① 《胶州村庄纪略》一书并未明确运用“口述历史”一词，但其在凡例与后记中都已经指明该书编修的最重要资料来源是当地村民、文化工作者以及曾经的村支书、大队书记等人提供的口述材料，是依据集体回忆抢救性编修的一部村庄志。

② 在清末开埠通商之前，青岛地区的核心长期在今胶州治下。青岛地区如今的市北区、市南区、李沧区等均为胶州湾沿岸一带（详见民国《胶澳志》卷1《沿革志一·历代设置沿革》，沈云龙主编《近代中国史料丛刊》第31辑，文海出版社1966年版，第1—2页）。

③ 该书在一定程度上意识到了丧葬习俗能够帮助回溯村落人群流动的相关情况。如在葬礼时部分村落有呼喊逝者意图使其“西行”的行为，而其他一些村落则有“南行”“西南行”“西北行”等截然不同的方位导向。这在很大程度上反映了不同村落远祖的各自来源。

料，实际上可以成为当地移民变迁历史的基本资料。

最后，以口述史手段收集来的村落资料甚至可以助推地方历史的研究。受到古代的士绅文化与祖先崇拜的影响，该志书在访谈过程中实际上对胶州本地的朝廷高官与地方实权人物的事迹进行了一次民众记忆下的重新整合。这些村落代表性人物的后人吐露了文献材料所不载的种种细节，这对地方社会历史各方面的研究意义较大。

以明代胶州东部的军事卫所情况为例。当地设有鳌山卫、灵山卫以及胶州守御所等卫所，[①] 但地方志书对卫所的具体作用往往着墨较少。然而，根据该志书中谈家庄地区的采访记录，该村的先祖谈九畴以及其子谈震采皆为世袭军职。根据后人的回忆，父子二人在明末漕粮运输、抗倭援朝以及抗清斗争中都发挥了较大的作用，属于当地主导性的军事将领。这些信息为以往传统方志所不载，这种聚焦某一人物的回忆，实际上反映了当地特殊群体的活动状况，进而能够为研究地方机构提供口述史领域的材料。[②]

因此，《胶州村庄纪略》作为一部在材料收集上颇具口述史性质的地方志，能够为历史上人群间的交流、地区开发的年代以及地方社会史的研究提供极为翔实且多角度的资料。其口述史方法的相关运用也较之前的省级村志更加全面、细致。

3. 记叙单一村庄的专志

最后一类村志亦是数目最多、记叙村庄内容最详的专志。上文介绍的省域村志、县域村志，所记叙的范围涵盖较大地域范围内的乡村，在编纂过程中不可能详尽地介绍某一单独乡村的情况，部分乡村仅仅记录了基本的人口、面积、产业情况。而记叙单一村庄的专志与前两类截然

① 《明史》卷90《兵二·卫所》，中华书局1974年版，第2197—2198页。

② 谈氏父子此例亦能够较好地反映民众记忆与官方记载的差距。谈九畴的事例本见于民国《胶志》中的《官师传》，但《胶州村庄纪略》收录了一些来自民间的重要信息，如之前鲜少被提及的“锦山之捷”，也间接反映了山东地区卫所对万历援朝战争的参与情况（参见民国《胶志》卷17《官师传》，《中国方志丛书·山东省》第69号，成文出版社1969年版；胶州市政协委员会编《胶州村庄纪略》，第225页）。

不同。因其记叙范围压缩至一村之地，其对村庄各方面情况的记录与介绍也十分详尽。

在对口述史方法的运用上，以单一村庄为主体的村志的编修者更为积极、严谨。首先，这类村志成书较晚，距今不过短短数年，面对着日益流失的传统习俗与村庄旧闻，编写者必须依靠村民的口述资料才能支撑起方志内容；其次，近年来的口述史培训亦逐渐丰富，这使得编写者有更多的基础知识储备，能够运用更为规范的采访手段来对本地村民进行访谈，收集资料；最后，以单一村庄为记叙主体的村志，其掌握的文献资料极为有限，以往的县志、省志仅能提供极为有限的基础资料，[①] 村庄内所掌握的文献资料也不过是日常的工作记录与传统家谱，这些文献资料难以记录村庄这一较为微观的主体内民众的民俗、方言以及生活方式，对村庄内非物质文化遗产及近年来民风民俗的记录，必须依靠口述史的方法来实现。

21 世纪以前，以单一村庄为主体的专志并不多见。这一方面是出于村民的文化程度普遍不高，缺乏编修村庄志书的意识；另一方面，即便编修，影响力也极为有限，难免在历史上的动荡时期散佚。因此，21 世纪以前的村庄志多为上级政府组织编修的省域、县域村庄志，涉及村落多，涵盖地域广。

近年来，随着国家对乡村振兴以及乡土文化的重视，单一村庄的村志也有了更为广阔的发展空间。起到最大促进作用的即为 2017 年开始的“中国名村志文化工程”。该工程由中国社会科学院领衔启动，拥有着国家层面的资金支持与宣传帮助。该工程明确了入选项目必须以村或与村级别相同的行政区为单位，这大大激励了以单一村庄为记叙主体的专志的出版。自 2017 年以来，该工程下出版的著作已经有近 30 本，效果显著。[②] 该类丛书的影响力也较前两者更大，其中诸如《中洪村志》

---

① 诸如村庄的土地面积、人口、自然条件等，且县志内对这些信息的更新往往较为滞后。

② 参见中国方志出版社官网，http://fzph.cssn.cn。

等作品甚至被译为英文，远销海外。[①] 在短短四年内，该工程可谓成果丰硕，引领了编修单一村庄村志的热潮。以该工程内的村志为实例，可见村志编修中更为明显、规范的口述史因素。

首先是《中国名村志文化工程实施方案》中，首次明确提出了对口述史资料的运用。[②] "中国名村志文化工程"的编纂要求（即入选条件）中含有"资料"一条，明确提出应当选用"特色资料""鲜活资料"，并在之后解释为"适当使用调查资料和口述资料"。因此，在该丛书的编纂中，口述资料拥有了明确的、相对重要的位置。

其次，以单一村落为核心的村志在编纂体例上存在着使用口述史资料的必要性。在编写时段上，丛书凡例要求"下限断至各村志启动编修年份"。[③] 须知该工程的开展距今不过四年，各村志的内容必然要包括今时今日的名人事迹、店铺产业、文化习俗以及村庄工作流程等。这些当代内容仍旧作为当地的普遍现象存在，很多内容之前未被记录、统计过。因此，出于村志的时段性需求，编纂者必然需要通过走访调查的方式获得口述资料。

此外，村庄主体的微观性决定了以单一村落为核心的村志在记叙主体上的细致性。在论述近现代村庄的产业结构、生活习俗时，往往仅涉及当地的某家知名店铺，或者某位巧手匠人，村志想要捕捉规模如此小的产业、流行范围如此窄的风俗，唯一的办法就是找到当地能够引领风尚的名店名人，获得有关于他们的口述资料。

以《中洪村志》为例，该村地处上海市枫泾镇低洼田地，河湖众多，自然风景优美。在如此优越的自然条件下，当地一贯有发展水产养

---

① 具体事迹请见《〈中国名村志丛书·中洪村志〉英文版在加拿大出版》，https://sghexport.shobserver.com/html/baijiahao/2020/12/23/319317.html。

② 该实施方案原载于中国方志网，http://difangzhi.cssn.cn/zxfw/zxxz/202202/t20220218_5394587.shtml。

③ 详见《中国名村志丛书凡例》，上海市金山区枫泾镇中洪村志编纂委员会编《中洪村志》，方志出版社2017年版，第9页。

殖业的传统，并形成了自己的产业特色。开太鱼文化公司便是当地的典型代表。2012 年以来，该公司在农业科技、水产养殖、产品出口、社会救助方面成就斐然，公司产业规模几乎占到该村水产养殖业的全部。换言之，村志中对开太鱼文化公司的介绍，即是对当地水产养殖业发展现状的介绍。同样的现象还存在于对当地特产的介绍当中。[①]《中洪村志》在论述这些特色产业、地方风俗时，多配以实地探访的图片以及产业负责人的介绍原文。在论述产业协作方式、菜品制作流程时，该村志往往论述极详，显然是对当地的公司、酒店实地探访后获取口述史资料并加以整理的结果。事实上，口述史的访谈方式，也是探寻村庄这一微观主体各方面风貌的最佳方式。

同时，村庄作为最基本的聚落单位之一，在被记录、描绘时，更注重乡村中“人的作用”。自古以来，乡村中个人的意志和行动在改变乡村风貌时往往发挥着显著的作用。这主要是由于乡村社会的微观性与组织便利性。村庄中的乡贤或许可以凭借说教，改变村内三五百户人的固有观念，而县域内的官员或学政则难以做到。基于此，村民或许难以记住县官的名字与事迹，却能靠着口口相传记下百年前乡贤带给村庄的正面作用。因此，以单一村庄为核心的村志，除却描绘村庄的自然环境、产业特色以及宣传本届村党委事迹，必然要认真记录下从古至今给村庄带来巨大贡献的个人。而村庄名人的事迹往往只为本村人所熟知，容易被地方文献忽视，甚至在县志中都少有记载。因此，村志对本村名人的记载，基本需要依靠口述史方法进行，其口述资料或为名人自叙，或为子女代叙。这些记叙都十分短略，主要是突出其对村庄的贡献。[②] 除本村居民外，这些新兴村志还乐于将本地名人与村庄相联系，以塑造当地人民的良好风尚，由此本地名人在相关叙述中自然也成了本村名人行列中的一份子。当然，这种民间交流与人际情感，往往还是依靠村民/名

① 详见上海市金山区枫泾镇中洪村志编纂委员会编《中洪村志》，第 111 页。

② 对村庄的贡献可以是实际的经济贡献，也可能是该村村民在外为村庄赢得的良好名声，比如烈士、清廉官员、成功企业家等。

人的口述资料得以记叙。譬如，著名画家韩和平、吴彤章都因与中洪村的深厚感情，曾在访谈中自称为“中洪村人”，而被列入本地的名人传记之中；[①] 又如中共革命烈士陈添祥因曾在梁堡村开展地下党活动，与当地人民情谊深厚，也名列《梁堡村志》当中。[②] 口述资料不仅能将村庄内的名人事迹重新编排整合，也能够将与村庄联系密切的文化名人、革命先烈纳入村庄的人物记叙当中。

从以上对不同行政区域下村庄专志的分析来看，口述史手段在方志编修上的作用已经开始显现，并在以单一村庄为记叙主体的村志编修中占据了重要地位。无论是对省域内的村志还是县域内的村志来说，口述史的采访手段都是其获取村落信息以及村落人群情况、产业发展的最佳方式。在浙江、江苏两省的省级村志中，每个村落的现代化历程几乎都是依靠对当地村党委人员的访谈成果，而在诸如《胶州村庄纪略》这样记述范围更为精确的志书当中，口述史方法几乎成为唯一的资料来源。

尽管口述史方法在当代地方志书的资料收集中已经做出了突出贡献，然而，通过检视这批具有口述史性质的当代方志，我们也能够发现其中的突出问题。首先是访谈流程的问题。当地的编纂委员会虽然明确了访谈对收集资料的重大价值，但几乎从未公开或规定过访谈流程，甚至仅仅以“据说”“据称”作为访谈资料的表述。[③] 口述史方法中所要求的提前规划、尽可能将问题详细化以及对冲突双方的采访、对受访者周围人员的提示性采访在方志资料收集的过程中均未受到重视。当代方志对访谈的运用策略亦极为粗糙，相当部分是对当地主管人员的采访。这样收集而来的资料，很难被称为当地民众的“集体记忆”，也难以作为可信、准确的口述史资料存在。况且各省/县的访谈原则各

① 上海市金山区枫泾镇中洪村志编纂委员会编《中洪村志》，第298—305页。

② 宁夏回族自治区隆德县奠安乡梁堡村志编纂委员会编《梁堡村志》，方志出版社2017年版，第179—180页。

③ 如《胶州村庄纪略》中的“凡例”便以此作为口述材料的标识（胶州市政协委员会编《胶州村庄纪略》，第5页）。

有不同，规范的制定亦不甚明晰。这大大影响了口述史所收集史料的准确性。

其次，地方志所收集的原始资料并不公开，口述史的原始档案（即访谈成果）均未有附录或任何形式的资料库存放，大众所见到的仅仅是采访后的成果而非采访时的原始记录。这极不利于口述史学者对当代方志的口述史运用展开研究与辨析。

最后，当代方志似乎有流于运用口述史方法收集资料而忽略资料背后价值的趋势。以具备口述史因素的当代村志为例，这些村志在资料收集和整理方面均能够在一定程度上运用口述史的方法，但在这之后则毫无进展，所做的工作多局限于将访谈得来的信息串联成文，以资参考，对村落共同体的实际来源、心态变迁以及其反映的地方社会发展历史并不加以详细的考辨与分析，难以直接对地区的社会史研究提供有益帮助。总的来看，目前的当代方志含有口述史的成分仅仅是访谈资料的大致汇编，对访谈资料的合理运用相对较少，其成果只能被称为口述史方法下收集而来的基本资料，而非口述史著。

因此，目前来看，口述史在地方志编修的实践工作中仅能起到信息收集的作用。而针对地区社会历史的变迁、地区共同体的集体记忆与心理状态，未能够做出更进一步的探讨。而在信息收集层面，口述史在地方志编修上的运用也亟待规范修正。

余论　口述史在地方志编修工作中的原则初探

目前，口述史在地方志编修领域的作用日益突出，基于以上口述史方法在运用中可能面临的问题，或许在未来口述史运用于地方志编修的过程中，需要形成一些各地编纂委员会共同遵守的原则。

首先需要解决的问题是访谈流程。在地方志的编修中，民众共同体的记忆是需要经过各种访谈手段得以较为全面地记录，进而与其他记载和访谈记录多方对照，最终转换为真实可靠的地方文献资料。全国各地的当代地方志需要一个较为标准的访谈指导，需要以口述史的科学方法加以引导，防止地方志的记载由事实流向传言。

其次，对地方志资料收集的访谈应当进行全过程的记录。口述史访谈的要求是最大程度接近历史的真实，尽可能还原事件各方面的细节，辨析当事人的记忆性质。这就需要各地地方志的修纂机构在访谈的过程中保存最原始的录音、笔记、影像资料，并尽可能地向公众、学界开放，使得最初的口述资料能够经受住长期的辨析、检验。

最后，地方志中所展示的信息不应当是访谈所收集信息的简单罗列，还应当对口述资料进行严谨的分析与加工。“尽管人人都可以成为一名采访者，但并非人人都是一名口述史学家。”① 某个村落、某个团体、某个单位的口述材料要想融入地方志中，就必须从中抽取出其间暗含的经济发展状况、人群心态变化甚至整个社会历史的转向。方志中关于口述史的运用不能只是对资料的收集和罗列，口述史学家对访谈资料的分析以及对某一区域社会情况的最终结论，都应当被视作地方志的重要内容。

以上，口述史作为沟通当今与过去的重要桥梁，对探究某一地域下历史、人群共同体、产业变化以及未来趋势的地方志来说显然具有重要意义。口述史能够为地方志提供足够翔实的信息，能够将人民大众的记忆镌刻入当地的官方记载当中，实际上充当了实现地方志以人民为主体的主要手段。目前口述史方法参与地方志的编修工作方兴未艾，未来若由专业的学会或上级政府将口述史在方志中的具体运行流程规范化，使依照口述史学方法收集而来的地域信息都能够被合理、充分地分析与利用，那么，各地方志在实际意义上都将会成为反映当地人民生活基本情况、反映当地区域社会总体概貌的专业著作。

① 〔美〕唐纳德·里奇编《牛津口述史手册》，第20页。

The Significance of Modern Oral History to the Compilation of Contemporary Local Records: Focusing on the Local History of Villages in China

Tan Kai

Abstract: Since its birth in 1948, modern oral history has flourished in less than one century with its unique interdisciplinary nature and modernity. At present, oral history has become an important research discipline to record, explain, and spread the views of members in various fields of the society. In the face of Chinese local chronicles, oral history can transform the scattered social memories with its unique interview methods and wide research fields into reliable public memories, finally makes it a part of the local documents. This paper makes a discussion on the great potential of oral history application to local chronicles compilation and the communication of theories and development trends between the two, and summarizes the specific practice of oral history in the compilation of local chronicles with the contemporary village chronicles as an example. At present, the oral history method is one of the most important ways to transform the local chronicles to the public works; it is the best measure to integrate the collective memory and transform it into authentic information. However, although there are many calls for oral history methods in the compilation of local chronicles, and practices have begun to take shape, there are still many problems such as using improper interview skills, hiding blocked information, neglecting the analysis of the oral materials. Therefore, during the oral history application into local chronicles, attention should be paid to the whole process of data collection and the construction of the database; moreover, on the basis of the collective memory and the development of the basic oral materials, the local chronicles in China should truly become the history told by the local people.

Keywords: Oral History; Local Chronicles; Village Chronicles; Collection of Historical Materials; Historical Theory

中国公共史学集刊　第五集
第232～280页

2021年中国公共史学发展编年

【编撰者】孙乙森，中国人民大学历史学院2020级硕士研究生

【审订者】姜萌，中国人民大学历史学院教授

1月

13日

《澎湃新闻》刊发《大家来做口述史——唐纳德·里奇访谈》。

“福州船政文化口述历史计划”项目组通过邮件对唐纳德·里奇进行了采访。采访内容包括里奇的学术经历，他对口述史、公共史学与学院派史学间关系的看法及对“口述史研究范式转移”的思考，等等。

19日

现场体验式纪录片《重走古战场·第一季》（10集）由央视国防军事频道播出。

本季围绕中国历史上的三场战役展开，分别讲述汉末的赤壁之战、南宋初岳飞抗金的牛首山之战、蒙古和金的野狐岭之战。

20日

深圳市政协启动第四季《深圳口述史》。

深圳市政协召开第四季《深圳口述史》征编工作部署会。此次征编计划精选100名在深圳科技与法治两大领域发挥重要作用、做出突出贡献的各界人士，讲述他们“亲历、亲见、亲闻”的科技与法治故事。

微信公众号“学人scholar”发表对张宏杰的访谈——《大众读史

意义重大，可能直接影响现实生活》。

访谈内容包括张宏杰写作《曾国藩传》的心路历程、他对大众读史的看法以及他认为学人研究历史应该有新鲜感等。

23 日

荣宏军主讲的《翰墨风雅苏东坡》（8 集）在央视科教频道《百家讲坛》栏目播出。

荣宏军选取苏东坡传世的书画作品为讲解对象，丰富了苏东坡的艺术形象与生命厚度。通过他的讲述，这些书画在传承过程中所遭遇的艰辛得以为观众所知晓。

25 日

历史纪录片《中国新疆之历史印记》（8 集）由央视综合频道播出。

该片以编年体史诗的形式，全景式讲述中国新疆的历史。涵盖“新疆地方史、民族发展史、宗教演变史、文明融合史”四大历史主题。

30 日

燕京书评发布《陆扬：现代历史学的困境，如何向大众讲述历史的复杂》。

该文据陆扬 2021 年 1 月 15 日在北大博雅讲坛所做讲座整理而成。内容涉及现代历史学的演进、历史学与现实的关系、个体在历史中的作用、历史学在现代知识体系中的形成和基本规则等。

31 日

李纯主讲的《如果古建筑会说话·第一部》（1—11 集）在央视科教频道《百家讲坛》栏目播出。

讲座选取皇宫、太庙、国子监等古建筑，解读蕴含其中的历史内涵与中华文化传承。

世界遗产揭秘互动纪实类节目《万里走单骑》（12 集）由浙江卫视每周日晚播出。

单霁翔带领嘉宾团亲身探访中国世界遗产地（在申地），与当地人文学者、申遗专家、挖掘者、保护者、研究者、居住者等“身边人”相遇、同行、对话，呈现世界遗产的魅力，展现其丰富的历史、文化内涵。

是月

邓小南等著《宋：风雅美学的十个侧面》由生活·读书·新知三联书店出版。

该书基于《三联生活周刊》推出的宋朝美学音频课“我们为什么爱宋朝——宋朝美学十讲”的讲稿整理润色而成。全书以文化和审美为经纬，分别从国势、理学、书法、宋画、宋词、宋瓷、名物、茶事、雅集等十个侧面，编织宋代文人的生活美学指南，立体呈现宋人丰富的精神世界，以及千年不坠的艺术传统。

葛剑雄著《不变与万变：葛剑雄说国史》由岳麓书社出版。

该书作者通过选取中国历史中的特定关键词，对古代中国的人口、经济、政治体制、人物、地理进行以点带面式的描述与讲解。

赵冬梅著《法度与人心：帝制时代人与制度的互动》由中信出版社出版。

该书基于作者在喜马拉雅开设的《冬梅讲国史》音频节目的相关部分整理润色而成。全书分为政治制度、政治文化与史学著作精读三个板块。作者一改制度叙事的严肃刻板印象，以轻松明快的方式来思考制度变迁，理解历代制度之得失，并分别从国家故事、群体故事、个体故事讲述制度在与不同层面的人的互动中产生的关系。

周思成著《隳三都：蒙古灭金围城史》由山西人民出版社出版。

该书以蒙金战争期间几场重要的围城战为主线，作者运用通俗流畅的笔法完整呈现了金国从组织抵御到君死国灭的全过程，寓金国的治乱兴衰缘由于叙事之中。

全根先、蒋重跃访问整理，刘家和口述《丽泽忆往：刘家和口述史》由商务印书馆出版。

该书展示了一位博古通今、融贯中西的历史学家92年的学术人生，也以大历史中的个人视角，反映了20世纪30年代以来的中国社会的历史变迁。

胡庆超主编《民间影像》（第十辑）由同济大学出版社出版。

李浩等访问整理《城·事·人：城市规划前辈访谈录》（第六辑）由中国建筑工业出版社出版。

马勇虎主编，陈文苑编著，方云金口述《徽州石雕（石笛）制作技艺传承人方如金口述史》由黄山书社出版。

马勇虎主编，胡克春编著，曹阶铭口述《歙观制作技艺传承人曹阶铭口述史》由黄山书社出版。

张龙翔著《八十年来翰墨缘：米景扬口述》由北京出版社出版。

红河州委员会政协文化文史和学习委员会、红河州归国华侨联合会编著的《红河州归侨口述史》由中国文史出版社出版。

全根先在《图书馆理论与实践》2021 年第 1 期发表《口述史学与图书馆文献开发》。

刘东亮在《图书馆理论与实践》2021 年第 1 期发表《图书馆口述史、影像史资源整理利用与公共服务研究——以国家图书馆中国记忆项目为例》。

刘东亮在《高校图书馆工作》2021 年第 1 期发表《非物质文化遗产传承人口述史的文化意义解释——基于“文化记忆”的研究视角》。

常卓航在《安阳工学院学报》2021 年第 1 期发表《口述史在红旗渠精神研究中的价值及实现路径》。

高建辉在《楚雄师范学院学报》2021 年第 1 期发表《文化传承视角下少数民族口述历史资料数据库建设策略研究》。

金戈在《文物天地》2021 年第 1 期发表《进士家族后人口述历史采访的实践及其思考——以阮元后人访谈为例》。

祁润钊等在《城市规划》2021 年第 1 期发表《近 20 年国内城乡遗产保护公众参与研究评述》。

桑培虎在《体育文化导刊》2021 年第 1 期发表《口述历史推进体育类博物馆创新发展研究》。

申彦舒在《湖南人文科技学院学报》2021 年第 1 期发表《国外非物质文化遗产保护研究及启示》。

郭爽在《四川戏剧》2021 年第 1 期发表《音乐院校图书馆口述历

史资源建设路径探索》。

万平、尹文钱在《四川戏剧》2021 年第 1 期发表《川剧艺术家口述史（梅花奖得主卷）之何苓篇》。

万平、吕佳音在《四川戏剧》2021 年第 1 期发表《川剧艺术家口述史（川渝中青年卷）之蔡少波篇》。

危静、郭东辉在《黄河之声》2021 年第 1 期发表《歌满人生——通道侗族琵琶歌省级传承人吴永春口述史》。

吴琼在《北京联合大学学报》（人文社会科学版）2021 年第 1 期发表《后现代视野下的影像史学——兼论“Historiophoty”在中国史学语境的实践与发展》。

张波等在《天津体育学院学报》2021 年第 1 期发表《经验，反思，启示：新中国 70 年中国女排发展历程口述史研究》。

2 月

4 日

李娜在牛津大学科技、医疗与技术史中心举办的“公共领域的历史学家”会议发表《历史、记忆与政治：公众史学在中国》报告。

5 日

宁波大学公众史学研究中心举办“公众单位史编纂模式”研讨会。

12 日

历史纪录片《书简阅中国》（6 集）由央视纪录频道播出。

本片从小人物、爱情、友谊、人生智慧、家风、家国这六个温暖而热血的角度出发，精心筛选了 30 封古人的书信。每五封信诠释一个共同的主题。从这 30 封书信中，观众可以窥见不同历史时期的世事百态，体味中国文化之气度情怀，同时引发对于当下的关联性思考。

历史文化类综艺真人秀《典籍里的中国》（11 集）由央视综合频道首播。

18 日

夏燕靖在《社会科学报》发表《口述史的价值在于追忆亲历的历史》。

25 日

李纯主讲的《如果古建筑会说话·第一部》（12—16 集）在央视科教频道《百家讲坛》栏目播出。

是月

《西湖》2021 年第 2 期刊登葛剑雄专访《历史最高的道德，就是追求真相（上）——专访葛剑雄》。

葛剑雄在专访中发表了对史学和公共史学的看法，认为中国历来重视历史知识的运用，不必刻意突出“公共史学”概念问题。《西湖》2021 年第 3 期刊登了下集。

杜嘉慧在《传媒论坛》2021 年第 4 期发表《新媒体时代的历史书写——从〈明朝那些事儿〉到公众号铲史官》。

杜亚雄在《音乐创作》2021 年第 1 期发表《三十九年前的口述史——王洛宾先生访谈录》。

郭晓婉在《图书馆研究与工作》2021 年第 2 期发表《口述历史的影像呈现在图书馆的发展实践与思考》。

谭亮、黄娜在《图书馆工作与研究》2021 第 2 期发表《网络环境下美国图书馆口述历史法律与伦理保护研究——基于对 15 家美国图书馆的调查》。

李慧波、王玥、尹柯柯在《晋图学刊》2021 年第 1 期发表《新世纪 20 年：我国图书馆口述史理论与实践的发展趋势》。

王成文在《喀什大学学报》2021 年第 1 期发表《略论传承人口述史的基本特征》。

张强、肖杨新在《成都大学学报》（社会科学版）2021 年第 1 期发表《国家非物质文化遗产项目四川竹琴口述史》。

赵燕玲在《韶关学院学报》2021 年第 2 期发表《口述史在地方院校历史教学中的应用探析》。

庄瑜在《世界教育信息》2021 年第 2 期发表《致力于文化遗产保护的青少年教育——澳门博物馆业的实践与启发》。

3 月

3 日

历史纪录片《留法岁月》（4 集）由央视纪录频道播出。

该片讲述了自 1919 年春至 1921 年初，1800 余名留法勤工俭学学生在远离中国的法兰西土地上奋斗的故事。

8 日

党史微纪录片《红色档案》（100 集）由央视新闻频道播出。

全片共分为十一个系列："恰同学少年""信仰的召唤""一封家书""狱中纪""为有牺牲多同志""领袖的致敬""革命的爱情""以人民为中心""共产党员的修养""家风明鉴""永远在路上"。

18 日

历史纪录片《佐尔格的绝密使命》（2 集）在央视中文国际频道《国家记忆》栏目播出。

22 日

历史纪录片《一九四九中苏建交》（5 集）在央视中文国际频道《国家记忆》栏目播出。

历史人物纪录片《王阳明》（5 集）由央视科教频道播出。

25 日

历史人物纪传体剧情式纪录片《敦煌：生而传奇》（5 集）由腾讯视频线上播出。

该片讲述从大汉到晚唐时期众多历史人物的传奇故事，探究敦煌如何从一个偏僻的边陲小镇变成国际商业枢纽、世界上最伟大的艺术和宗教中心之一，并解读它成为丝绸之路著名节点、世界文化遗产地的原因。

29 日

施好音在《澎湃新闻》发表《〈觉醒年代〉：呈现历史的复杂性和多面向》。

30 日

历史人物纪录片《陈嘉庚与百年厦大》（3 集）在央视中文国际频道《国家记忆》栏目播出。

31 日

由中国人民大学历史学院、教务处、明德书院联合举办的“中国古代物质文化常识”系列讲座第二季启动。

系列讲座共有 7 场，分别涉及古代中国的印本书籍、瓷器、烹调、农具、城市、兵器和服饰等物质文化。

是月

蒋竹山著《看电影　学历史》由上海人民出版社出版。

作者在其讲授多年的“电影与社会”课程基础上，撰写了《This way 看电影：提炼电影里的历史味》（蔚蓝文化出版股份有限公司 2016 年版），影响颇大。《看电影　学历史》即是前者的简体字版。该书以电影为引子，展开 23 堂生动的历史课。时而抽绎历史片段，探究物质文化与日常生活、感官与历史记忆之间的关系；时而延伸触角，聚焦全球史、战争史、性别、环境、大众史等前沿热点。

姜师立著《活在大运河：大运河如何影响老百姓的生活》由中国地图出版社出版。

该书从大运河与服装、饮食、居住、交通、教育、农业、手工业、商业、文学艺术、民俗、宗教信仰和旅游等诸多领域，多视角叙述了大运河文化产生、发展、演变的过程，全方位展示了大运河文化的源远流长、博大精深和丰富多彩。该书分为 12 章，作者从衣食住行、士农工商、文旅信礼等方面将大运河对百姓生活的影响娓娓道来。

李菁著《走出历史的尘烟》（上、下册）由团结出版社出版。

该书是《三联生活周刊》品牌栏目“口述”的结集。既保留了《三联生活周刊》“文化性与新闻性并重”的显著特色，又加以创新，从个人史的角度对人们或熟悉或陌生的历史进行了丰富书写。该书提及的文化、历史名人，对中国现当代社会均有重大影响：中缅印战区美军总司令史迪威、民国人士张伯驹、一代报人王芸生等。在叙述细节的挖掘上，每个人的故事既展现出各自的性格与际遇，又透露出大时代下人们命运的共性。

荣新江等著《唐：中国历史的黄金时代》由生活·读书·新知三联书店出版。

该书基于《三联生活周刊》推出的音频课“我们为什么爱唐朝——黄金时代的十个侧面”的讲稿整理润色而成。本书从全球视野和文明的角度来理解唐帝国，在吸纳近数十年考古发现和学术研究成果的基础上，翔实而活泼地讲述唐代的政治文明、物质生活和审美风尚，并通过佛教、诗歌、乐舞、书画等主题，立体呈现唐人丰富的精神世界，以及千年不坠的伟大传统。

李时新著《重生——湘江战役失散红军记忆》由漓江出版社出版。

该书作者以1978年广西相关调查组收集整理的采访实录，以及他于长征胜利60周年、70周年、80周年对掉队红军、红军后代的亲访为基础，以口述实录的形式，记录22个湘江战役失散红军的从军故事。

周琼主编《区域环境志：理论、方法与实践》由中国社会科学出版社出版。

该书紧紧围绕“环境志”主题，以口述史的理论、方法与实践为切入点，从环境志研究的理论与方法，环境志史料的收集、整理与运用，环境志个案研究，口述记忆中的滇池环境变迁，滇池环境变迁与城市生态文明建设，“滇池模式”与高原湖泊治理研究等6个方面，深入探讨环境志和口述史研究中的选题、对象、方法、规程、成果等诸多内容和问题，努力做到重构历史真实、展现全面历史、打造口述史品牌，以期进一步推动环境史研究的发展。

《史豆豆历史奇遇记》（6册）由广西师范大学出版社出版。

该丛书由陈新领衔的创作团队创作，按照历史时间与人物特点划分为《上古风云》、《王朝兴衰》、《春秋乱世》、《傲骨名臣》、《诸侯称霸》和《群雄崛起》。作者以《史记》为蓝本，挑选经典情节以白话文进行编写、解读，图文并茂地展现从远古至战国的历史。

毛帅、张小李编著《我去故宫看历史》（4册）由北方文艺出版社

出版。

该书以时间为线索，以故事的形式向读者呈现了故宫发展的历史长卷。囊括从明成祖兴建紫禁城到末代皇帝溥仪退位共约五百年的故宫历史变迁。

王道著《流动的斯文：合肥张家记事》由浙江大学出版社出版。

该书是作者王道翻阅众多资料，奔访经年，辗转数地而写就。他以口述人为基点，以人物变迁为经纬，以坚持和冲突、秉性为戏剧点，配以三百多张图片，再现了合肥张家百年来的历史变迁。

李晓雪、高伟编著《壶中九华——英石假山研究与口述实录》由东南大学出版社出版。

赵声良主编《敦煌壁画艺术精品》由中国书店出版。

冯国权在《文献与数据学报》2021 年第 1 期发表《图书馆三线建设口述史资源收集与整理》。

郝胜在《戏剧之家》2021 年第 8 期发表《意大利文化遗产保护政策及对我国的启示》。

胡鸿宝在《青海民族大学学报》（社会科学版）2021 年第 1 期发表《口述史之难：品读祁进玉〈历史记忆与认同重构——土族民族识别的历史人类学研究〉》。

匡立波、周双娥在《当代教育理论与实践》2021 年第 2 期发表《论口述史的爱国主义教育价值及其实现路径》。

李秋生在《中国民族博览》2021 年第 5 期发表《口述史实践运用于地方非物质文化遗产传承人保护研究》。

仇峥在《新闻研究导刊》2021 年第 5 期发表《论新闻采写技巧在口述史中的应用》。

屈健、刘艳卿在《云南艺术学院学报》2021 年第 1 期发表《历史的声音：口述史方法与 20 世纪中国美术研究》。

曲直圆在《传媒论坛》2021 年第 6 期发表《探讨记忆在口述历史中的核心地位——以〈二手时间〉为例》。

田义贵等在《四川戏剧》2021 年第 3 期发表《川剧艺术家口述史

（川渝中青年卷）之陈曼篇》。

王凯、蒋国勇在《浙江档案》2021年第3期发表《基于乡村记忆工程的口述历史应用研究》。

张诗阳在《大学图书情报学刊》2021年第2期发表《赓续文化记忆：公共图书馆参与数字人文与口述历史的实践与启发》。

4月

2日

历史微纪录片《无声的功勋·第一季》（30集）由央视纪录频道播出。

该片聚焦奋斗在隐蔽战线上的中国共产党英雄人物，讲述他们在隐蔽战线上经历的云谲波诡。

3日

历史纪录片《刺刀下的劳工》（5集）由央视纪录频道播出。

该片全景式讲述抗战期间被强掳赴日的四万多名中国劳工的故事。

历史纪录片《绝笔》（6集）在央视中文国际频道《国家记忆》栏目播出。

影片以“英雄绝笔”为主题，讲述14位为了革命事业牺牲的英烈的故事。

8日

党史纪录片《风云江城——1927中共中央在武汉》（4集）由央视国防军事频道播出。

10日

苏升乾主讲《画说中国故事》（12集）在央视科教频道《百家讲坛》栏目播出。

11日

“新时代中国马克思主义口述历史的新趋向学术研讨会”在南京市江苏省委党校举行。

活动由中国社会科学院历史理论研究所、中华口述历史研究会、江苏省历史学会、中共江苏省委党校联合主办。

12 日

历史纪录片《红色热土》（4 集）在央视中文国际频道《国家记忆》栏目播出。

该片聚焦共产党人在广东的革命斗争历程，反映了中共三大、国共创建黄埔军校、海陆丰农民运动、东纵抗战等历史事件。

19 日

纪录片《百年巨匠·建筑篇》（8 集）由云南卫视播出。

该片聚焦詹天佑、茅以升、梁思成和杨廷宝四位近现代中国工程领域的开创者和奠基人，展现他们不凡的人生历程及卓越的学术造诣。

22 日

马茂军主讲《宋朝那些人和事儿·第一部》（17 集）在央视科教频道《百家讲坛》栏目播出。

26 日

历史人物纪录片《初心·李大钊》（3 集）在央视中文国际频道《国家记忆》栏目播出。

29 日

历史人物纪录片《科学巨匠李四光》（2 集）在央视中文国际频道《国家记忆》栏目播出。

是月

赵冬梅著《人间烟火：掩埋在历史里的日常与人生》由中信出版社出版。

该书基于作者在喜马拉雅开设的《冬梅讲国史》播音节目的相关部分整理润色而成。作者深入浅出地解读了中国古代的日常生活史——从古人的衣食住行到行走坐卧，并对历史中个体命运的境况进行了深入观照。

孙晓飞著《繁盛与衰败：3000 年帝国都城变迁史》由陕西人民出版社出版。

该书作者运用空间生产理论，跳出线性描述历史的窠臼，从空间创造视角，逐一解读咸阳、西安、洛阳、开封、杭州、南京、北京这7座历朝古都3000年间在地理位置选择、城市布局、城市管理及城市建筑、城市文化等方面的发展历程，历数每座都城别具特色的文化风情，及其承载的中华文明的兴衰、传承与变迁。

叶言都著《中国从此走向大唐：南朝的遗产》由天地出版社出版。

全书分为6章，作者对南北朝长期对峙的历史背景、南朝的社会结构、宫廷斗争及精英文化进行了通俗叙述。

叶言都著《中国从此走向大唐：北朝的遗产》由天地出版社出版。

该书共分为6章，聚焦政治与军事层面。作者用通俗的语言大致勾勒了从北魏草创至隋朝建立140余年的历史。

游彪著《追宋：细说古典中国的黄金时代》由天地出版社出版。

该书主要从国家顶层制度设计和宋代文明成就两个维度进行专题式阐述。前者围绕宋代传统国策以及一系列关键制度设计展开叙述，包括“重文轻武”的价值取向，政治制度的演进，教育和科举制度的建立，法制体系和经济制度的完善，等等；后者则聚焦社会和文化领域的文明成就，如对后世影响深远的宋学的形成演进，两宋文学的大放异彩，高度发达的科学技术和宋代史学，灿烂辉煌的艺术成就，等等。

吴钩著《宋潮：变革中的大宋文明》由广西师范大学出版社出版。

作者综合各说，尝试为中国的近代化的时间开端提供一种合理解释。在书中，作者仔细考察了25项极具近代化特征的宋朝文明表现，呈现宋朝在市政、人文、经济、政治、司法等5个领域出现的种种近代化端倪。

郑小悠、橘玄雅、夏天著《九王夺嫡》由山西人民出版社出版。

该书完整叙述康熙末年夺嫡纷争的成因、过程、结果，以及这场残酷争夺在雍正、乾隆年间的后续影响。作者除了从专业视角对其加以考量，还加入了他们对文学、影视剧流行说法的解读，以及对普通读者兴趣点的反馈，希望借此架起学术研究与公众认知的沟通桥梁。

刘亚秋著《口述、记忆与主体性：社会学的人文转向》由社会科学文献出版社出版。

该书从口述史与社会记忆视角进一步探索中国人的精神世界的社会性特征，并提出“关系型记忆”和“义务型记忆”的概念，在一定程度上展现了中国人精神世界的结构性特征。

“铲史官”编绘《漫画中国史》由世界图书出版公司出版。

该套书共 5 册，是历史大号“铲史官”及其团队多年积累的作品。该作品以漫画的形式表现中国通史，以有趣味的人物设定、场景、语言和简单明了的知识图解为卖点。

吴双涛、潘兴祥编著《浙江省国家级非物质文化遗产代表性传承人口述史丛书·王阿牛卷》由浙江摄影出版社出版。

顾良辉、张伟编著《五道口纪事（1981—2012）》由清华大学出版社出版。

杭州市政协文化文史和学习委员会、杭州市茶文化研究会联合编著《龙井寻踪：西湖龙井茶人口述史料》由杭州出版社出版。

李自若等编著《岭南传统建筑装饰工艺匠作口述实录》由东南大学出版社出版。

董琳等在《中国医院》2021 年第 4 期发表《北京协和医院老专家口述历史项目探索与实践》。

金祯耀、张淑玲在《影视制作》2021 年第 4 期发表《口述历史纪录片视听语言探析——以〈二十二〉为例》。

梁运过、韩云龙在《传播与版权》2021 年第 4 期发表《我国公众史学传播中的问题及对策研究》。

李涛等在《戏剧之家》2021 年第 12 期发表《基于口述考察视角下的非物质文化遗产传承与保护——隆尧秧歌戏七十年发展轨迹与现状》。

王颖在《上海广播电视研究》2021 年第 2 期发表《档案视角下影像“口述历史”采集原则初探》。

王懿辉、姚霏在《现代医院管理》2021 年第 2 期发表《医学口述史在医院文化建设中价值和策略研究》。

肖唐金、肖志鹏在《贵州民族大学学报》（哲学社会科学版）2021 年第 2 期发表《口述史研究及其在中国少数民族地区的应用》。

郑京辉、吕书额在《历史教学问题》2021年第2期发表《口述史在高校“四史”教学中的应用与实践》。

5月

1日

冯立在《文汇读书周报》发表《观“影”学“史”，穿透历史表象》。

3日

纪录片《大国粮仓》（10集）在央视中文国际频道《国家记忆》栏目播出。

9日

丁万明主讲《评说〈资治通鉴〉·第三部》（20集）在央视科教频道《百家讲坛》栏目播出。

13日

博物类历史纪录片《新鲜博物馆之进击的大秦》（7集）由腾讯视频线上首播。

17日

历史纪录片《屯垦天山下》（5集）在央视中文国际频道《国家记忆》栏目播出。

18日

党史纪录片《山河岁月·第一季》（22集）由央视综合频道播出。

该片以讲故事的方式展示中国共产党百年来取得的非凡成就。第一季涵盖中国共产党建党前后到西安事变之前的历史事迹。

历史、考古类节目《隐秘的细节·第一季》由河南卫视播出。

该季节目聚焦商周文明，结合地理数据重现商周地域的地理地貌、经济民生，并邀请文化历史学者葛剑雄、吴伯凡、王永生等对商周文明进行讲解梳理。

24日

历史纪录片《抗日地雷战》（2集）在央视中文国际频道《国家记忆》栏目播出。

26 日

纪录片《东湖往事》（3 集）在央视中文国际频道《国家记忆》栏目播出。

该片以武汉为坐标，以东湖为圆心，通过运用大量历史珍贵资料，展示了中国共产党成立百年以来在武汉激荡起的历史风云。

28 日

“第四届中国建筑口述史学术研讨会暨工作坊”和“建筑学术论坛”在青岛理工大学召开。

29 日

纪录片《九零后》登录全国院线。

影片邀请了杨振宁、许渊冲、潘际銮、杨苡、王希季、马识途等 16 位平均年龄超过 96 岁的“90 后”专家学者，让他们向观众亲口讲述西南联大师生教书救国、读书报国的故事。

是月

上海三联书店推出向敬之“清史四书”系列。

该系列由《大清定局》《明清破局》《康熙奇局》《雍正迷局》四本书组成。该系列书系定位是有趣、有料、有思想、有味道、有方式。作者力求凭借一手史料，以大量清宫剧细节为切入点，秉持鲜明的怀疑精神，追寻历史现场的细节，解析清史背后的隐秘。

林发钦主编《百年节诞：澳门庙宇文化口述历史》由广西师范大学出版社出版。

该书对澳门土地诞、包公诞、北帝诞、妈祖诞、鱼行醉龙节、浴佛节、谭公诞、哪吒诞、鲁班诞、观音诞、关帝诞、康公诞、华光诞等 13 种百年节诞活动进行了介绍。作者通过对相关庙宇的庙祝或有关负责人的深入访谈，鲜活地展现了澳门庙宇文化及百年节诞的历史与现况。书中附有大量节诞活动及庙宇图片，书末所附访谈主题、叙述者名单、访谈日期和地点等“口述历史资料”，为难得的第一手资料。

陈鑫采访整理《一个教书人的心史：宁宗一九十口述》由中国大百科全书出版社出版。

该书为南开大学教授、中国古典小说戏剧研究专家宁宗一先生的口述历史。全书共十二章。在访谈中，宁宗一先生秉持真诚、良知和反思的精神，深情回忆了20世纪三四十年代在乱世变局中的童年记忆与少年求学经历，以及1950年考入南开大学后70年来的命运沉浮和心路历程。

赵琳、贾超主编《地方记忆与社区营造》由同济大学出版社出版。

该书辑录了第四届中国建筑口述史学术研讨会的主要论文，其中包括建筑考古口述史、建筑遗产保护口述史、现代建筑与地方城市建设口述史、传统匠作记述与研究、建筑口述史的理论与方法探讨等。

周晓虹主编《重建中国社会学：40位社会学家口述实录（1979—2019）》由商务印书馆出版。

该书旨在通过访谈自中国社会学恢复与重建以来成长起来的40位华人社会学家——苏国勋、周晓虹、边燕杰、赵鼎新、周雪光、林南、谢宇、叶启正等人，探索中国社会学40年来的重建之路、本土化方向、对中国社会变迁及改革开放的认识等。

丁晨楠著《海东五百年：朝鲜王朝（1392—1910）兴衰史》由漓江出版社出版。

该书以14世纪晚期以来东亚与朝鲜内部发生的重要历史事件为线索，讲述朝鲜王朝及其与明清两朝的往事。

刘羽权著《天变不足畏：王安石变法的细节》由江苏凤凰文艺出版社出版。

该书以通俗讲史的方式，叙述王安石变法这一历史事件的前因后果，并将作者自身的观点寓于叙事之中。

周韶西、周炜主编《西藏翻身农奴口述史》（4册）由中国藏学出版社出版。

该书通过对十二位从事不同职业的西藏翻身农奴的访谈，反映了昔日藏区及农奴的历史。

孔勇在《史学理论研究》2021年第3期发表《口述文本之形成与真实性辨析——以〈孔府内宅轶事——孔子后裔的回忆〉为例》。

文章认为孔德懋回忆口述、柯兰整理写成的《孔府内宅轶事——孔子后裔的回忆》披露的诸多“轶事”不乏失实之处，影响了其史料利用价值。它们更多折射出口述者对历史事件的当下认知，而非历史事实的原貌呈现，但也由此揭示了新的“历史事实”。

侯胜川著《口述闽都民间武术》由海峡文艺出版社出版。

刘秋梅编著《潮州木雕的传承与创新：非遗传承人访谈录》由暨南大学出版社出版。

张建庭主编《我的西湖：值得记住的昨天那些事》由西泠印社出版社出版。

曹龙飞在《武术研究》2021 年第 5 期发表《武术家口述史研究述评》。

邓燕平在《西亚非洲》2021 年第 3 期发表《巴勒斯坦的口述历史、集体记忆与民族认同》。

高冕、封丽在《图书馆学研究》2021 年第 10 期发表《美国高校口述历史教育实践特色及启示研究》。

吉差小明在《内蒙古财经大学学报》2021 年第 3 期发表《口述史视域下彝族古歌保护与传承研究》。

梁立佳在《北华大学学报》（社会科学版）2021 年第 3 期发表《“非师范类”院校之公共史学课程建设》。

刘东亮在《图书馆》2021 年第 5 期发表《图书馆口述史影像资源建设的实践探索与应用服务策略——以国家图书馆学者专题为例》。

刘雪贝等在《西部学刊》2021 年第 9 期发表《口述史视域下的铁道兵转型研究》。

钱茂伟在《河南师范大学学报》（哲学社会科学版）2021 年第 2 期发表《当代公众历史记录：由人的生活存在而文本存在》。

宋本蓉在《中国非物质文化遗产》2021 年第 3 期发表《为记忆留声——国家级非遗代表性传承人记录工作口述史的实践和思考》。

王钰等在《兰台内外》2021 年第 15 期发表《国外口述历史数据库建设特点与启示》。

吴晨翔在《视听》2021 年第 5 期发表《民族志电影中的主体表述：

抗争、景观与民族记忆》。

杨文昊在《文化遗产》2021 年第 3 期发表《从学科交叉到交叉学科："非遗"口述史客观性问题再认识》。

詹德优等在《图书情报知识》2021 年第 3 期发表《在珞珈山上与图书馆学结缘五十年——詹德优教授口述史访谈》。

赵亚峰在《艺术与民俗》2021 年第 2 期发表《非遗项目口述史整理的实践与反思》。

6 月

5 日

"第八届中国公众史学研讨会暨浙江省家谱编修标准研讨会"在宁波顺利召开。

6 日

"汉藏艺术交流与铸牢中华民族共同体意识研讨会暨 2021 年中国唐卡传承人口述史工作坊"在中央民族大学召开。

7 日

历史纪录片《蚂蚁岛的奋斗》在央视中文国际频道《国家记忆》栏目播出。

12 日

纪录片《百年巨匠·非遗篇之百年紫砂》（3 集）由云南卫视播出。

14 日

历史纪录片《中国战机——歼八奋飞》（4 集）由央视国防军事频道播出。

该片讲述了新中国真正意义上第一款自主研发战机——歼八的故事，回顾中国航空工业从"仿制时代"迈向"自研时代"的历史。

历史纪录片《人民的选择》（20 集）在央视中文国际频道《国家记忆》栏目播出。

该片以历史和人民为何选择了中国共产党这一视角，反映了中国共产党在历史洪流中脱颖而出，团结带领人民浴血奋战 28 年，推翻三座大山，实现民族独立、人民解放的伟大历史进程。

20 日

党史纪录片《敢教日月换新天》（24 集）由央视综合频道播出。

22 日

党史纪录片《青春龙华》（3 集）由上海东方卫视播出。

该片以“青春的觉醒”“理想的浪潮”“信仰的守望”三部分铺展开建党早期的历史画卷，把龙华书写成一个过去与未来的交叉点。

26 日

口述历史纪录片《共和国医者》（25 集）由北京电视台生活频道播出。

该片围绕 1921—2021 年数个重大历史节点开展抢救式记录，独家采访了 50 位平均年龄近 96 岁的医务工作者，深度呈现了他们一生与党共进退，用热血与求知铺就救治之路的感人故事。

28 日

党史纪录片《诞生地》（5 集）由上海东方卫视播出。

该片以“空间”为线索，通过介绍坐落于上海的红色遗址，串联起党史上发生在上海的具有开创性和深远影响的标志性事件。

是月

许宏著《最早的中国：二里头文明的崛起》由生活·读书·新知三联书店出版。

该书讲述了二里头遗址的考古发掘故事，带领读者回到距今三千七百多年前的中原腹地，一览当时东亚最早的广域王权国家的样貌。

许宏著《东亚青铜潮：前甲骨文时代的千年变局》由生活·读书·新知三联书店出版。

礼乐制度是中国文化的精髓，青铜礼器是中国礼乐文明的载体和标志，承载了丰富的精神内涵。在书中，作者梳理了中国距今六千多年至三千多年从原始铜合金到红铜、青铜的考古发现，捋清了在甲骨文发现之前一千多年青铜技艺发展的脉络，勾画了东亚大陆青铜文明画卷的卷首，追溯“青铜中国”的肇始。

蒙曼著《顺着历史学古诗》由北京联合出版公司出版。

该书在全面厘清中国历史与诗歌流派的基础上，按照中国历史的发展顺序，精心设计了6个板块——春秋战国、秦汉、三国两晋南北朝、隋唐、宋、元明清，挑选了30首古诗进行历史性解读，并关联了100余首经典诗篇。

路卫兵著《金瓯破：十六国136年兴衰史》由中国大百科全书出版社出版。

该书描述了304—439年十六国时期的这一段历史。该书分背景篇、内乱篇、冲突篇、转折篇、火并篇、谢幕篇六大部分，并附有尾声和十六国大事索引。作者从历史、文化、社会等方面勾勒出十六国时期的历史画卷。该书在2010年曾以《五胡乱：狼性英雄总动员》为名由法律出版社出版。

赵益著《两宋党争：大宋帝国的衰亡》由江苏人民出版社出版。

该书从兴起于北宋中叶的变法运动入手，用通俗流畅的笔触叙述了北宋如何在变法引起的新旧党争之下走向崩溃、南宋在战火中重建却又在蒙元铁蹄下无奈走向崩溃的全过程。

夏维中著《崇祯的王朝》由江苏人民出版社出版。

该书以史实为基础，以历史大事件的发展作为叙述主线，以深入浅出的文学化笔法来描绘大明帝国衰亡过程并揭示其内外根源。

铁流著《靠山》由人民文学出版社出版。

该书全景式地呈现了革命年代尤其是抗日和解放战争时期人民群众踊跃支前的动人场面。作者自2007年3月开始，做了长达数年的深入采访和搜集资料工作，采访了战争年代尤其是抗日战争和解放战争的支前模范和他们的后人达数百人，记录笔记上千万字，搜集资料上亿字。

游彪著《问宋：赵宋王朝内政外交的得与失》由天地出版社出版。

该书采用点面结合的方式，从宋初“祖宗家法”的确立，到崖山之战南宋灭亡，选取最能反映各个时期政治特点的人物和事件，寓论断于叙事，由表及里地勾勒宋朝各时期的时代大势、权力结构和政治主题，此外旁及学术与政治的互动、宋朝与周边少数民族政权的关系等。作者试图由此深入浅出地阐发各时期内政与外交的得与失，把握两宋政治演变的内在逻辑。

婴父著《二七塔：一座城市的精神造像》由河南文艺出版社出版。

该书通过社会学调查和口述史研究的方法搜集资料，多维度地探寻了一座建筑、一件公共艺术品的来龙去脉，描述了行政力量、社会思潮、建筑师、普通市民和其他各种专业人士在公共艺术生产中的地位和作用方式，介绍了一个城市地标的创意、设计、构建和解读、追认以及后续开发利用的过程。

张生编著《我的学术道路：林其锬先生口述历史》由复旦大学出版社出版。

张正贵、尹松健著《国韵瑰宝：中国梨园大家影画传（杜近芳卷）》由黑龙江美术出版社出版。

蔡媛媛、谭贻丹著《绵竹木版年画传承人口述史》由西南财经大学出版社出版。

陈曲、王志清著《个人记忆与文化变迁：赫哲族口述史》由四川大学出版社出版。

李菲、黄书霞等编著《大艺微言：蜀中人话蜀锦》由四川大学出版社出版。

李钧、李伯文著《为有岁月可回首：陈信泰与黄锦凤》由山东大学出版社出版。

刘道玉著《其命维新：刘道玉口述史》由华中科技大学出版社出版。

南京市档案馆、江南丝绸文化博物馆等编《南京云锦及丝织业口述档案》由南京出版社出版。

王衍良主编《山东省非物质文化遗产代表性传承人口述研究丛书·传统美术卷》由山东大学出版社出版。

吴海主编《砚园聆涛，乐海钩沉——第四届全国音乐口述史学术研讨会暨全国音乐口述史学会年会论文集》由中山大学出版社出版。

浙江大学历史学系李娜教授加盟 Public History Weekly 执行委员会，

担任联合主任。

韩菲在《文化产业》2021 年第 6 期发表《关于非遗代表性传承人口述史的意义与思考》。

睢辰萌等在《河北科技大学学报》(社会科学版) 2021 年第 2 期发表《国家非物质文化遗产“蔚县剪纸”传承人周广口述史》。

林健鸿等在《西部学刊》2021 年第 12 期发表《生命历程视角下的个人与时代——老战士口述史个案研究》。

刘满娥、陈玉萍在《广州体育学院学报》2021 年第 3 期发表《历史记忆与文化传承：武术口述史研究的现状及启示》。

卢康在《成都大学学报》(社会科学版) 2021 年第 3 期发表《电影口述史的一种可能——以汤姆·斯坦普尔观众口述史研究为例》

马潇骁在《西北民族研究》2021 年第 3 期发表《从苦力到华商：泰北华人关系网络变迁与商业发展的口述史研究》。

彭资雯、张译尹在《黄河之声》2021 年第 11 期发表《“硗碛多声部民歌”传承人口述史研究》。

全根先在《图书馆研究与工作》2021 年第 6 期发表《镜头中的历史与图书馆收藏——以中国记忆项目中心影像史学实践为例》。

杨秋濛在《图书馆研究与工作》2021 年第 6 期发表《老兵口述史采访方法与技巧探究》。

王鹏等在《中国档案》2021 年第 3 期发表《新加坡口述历史中心口述史项目的亮点与启示》。

先卫红在《新世纪图书馆》2021 年第 6 期发表《国外大学图书馆启动口述历史项目措施调研》。

岳云刚在《巴蜀史志》2021 年第 3 期发表《让历史“活”起来、“动”起来——口述历史纪录片与地方文化传承研究初探》。

7 月

3 日

历史纪录片《闪亮的记忆》(7 集) 由央视纪录频道播出。

该片以革命文物为主要叙事载体，用 20 件寄托革命先烈炽热情感和坚定信念的革命文物，传递出文物背后直击人心的故事。

10 日

纪录片《天工苏作》登录全国院线。

影片以 12 位代表性传承人的视角，讲述了苏州 9 项非物质文化遗产手艺的前世今生，以及传承人与其发生的温情故事。

14 日

历史纪录片《一九四九两航起义》（3 集）在央视中文国际频道《国家记忆》栏目播出。

17 日

由南京大学当代中国研究院主办的“（第七届）当代中国研究论坛‘口述史、记忆、情感与认同’”在西南大学召开。

19 日

历史、战争纪录片《开国大将经典战例》（10 集）在央视中文国际频道《国家记忆》栏目播出。

23 日

第二届鸣沙史学嘉年华第一场“源流与边界——历史非虚构写作的理论维度”召开。

杨念群、王笛和祝勇围绕“历史非虚构写作”这一概念的定义、实际应用范围，展开理论维度的探讨。

24 日

第二届鸣沙史学嘉年华第二场“叙事的转向：历史非虚构写作的实践检讨”召开。

赵冬梅、张宏杰、郑小悠和姜萌从“历史非虚构写作”的叙事属性入手，讨论对“历史非虚构写作”的实践总结。

25 日

第二届鸣沙史学嘉年华第三场“走向公共空间：历史非虚构写作的多元解读”召开。

罗新、董风云、包丽敏和止庵就“历史非虚构写作”蕴含的跨学科交叉逻辑及其公共性，进行了多元的解读与交流。

28 日

李凯主讲《消失的宫殿·第三部》（8 集）在央视科教频道《百家讲坛》栏目播出。

讲座以秦国历史上的数次迁都为线索，勾勒出秦国从西陲小国发展为中国历史上第一个大一统专制帝国的历史画卷。

是月

李开元著《汉兴：从吕后到汉文帝》由生活·读书·新知三联书店出版。

该书是历史学家李开元先生历史叙事三部曲的终结篇，讲述从刘邦建国到汉文帝时期的历史。重点讲述汉帝国建立后的政治进程，围绕皇族、外戚与汉初军功受益集团的矛盾，通过对传世文献和出土文献的重新解读，引人入胜地评述高祖、吕后（及惠帝）、文帝三朝的朝野大事。作者延续了《秦崩》《楚亡》的叙事风格，注重将历史文献以今日之文字进行表达，注重将读者带入历史的现场，亦注重将自己的研究融入通俗写作之中。

李娜主编《公众史学》第 4 辑由浙江大学出版社出版。

该辑聚焦公众史学与环境史、图片音像史料等的关系，通过“公众史学与环境”“实践聚焦：图像、历史与记忆”等专栏，探讨历史在公众领域的产生、呈现、表征、认知和传播。

谌旭彬著《秦制两千年：封建帝王的权力规则》由浙江人民出版社出版。

该书是一部关于中国古代政治制度史的作品，作者选取了 16 个历史横断面，着重探讨在每一个封建王朝的盛世背后，百姓生活的历史真相。作者直指封建王朝的核心理念“外儒内法”，将秦制帝国纷繁复杂的历史常态化、规律化，探索帝国运转的内在理路，揭示其延绵两千余年的奥秘。

安超著《拉扯大的孩子：民间养育学的文化家谱》由社会科学文献出版社出版。

该书以山东省泰县鲍村安氏家族为个案，采用口述史和民族志的方法，梳理了安氏家族 100 年来（1918—2018 年）在传统农耕时期、集体化时期和市场经济时代五代人的养育实践和个人成长史，意图借助社会变迁过程中乡村社会家族养育实践的深描，揭示民间养育文化的深层结构。

廖梅主编《特奥口述史：这一次请听我说》（3 卷）由上海人民出版社出版。

3 卷分别为“特殊教育学校校长卷”“特奥运动员领袖卷”“特奥家庭领袖卷”。

林聪明著《流光岁月——鼓浪屿的海域》由厦门大学出版社出版。

该书为厦门口述历史文化丛书的一种，基于丛书的定位，强调“亲历历史”和“在场感”，在这一思想指导下，作者以多年的亲身经历和考证，讲述关于鼓浪屿的种种往事。

天街集团编著《天街商话·述往论今：北京前门老字号口述历史》由北京工艺美术出版社出版。

该书以北京前门地区的老字号为叙述对象，以口述历史为主要方式，同时整理相关企业的历史资料与图片，通过对企业负责人或技艺传承人的采访，对相关历史资料信息发掘整理，探寻老字号背后文化传承的理念和技艺传承的精神。

《南都学坛》第 4 期刊发“公众影像史学专题研究”栏目。

栏目共发表 4 篇论文，分别是全根先《高龄老人生活史的影像记录思考》、宋本蓉《口述史访谈的影像记录实践研究》、刘东亮《非遗影像史记录的转型与实践研究》、施琪航《公众影像史学作品的时态范型》。

卢发良编著《浙江省国家级非物质文化遗产代表性传承人口述史丛书·林邦栋卷》由浙江摄影出版社出版。

王菲菲、张颖主编《国韵京剧：梨园弟子口述历史》由学苑出版社出版。

郑雅萍主编《中国轻纺城发展口述史》由浙江大学出版社出版。

中国人民大学校友工作办公室编写《与共和国共成长：中国人民大

学校友口述史（第二辑）》由中国人民大学出版社出版。

刘亚秋在《学习与探索》2021 年第 7 期发表《口述史方法对中国社会学研究的意义》。

王炳林、石卓群在《中国青年社会科学》2021 年第 4 期发表《运用口述史方法深化中共党史研究》。

王瑞芳在《史学理论研究》2021 年第 4 期发表《多轮访谈：口述历史访谈的突出特征》。

王智慧在《西安体育学院学报》2021 年第 4 期发表《社会记忆的生成与书写：体育口述史研究的社会学路径及转向》。

向云驹在《非遗传承研究》2021 年第 2 期发表《论中国非物质文化遗产保护的全球化背景和国际性贡献》。

谢治菊、范飞在《学习与探索》2021 年第 7 期发表《新技术对口述史研究的影响》。

席岳婷、邓斌在《长安大学学报》（社会科学版）2021 年第 3 期发表《国家考古遗址公园公众感知度提升策略研究——以大明宫国家遗址公园为例》。

张越等在《浙江体育科学》2021 年第 4 期发表《身份建构与群体呈现：三位抗疫“体育人”的口述历史》。

8 月

2 日

历史纪录片《海防女民兵》（5 集）在央视中文国际频道《国家记忆》栏目播出。

5 日

方志远主讲《国史通鉴·第五部宋元时代篇》（32 集）在央视科教频道《百家讲坛》栏目播出。

9 日

历史纪录片《红色苏皖边》（4 集）在央视中文国际频道《国家记忆》栏目播出。

该片对当年苏皖边区政府进行了详细介绍。全片通过“建立新政”“土改支前”“保境安民”“热血丰碑”四个篇章，展现了苏皖边区政府依靠人民、一心为民的初心。

17 日

历史纪录片《关中唐十八陵·第三季》（7 集）由优酷网线上首播。

本季围绕唐穆宗、唐敬宗、唐文宗、唐武宗、唐宣宗、唐懿宗和唐僖宗的相关事迹，揭示了风雨飘摇的晚唐如何走向最终的崩溃。

18 日

历史纪录片《新中国雷达之路》（3 集）在央视中文国际频道《国家记忆》栏目播出。

19 日

纪录片《中国城轨口述历史》（25 集）由中国城市轨道交通协会人民城轨 App 线上播出。

23 日

历史纪录片《西藏和平解放纪实》（10 集）在央视中文国际频道《国家记忆》栏目播出。

纪录片从筹备进藏、民族工作、和平谈判、落实政策、和平发展等几个阶段，全面系统回顾了党中央领导下和平解放西藏的始末。重点展现毛泽东“和平解放西藏”的战略决策、西藏爱国人士积极推动和平谈判、人民解放军进军西藏、扎根西藏和发展西藏的艰辛壮举，也生动呈现了西藏各族人民在中国共产党坚强领导下团结奋进、维护国家统一和领土完整、实现全国各族人民大团结、共同建设社会主义新西藏的伟大实践。

是月

辽宁人民出版社推出耿元骊主编的“宋朝往事”系列“人物篇”。

该书系由宋史中青年学者创作的作品组成。在“人物篇”中，编者率先推出了蒋金玲《开国皇帝：赵匡胤》、刘广丰《大忠之臣：寇准》、赵龙《忧乐系天下：范仲淹》、陈俊达《千古忠魂：岳飞》、王淳航《科技史坐标：沈括》等作品。各位作者以自己的学术研究为基础，在尊重历史事实与学术规范、保证学术性和严谨性的前提下，用引人入胜的文字，将“人”和“事”两方面结合起来，以期让读者能够更好地理解一千余年以前的大宋王朝，并将自己置身于历史长河当中，思考中华民族历史与文化的发展。

易中天著《易中天中华史：大航海时代》由浙江文艺出版社出版。

该书历史跨度400余年。作者通过截取“郑和远航”、“明末清初西学东渐”、“康乾盛世”及“《红楼梦》的前世今生”数个片段，对这段历史做出了独到见解。

张程著《失败者：被遗忘的历史》由大象出版社出版。

该书从大量史书中择取中国历史上的小人物、失败者和配角的故事，讲述他们的人生沉浮与岁月变迁，以期读者能够通过理解这些被历史记录者遗忘的人物的所思所想，认识历史的本来面目，赏鉴历史为今所用的魅力，跨越时间，与古代的芸芸众生共鸣。

张向荣著《祥瑞：王莽和他的时代》由上海人民出版社出版。

该书截取汉宣帝到新莽这一历史片段，从“祥瑞”这个视角切入，剖析王莽的个人、家族和政权相关的人物事件，再现了太后王政君、外戚王氏家族、皇室家族、儒家经师、官僚士大夫等在西汉末年政治舞台的角力，进而重新审视旋涡中心的王莽，以窥他和时代的真貌。

侯胜川著《当代民间武术家口述史》由人民体育出版社出版。

该书主要内容是对民间武术门户福建香店拳的发展进行全面的研究，以香店拳门户中一位民间武术家的武术人生为线索，阐释该门户在当代的复兴、分化、分裂、掌门人选举、拳谱编写等现实问题。

祁新龙著《景德元年：大宋王朝1004年的历史大变局》由中国友谊出版公司出版。

该书是一部宋朝历史普及读物，讲述了发生于宋真宗景德元年（1004）中国版图上的久远往事。通过该书，读者可以了解到公元1004年宋辽在政治、军事、外交层面展开的激烈较量，一睹当时宋辽统治者在面对重重危机时如何做出决策，从而深刻影响两国关系的发展走向。

沈燕红、胡修远著《浙东区域非遗传承人口述史研究——以海港北

仑区为例》由浙江大学出版社出版。

北京协和医院编《协和记忆：老专家口述历史》第 1 辑由人民出版社出版。

袁绍光、安娜著《永远的丰碑：健在老红军的红色记忆》由中共中央党校出版社出版。

张月光主编《天津民间工匠口述史》由天津人民美术出版社、天津教育出版社出版。

朱艳君编著《一豆灯火：环县道情皮影艺术传承人口述实录》由甘肃教育出版社出版。

艾玲在《今古文创》2021 年第 31 期发表《宁都中村傩戏传承人口述史田野工作实践探究及思考》。

王康茜在《中学历史教学参考》2021 年第 15 期发表《借助“口述史”培养学生的历史判断力——以第八单元“中华民族的抗日战争和人民解放战争”研究性学习为例》。

冯云在《西藏研究》2021 年第 4 期发表《西藏人口较少民族口述文献收集原则与方法探讨》。

付琳等在《现代城市研究》2021 年第 8 期发表《世界遗产运河保护管理中的公众参与研究》。

刘燕、刘佳鑫在《明日风尚》2021 年第 15 期发表《一个扭秧歌的人：昌黎地秧歌传承人侯海波口述史》。

钱茂伟、王笑航在《中国地方志》2021 年第 4 期发表《大规模推广村村修志的必要性与成功路径》。

沈红雨在《中国档案》2021 年第 8 期发表《地方高校口述校史传播瓶颈及创新路径探析——以绍兴文理学院校史纪录片〈四存园的故事〉为例》。

宋守山、姜梦在《海河传媒》2021 年第 4 期发表《口述史在新闻传播学研究中的价值、意义及路径选择》。

苏海龙在《新疆艺术》（汉文版）2021 年第 4 期发表《导演手记：非遗传承人记录之流程与规范——以国家级传承人库尔班·托合塔西记

录为例》。

王智慧在《上海体育学院学报》2021 年第 8 期发表《记忆的创造与表达：口述史与体育记忆的建构机制》。

郑琦在《浙江建筑》2021 年第 4 期发表《乡土建筑研究方法探析——兼论口述历史在乡土建筑研究领域的应用》。

朱传宇等在《兰台世界》2021 年第 8 期发表《记忆遗产的历史正义与政治挑战——世界记忆项目发展中的变革与重塑》。

9 月

3 日

历史纪录片《1950 他们正年轻》由大陆院线公映。

该片通过呈现不同军种、不同时期参战老兵的回忆，讲述了参加抗美援朝战争的普通年轻人的故事。

13 日

历史纪录片《铭记九一八》（5 集）在央视中文国际频道《国家记忆》栏目播出。

17 日

历史文化类纪录片《神奇的老字号》（8 集）由优酷等网络平台线上播出。

纪录片以京杭大运河为主线，覆盖 30 个老字号品牌，从人文故事、品牌工艺、地域文化等不同角度阐释老字号生生不息的“神奇”传承和创新，通过这份厚重的历史挖掘中华商业文化的根本，引发年轻人对当代生活的思考。

22 日

历史人文类纪录片《岳麓书院》（6 集）由湖南卫视等频道联合播出。

纪录片分为源流、正脉、传道、经世、新变、求是六个篇章，以五代期间二僧办学为始，历朱张理学、王阳明心学、王夫之船山之学，至曾左彭胡、杨昌济、毛泽东，再到当下，以人为线，梳理千年文脉，映照爱国、济民、经世、求是等故事核心。

历史人物传记类纪录片《大先生·杨振宁》（3 集）在央视中文国际频道《国家记忆》栏目播出。

25 日

于赓哲主讲《隋唐百姓的日常生活·下部》（1—6 集）在央视科教频道《百家讲坛》栏目播出。

27 日

历史人物类纪录片《切·格瓦拉与中国》（2 集）在央视中文国际频道《国家记忆》栏目播出。

29 日

历史纪录片《北京站》（3 集）在央视中文国际频道《国家记忆》栏目播出。

是月

《史学理论研究》2021 年第 5 期发表主题为“多维视域下的口述历史”的“圆桌会议”。

该期“圆桌会议”一共发表了周新国《21 世纪中国大陆口述史规范的三种模本》、左玉河《固化、中介与建构：口述历史视域中的记忆问题》、钱茂伟《口述史再思考》、谢嘉幸《“史实”与“故事”的再辨析》、杨祥银《当代西方口述史学的六大理论转向》五篇文章。

徐兴无著《党锢败局：大汉帝国的衰亡》由江苏人民出版社出版。

该书是一本普及历史知识的大众读物。全书截取汉朝桓、灵、献三帝执政的七十多年，全景式地展示了东汉帝国走向衰亡的全过程。作者基于各类史书及史料，对其间的关键人物和重大历史事件均有很到位的剖析，探索导致这个强大王朝走向末路的错综复杂的原因。

张邦炜著《两宋王朝史：赵宋王朝 320 年间的兴亡起伏》由郑州大学出版社出版。

这是一部晓畅生动的王朝兴亡史。作者以理性平和的格调、浓淡相宜的笔触、丰赡翔实的内容，铺展开两宋 320 年、18 个皇帝波澜起伏的画卷。该书初版于 1996 年，原名《中国封建王朝兴亡史·两宋卷》。

陈红民、赵晓红、徐亮、钟健著《抗战为什么赢：中国人民伟大的抗日战争》由江苏人民出版社出版。

该书讴歌了中华民族万众一心抗击外侮的事迹，弘扬了伟大的抗战精神，突出了中国共产党在全民族抗战中的中流砥柱作用，展现了抗日战争与世界反法西斯战争的密切联系，充分显示出中国战场是世界反法西斯战争的东方主战场。

重庆政协文化文史和学习委员会、政协重庆市渝中区委员会编《重庆母城侨界口述历史》由重庆出版社出版。

刘大伟主编《一代中师记忆——晓庄师范师生口述史》（3册）由南京出版社出版。

上海社会科学院国际问题研究所编《心怀天地——四十年忆述》由上海社会科学院出版社出版。

西安曲江出版传媒编《见证百年：西安口述史》由西安出版社出版。

《最美记忆》编写组编《最美记忆——浙大宁波理工学院建校二十周年口述校史访谈录》由宁波出版社出版。

谢治菊、范飞在《当代中国史研究》2021年第5期发表《新技术对口述史研究的影响》。

周晓虹在《社会科学研究》2021年第5期发表《口述史作为方法：何以可能与何以可为——以新中国工业建设口述史研究为例》。

包英华在《中华女子学院学报》2021年第5期发表《共和国巾帼：呼伦贝尔“铁姑娘”的口述历史与时代意义》。

池建新在《当代电视》2021年第9期发表《重返历史现场、还原历史人物——纪录片〈留法岁月〉创作谈》。

董方杰、周海燕在《社会科学研究》2021年第5期发表《三线建设、现代性嵌入与中国体验——以口述史为中心的考察》。

范怡婷在《文化学刊》2021年第9期发表《社会公众参与文化遗产保护成效之探讨——以泉州古城讲解员培训班为例》。

黄永林、邓清源在《民族研究》2021年第5期发表《中国非物质文化遗产学形成的历史背景与学科定位》。

李俊海在《当代电视》2021 年第 9 期发表《文献纪录片〈山河岁月〉的叙事脉络与人文底蕴》。

刘燕在《人民论坛·学术前沿》2021 年 Z1 期发表《口述非遗传承的路径探索》。

钱茂伟、桂尚书在《史学月刊》2021 年第 9 期发表《口述史是当代公众史记录的基本路径》。

邵佳盈、刘燕在《今古文创》2021 年第 35 期发表《口述史语境下非物质文化遗产的传承与保护——基于河北省“青龙猴打棒”的发展轨迹及现状》。

孙文丽在《赤峰学院学报》(汉文哲学社会科学版) 2021 年第 9 期发表《公共文化服务视域下的“非遗”传承人口述史》。

田洪涛、张路在《体育风尚》2021 年第 9 期发表《口述史视角下壮族舞狮生态保护研究——滇黔桂边革命老区濒危传统体育文化生态保护系列研究论文之三》。

王倩倩在《农村经济与科技》2021 年第 17 期发表《社会组织参与非物质文化遗产保护提升路径研究——以苏州市吴中区青年手艺人协会为例》。

魏俊玲等在《河北科技大学学报》(社会科学版) 2021 年第 3 期发表《国家级非物质文化遗产“玉田泥塑”传承人王辉口述史》。

熊威在《殷都学刊》2021 年第 3 期发表《中国口述史研究的现状与走向》。

张静敏、陈业强在《中华女子学院学报》2021 年第 5 期发表《从隐藏到显现：口述历史在社会工作教育实践中的应用》。

张庭伟在《城市规划》2021 年第 9 期发表《历史遗产保护三议》。

10 月

1 日

历史纪录片《红色密档》(5 集) 由央视纪录频道播出。

该片通过对几千份档案的广泛收集、深入挖掘和比照分析，从五个不同侧面系统地展示了中国共产党从建党到中华人民共和国成立这28年的光辉历程，探求中国共产党的精神品格和胜利密码。

历史人文类纪录片《土地：我们的故事》（7集）由央视农业农村频道播出。

该片以全面小康、两山理念、乡村振兴等现实话题为切入点，从最小的历史细节出发，讲述一个个农民的个人和家族奋斗史，讲述他们与土地血肉相连的故事。

3日

历史文化类纪录片《大足石刻：石头上的世界》（4集）在央视科教频道《探索·发现》栏目播出。

该片首次站在世界文明发展史的高度，将大足石刻置于人类文明发展和中华文化演进的过程当中，进行多学科、多角度、综合性的观照和研究。

4日

历史纪录片《巍巍川藏路》（5集）在央视中文国际频道《国家记忆》栏目播出。

8日

于赓哲主讲《隋唐百姓的日常生活·下部》（7—15集）在央视科教频道《百家讲坛》栏目播出。

11日

历史纪录片《辛亥一九一一》（5集）在央视中文国际频道《国家记忆》栏目播出。

15日

历史人物纪录片《千古风流人物·第一季》（26集）由河南卫视联合腾讯视频播出。

第一季涉及李白、杜甫、李商隐、杜牧、辛弃疾、曹植、柳永等七个人物。全片将目光聚焦中国历史上的现象级文化名人，希望通过解读这些人物的人生故事与艺术成就，梳理出数千年的中华文明史及背后的文化内核。

18 日

历史纪录片《长征路上》（5 集）在央视中文国际频道《国家记忆》栏目播出。

21 日

微信公众号“界面文化”发布潘文捷《历史学界讨论宋朝热，学者称吴钩写作存在问题，会把历史拆得七零八落》。

该文由作者根据宋史学者在四川师范大学历史文化与旅游学院教授张邦炜的《两宋王朝史》《宋代皇亲与政治》的新书座谈会上的发言整理润色而成。与会学者张邦炜、邓小南、赵冬梅、包伟民等对于通俗宋史类畅销书作者吴钩的写作、“宋粉”现象等社会话题给出了自己的意见。

22 日

历史纪录片《紫禁城》（12 集）由北京卫视播出。

该片“以城看史、以史讲城”，用“王者”“基业”“远路”“惊变”“际遇”“异象”“交融”“盛世”“思危”“图存”“破晓”“新生”12 个篇章，串联起中国近 600 年跌宕起伏的历史，全景呈现了大历史独特视角下的紫禁城。

25 日

历史纪录片《重返联合国纪实》（5 集）在央视中文国际频道《国家记忆》栏目播出。

30 日

北京大学历史学系美国史研究生工作坊举办主题为“历史题材的影视剧、舞台剧、桌面/电子游戏”的讨论活动。

杜华以题为《网络社区与公共史学的可能性：以“看电影的历史学家”为例》的分享开启了本次工作坊活动。他深入地讨论了公共史学与网络社区的交互关系，以及专业学者如何在建设和维系理想的网络社区中发挥作用等问题，并进一步谈及当代历史学家的社会责任。李嘉年作为具有历史学教育背景的电子游戏行业从业者，为大家带来了有关电子游戏与历史学关系的专业分享。他认为，游戏发挥着强大的公共史学载体的作用，具有很强的公众影响力。面对游戏这样一种强大的公共史学的载体，专业历史学者不应排斥，而应怀着开放的心态接纳游戏这一文化载体，甚至参与到游戏制作当中。施骅伦作为一名专业播客（Podcast）行业从业者，介绍了播客这一新兴传播媒介的简短历史，并重点分享了他关于专业历史学者该如何运用播客将知识传播给大众的看法。他认为，历史学者应与专业制作公司合作，双方形成信息上的补充，更好地运用播客这一日益发展的大众媒介传播历史知识，提高大众的历史素养。

是月

马勇著《中国儒学三千年：3000 年中国政治和文化的密码》由孔学堂书局出版。

作者从大历史的视角，对 3000 年中国儒学的发展做了鸟瞰式的描述，为读者建构了一个宏观框架：按照时间顺序，逐一介绍各个时代的儒学大师的主要成就与观点、儒家流派的基本情况、儒学与其他思想流派的交流与互补；剖析儒学是如何影响政治格局与制度的，又是如何影响社会文化与民族性格的。又从微观角度出发，勾勒出了 3000 年中国儒学的枝叶：精心整理 154 位儒学人物的小传、4 幅儒学流派师承关系图、3000 年儒学大事记等。

谌旭彬、杨津涛著《短史记》由上海文艺出版社出版。

该书由作者在网络平台发表的历史随笔整理集结而成。文章题目涵盖面广。全书分为两编："去伪存真"和"鉴往知来"。前者意在打破公众在历史认知上习得的陈规成说，后者则意图通过对历史的叙述来调动公众对现实的关怀。

向敬之著《大清小史》由东方出版社出版。

该书以叙述清朝兴衰为主题，按时间顺序分为四篇，分别是辽东崛起、一统天下、盛世迷局、王朝末路。力求让读者在极短的时间内对清朝的历史有个基本的了解。

王记录、高聪慧在《河南师范大学学报》（哲学社会科学版）2021 年第 5 期发表《融媒体与公众史学》。

作者认为，在融媒体背景下，公众史学的表达空间得以拓展并出现多元化，公共历史书写和传播出现了及时性、多样性和融合性的特点。融媒体所具有的包容性使公共历史书写出现平等性和广泛性，历史知识的生产开始由精英史家垄断向社会化转化，公众的史学话语权在逐步加强，新的“民史”观念逐步形成。公众历史书写不断解构着原有的历史叙述框架，主流史学的历史宏大叙事和历史观念受到挑战。公众史学和融媒体的结合，正在推动着传统史学编纂形态的改变和历史学价值的重新定位。

王锐在《中央社会主义学院学报》2021 年第 5 期发表《论当代中国的新大众史学》。

作者认为，伴随着当代中国与世界发生的一系列深刻的变化，在大众文化领域出现了以青年人为主要群体的新的历史表现形式与历史观。它既体现出对晚近以来世界形势变迁的新认识，又体现着对中华文明与现代中国革命历程的尊重与敬意，并透露出更为全面的全球视野。这样的新大众史学还有许多需要完善、成熟、深化的地方。而能否将这一新的文化感觉及其实践基础上升为学术话语，为历史研究注入新鲜空气，让专业者产出更接地气、更近现实、更为大众的内容，建立起当代中国的新历史叙事，需要学术界的普遍参与和深入思考。

喻溟在《艺术评论》2021 年第 10 期发表《回归文献本身 让历史“自说自话”——近五年文献纪录片新潮流探析》。

文章认为近五年的国际纪录片领域涌现出一批文献纪录片作品：围绕大事件周年纪念，发掘并修复未经播出的文献影像，用电影化方式剪辑，让历史如同故事片般展开，为观众提供沉浸式的观影体验；取消上帝视角的解说与当事人或专家的出镜采访，编织历史当事人采访录音，让历史说话，尽可能减少中介。

当代四川史编委会编《信仰的力量：四川老共产党员的红色记忆》由四川人民出版社出版。

龚继先口述，邢建榕、魏松岩撰稿《龚继先口述历史》由上海书店出版社出版。

金晖编著《木雕技艺传承人口述史研究》由人民出版社出版。

李洁等整理访问《城·事·人：城市规划前辈访谈录》（第7辑）由中国建筑工业出版社出版。

车艳红、王春晖在《兰台世界》2021年第10期发表《高校名人口述档案现状及开发利用研究》。

黄河、陈慧在《中国档案》2021年第10期发表《留住历史的声音——采集口述档案的实践与思考》。

刘艳珂、丁静在《中国档案》2021年第10期发表《企业口述历史档案采集实践与探索》。

黄静枫在《艺术学研究》2021年第5期发表《口述史法在“十七年”时期剧种史研究中的运用》。

高爱惠、郭峰在《戏剧之家》2021年第30期发表《口述历史纪录片的叙事策略研究》。

彭鑫在《中学历史教学参考》2021年第19期发表《指向深度学习的高中历史口述史探究策略》。

王东亮等在《图书馆工作与研究》2021年第10期发表《基于口述历史资源的高校图书馆嵌入式服务研究——以肯塔基大学图书馆为例》。

谢琴在《汉字文化》2021年第19期发表《口述文化的历史记忆在当代的教育价值——以黔西北孝歌为例》。

杨阳在《西南科技大学学报》（哲学社会科学版）2021年第5期发表《铁姑娘与“三八钻”：基于贵州三线建设女工口述史的身份认同研究》。

11月

1日

中国传媒大学主办的第七届中国口述历史国际周举行。

本届口述历史周以“开创·承继——口述历史的过去与未来”为主题，通过纪录影像展映、国际研习营、口述历史项目展、国际研讨会及口述历史项目特别分享活动等形式，呈现了国内外口述历史团队的最新研究、实践成果，多角度、多领域地探讨和反思了国内外口述历史的发展历程与现状。在 11 月 5 日晚举办的“口述历史之夜”特别发布活动中，组委会精选的八个口述历史项目和两部纪录片，展示了中国历史与当下值得铭记的记忆和声音。其中既有深圳市政协牵头发起的城市记忆项目《深圳口述史》，也有民间非遗传承影像《梦想龙舟》；既有关注知识分子的《枕流之声》，也有挖掘淮海战役民工故事的《寻访最后的支前民工口述史》；既有溯源中国会计行业发展的《会计口述历史》，也有聚焦今年河南抗洪救灾民间英雄的《向死而生》；既有荣获釜山国际电影节最佳纪录片大奖的《自画像：47 公里童话》，也有传承意义巨大的《中学生做口述史》。这些项目，代表了中国口述历史同人在各自领域的实践成果，也集中展现了他们的民族大义、家国情怀与个人梦想。

“博物馆学与多元学科的关系”学术研讨会在重庆召开。

该会议由中国博物馆协会博物馆学专业委员会主办，由重庆自然博物馆、浙江省博物馆承办。

历史纪录片《档案背后的秘密》（5 集）在央视中文国际频道《国家记忆》栏目播出。

该片主要讲述了自 1927 年至 20 世纪 90 年代末，党领导下的档案整理与保存工作为社会主义革命、建设事业做出的巨大贡献。

12 日

傅小凡主讲《国宝迷踪·第四部》（18 集）在央视科教频道《百家讲坛》栏目播出。

14 日

历史人物类纪录片《岳飞》（5 集）由央视纪录频道播出。

15 日

纪录片《女排娘家》（5 集）在央视中文国际频道《国家记忆》栏目播出。

该片主创通过走访大量亲历者、几代中国女排队员和历任主教练，讲述几代中国女排人把“祖国至上、团结协作、顽强拼搏、永不言败”

的女排精神不断传承与发扬的故事，深入记录了中国女排的非凡历史和拼搏精神。

19 日

“澎湃私家历史”发表《宋史学者座谈：历史应该如何向大众普及》。

该文是邓小南、虞云国、李华瑞、包伟民、曹家齐、赵冬梅、刘苏里参与的张邦炜《两宋王朝史》《宋代皇亲与政治》出版座谈会的发言整理稿。

23 日

历史文化类纪录片《跟着唐诗去旅行》（5 集）由央视纪录频道播出。

第一集《江湖》，诗人西川踏上杜甫晚年寻找安身之所的漂泊旅程；第二集《故人》，书法家、摇滚歌手鲁大东以徒步、骑行和乘车等方式寻找孟浩然漫游吴越的足迹；第三集《长安》，学者郦波重现王维诗句中的文化地图，探寻深植于记忆中的诗意散聚；第四集《边塞》，学者杨雨远赴岑参笔下的边塞，遇见远方的戈壁、牧场、歌琴和马背；第五集《仙山》，作家韩松落追随李白的脚步，游历诗仙人生历程中的山岳。

24 日

历史战争类纪录片《血战碾庄》（3 集）在央视中文国际频道《国家记忆》栏目播出。

29 日

历史纪录片《开路先锋》（5 集）在央视中文国际频道《国家记忆》栏目播出。

该片以中国中铁在革命战争年代的突出贡献以及新中国经济建设时期的多项首次突破为切入点，围绕中共一大代表王尽美领导工人运动，解放战争期间铁路运输，新中国自主建造的第一条铁路、第一座长江大桥、第一条高原铁路、第一台国产盾构机等，讲述了山海关造桥厂蓬勃开展的工人运动、解放战争时期铁路工人的英雄壮举、新中国成立初期成渝铁路建设对国民经济恢复的贡献、中国大跨度桥梁建设的历史性跨越、青藏铁路高原冻土科学研究取得的重大成就、新老成昆铁路建设者的精神传承以及城市轨道交通地下掘进装备实现自主国产化等重要事件。

30 日

赵长征主讲《春秋车战》（12 集）在央视科教频道《百家讲坛》栏目播出。

讲座以春秋时期特殊的战争形式——车战为切入点，抽丝剥茧地讲述了数场影响春秋时期历史走向的重要战争。

是月

林卉、胡杨主编《口述历史在中国：记忆的建构与社会传承》第三辑由广西师范大学出版社出版。

该书为中国口述历史国际周第三届“口述历史在中国”国际研讨会征文集。论文作者来自中国、日本、美国等多个国家和地区，既有普通从业者也有学术研究者，既有资深教授也有青年学者、学生。本书一方面呈现多学科视角阐释下的口述历史理论，从计量语言学、人类情感研究、女性研究、华侨华人研究等领域探究口述历史；另一方面呈现社会传承与记忆构建中的口述历史应用，既有保护非物质文化遗产、民间音乐、少数民族濒危传统技艺等传统文化方面的进展，也有构建历史事件亲历者的个体记忆，以及个人文本记录等方面的成果。

邬沧萍口述，李娟娟、孙鹃娟采写《百岁人生——邬沧萍口述实录》由人民出版社出版。

该书记叙了邬沧萍从出生到期颐之年的人生之路和治学育人历程，包括“在动荡的年代中成长”“我爱我的祖国”“与新中国人口学共同走过的岁月”“与中国老年学的不解之缘”“百年回首”等主要内容。

刘文祥著《城象——武昌的历史景观变迁》由商务印书馆出版。

该书是一部讲述武昌历史的简明视觉读本，它以城市景观为切入口，以“古老”“砖瓦”“变革”“新景”为线索，挖掘出这座古城自宋明以来，特别是近代发生的种种故事。

全山石口述，全根先访问，全根先、陈都、王文杰整理《画语求索：全山石口述史》由商务印书馆出版。

该书回顾了全山石从青少年时代到现在 90 年的生活历程，包括其家庭环境和艺术启蒙、考入大学、留学苏联、回国任教等经历。

熊逸著《资治通鉴（熊逸版)》第 1 辑由新星出版社出版。

该书基于作者在“得到” App 所开设的同名音频栏目整理润色而成。该辑涵盖《资治通鉴》的《周纪一》《周纪二》。

艾公子著《疑案里的中国史》由辽宁人民出版社出版。

该书是一部解读历史上的疑案的通俗历史读物。全书分为 8 个章节，包括“帝王的生死之谜”“被遮蔽的皇嗣秘闻”“王朝夺权疑案”“将相结局奇案”“帝国惊天大案”“女名人疑案”“颠覆历史的悬案”“全民‘热搜’的离奇案”等主题，共选取了 40 个历史疑案。

王小梅、李隆虎撰《习酒口述史》第 1 卷由社会科学文献出版社出版。

此书采集了 20 位习酒人口述史，从他们的口中听见习酒历史，洞见习酒文化，并尝试探讨白酒行业的转型，倡导创建一种新型的白酒文化。

张侯权口述，张志杰、单泠整理《长天长镜头：我和照相机的七十年》由浙江大学出版社出版。

该书是著名摄影家张侯权先生的口述史。张先生自 1951 年开始接触摄影，而后成为一代著名摄影家，70 年中完整经历了中国大众对摄影从新奇到人手一机的过程。

《学术月刊》第 11 期推出“口述历史与集体记忆研究”专题。

刘亚秋《口述史作为社区研究的方法》一文认为，口述史在社会学中的意义，不仅在于可以通过口述记忆研究个人在大叙事中的生命沉浮，而且在于它提供了深挖人的精神世界的社会性的方法。胡洁《个人叙事与集体记忆：口述史的多维建构》一文认为，口述史是个体对自我生命历程的叙述，也是我们认识和理解群体或共同体集体记忆的有效途径。口述史的叙述过程既是叙事主体能动性的体现，同时也充满了诸多的被动性因素，认识和重视口述史研究过程中的能动性和被动性，将有助于研究者更好地理解记忆的检索性、被触发性和被建构性。

李先军、类成阳在《现代大学教育》2021 年第 6 期发表《受众：教育史学的危机与出路》。

文章认为，教育史学可借鉴公众史学的研究取向和方法，从创作书写公众的教育史、生产公众消费的教育史、公众参与建构教育史三个方面着手，拓宽教育史学的受众面以期应对教育史学的受众危机。

齐琨在《音乐研究》2021 年第 6 期发表《听见历史——历史民族音乐学之实地考察》。

作者认为，在中国民族音乐学的发展过程中，学者们分别提出文化空间、历史现场、文本田野、口述历史和身体记忆等概念，推动了历史民族音乐学实地考察的探索。文章在梳理上述学术历程的中国学术经验后，分析了历史与记忆的关系，进而指出民族音乐学者通过在田野中对音乐行为、音乐文本、音乐口传给予历史解读，达到“听见历史”的研究状态。

周海燕在《中央民族大学学报》(哲学社会科学版) 2021 年第 6 期发表《个体经验如何进入“大写的历史”：口述史研究的效度及其分析框架》。

作者认为，口述史研究的效度不仅体现在个体的经验能够证实历史事实，更在于它能够反映埃米尔·涂尔干所说的“社会事实”。因此，研究者应该在口述对象的选择、口述资料的搜集、访谈过程的深入互动以及对资料的解读和分析等环节充分把握好位置与关系之间，内容和语境之间，感知、行动和结构之间的关系，追溯个体如何联结而构成社会的过程，从而让个体经验进入“大写的历史”。上述三组张力，构成了口述史研究的基本分析框架。

《贵州社会科学》第 11 期推出“口述史、集体记忆与新中国工业建设”专题。

该专题共有郦正《新中国工业建设的个人记忆——以大庆石油会战为例》，周晓虹、郦正《口述史、集体记忆与新中国工业建设》，于之伟《1959—1963 年鞍钢职工代表大会的功能定位与实际运作》，时昱《政治动员中的国家叙事与青年选择——基于贵州三线建设亲历者口述历史调查》4 篇文章。

赵淑萍著《石魂：东钱湖南宋石刻发现保护口述实录》由宁波出版社出版。

陈睿睿编著《浙江省国家级非物质文化遗产代表性传承人口述史丛书·李自新卷》由浙江摄影出版社出版。

锋云著《建安十三年：后汉三国的历史大转折与大变局》由化学工业出版社出版。

李林楠著《永乐之治：朱棣传》由文化发展出版社出版。

宋蓉著《图书馆口述历史工作研究》由黄山书社出版。

汪春劼主编《父辈的岁月：零零后口述家史》由山西人民出版社出版。

艾玲在《戏剧之家》2021 年第 32 期发表《横峰提线木偶戏传承人周就峰口述史采录实践与新思考》。

龚莉、周琪在《宜春学院学报》2021 年第 11 期发表《万载傩舞口述史研究》。

李慧在《东方收藏》2021 年第 21 期发表《现代纪念馆口述史的应用实践与思考——以 5·12 汶川特大地震亲历者大型口述史为例》。

祝金梦在《兰台世界》2021 年第 11 期发表《口述史视角下高校名人档案资源建设的态势分析及优化策略》。

刘欣、帅斌在《兰台世界》2021 年第 11 期发表《口述校史构建高校集体记忆的可能、可为与可期》。

肖惠朝在《档案管理》2021 年第 6 期发表《地方红色文化档案的开发与利用研究——以闽浙赣苏区民间口述史为例》。

于扬在《传播与版权》2021 年第 11 期发表《口述历史的历史文化背景及其在纪录片创作中的应用》。

张冬芝在《中国社会工作》2021 年第 32 期发表《追忆峥嵘岁月 传承初心使命——“我是党史讲述者”老党员口述史项目纪实》。

12 月

1 日

历史纪录片《微观历史秀》（5 集）由央视纪录频道播出。

该片使用历史小剧场和定格动画的表现形式，再现并解读了中国古代民众的妆容方式、装束习惯、饮食习惯和出行方式，展示了多姿多彩的古代娱乐生活。

历史人物类纪录片《李白》（4 集）由央视纪录频道和四川卫视播出。

2 日

历史人物类纪录片《曹雪芹与红楼梦》（6 集）由央视纪录频道播出。

该片通过讲述曹雪芹跌宕起伏的一生和他创作《红楼梦》的艰辛过程，从文学、美学、史学等方面剖析《红楼梦》的内容，努力回答好"曹雪芹是什么人""为什么《红楼梦》是中华传统文化集大成的作品""怎样欣赏《红楼梦》"三个主要问题。

6 日

历史纪录片《一九四二香港大营救》（5 集）在央视中文国际频道《国家记忆》栏目播出。

7 日

第一届"文景历史写作奖"十强名单出炉。

十强作品分别是：宋念申《发现东亚》（2018）、宋华丽《第一等人：一个江南家族的兴衰沉浮》（2019）、许知远《青年变革者：梁启超（1873—1898）》（2019）、刘勃《失败者的春秋》（2019）、王元崇《中美相遇：大国外交与晚清兴衰（1784—1911）》（2021）、赵冬梅《法度与人心：帝制时期人与制度的互动》（2021）、周思成《隳三都：蒙古灭金围城史》（2021）、张笑宇《技术与文明：我们的时代和未来》（2021）、丁晨楠《海东五百年：朝鲜王朝（1392—1910）兴衰史》（2021）、杨潇《重走：在公路、河流和驿道上寻找西南联大》（2021）。

9 日

历史文化类纪录片《神都洛阳》（10 集）由爱奇艺全网独播。

该片将武周时期的历史叙事与洛阳城的十二时辰融合绑定，以强化时间概念进程的方式，让观众“旋转时辰轮盘”来完成故事展开，戏剧性地展现了“一个女性时代”“两个人物阶层”“三个社会特写”“四个文化观点”的十大历史侧面，通过官制、人权、人性、市井、饮食、风俗、国风等诸多细节的刻画，多维度视角描摹了民生开放、经济发达的真实洛阳盛世。

20 日

历史纪录片《一九七一基辛格访华》（5 集）在央视中文国际频道《国家记忆》栏目播出。

27 日

历史人物类纪录片《蜀守冰》（2 集）由央视纪录频道和四川卫视播出。

该片上集聚焦“治水之术”，通过对李冰治水核心文化精神——“疏浚”的层层剖析，解读“变堵为疏，因势利导”这一治水思路背后闪耀的智慧之光；下集聚焦“治世之道”，通过李冰的“成神之路”，探究“以人为本、惠泽四方”这一为官之道背后辉映的精神图腾。

30 日

林卉在《人民政协报·春秋周刊》发表《2021 年中国口述历史观察报告》。

是月

侯印国著《风月同天：古代文化变迁中的细节》由甘肃人民出版社出版。

该书关注的重点是中国古代文化变迁中的文化融合与碰撞问题，涉及主题从与人们生活相关的饮食（火锅、月饼、螃蟹）、服饰（秋裤）、社会生活（厕所、垃圾、快递、追星、阅兵、抗疫）到节庆（春节、清明节）、习俗、信仰（灶神、哪吒、玉兔）等。该书未采用宏大的叙事，而是着眼于古人生活日常，选择从文化变迁的细节来观照历史，这种边缘文化史为思考当下社会文化碰撞提供了一个别样的切口。

易中天著《易中天中华史：命运和选择》由浙江文艺出版社出版。

该书是“易中天中华史”系列的终章，作者对前 23 卷进行了简要的总结，并在结尾尝试回答“中国如何成为今日之中国”这一问题。

张明扬著《弃长安：安史之乱前后的内廷、诗人、政争与叛乱》由天地出版社出版。

该书是一部讲述唐朝安史之乱历史过程与人物命运的通俗作品，以安史之乱中多位关键历史人物，即李林甫、杨国忠、安禄山、颜杲卿、哥舒翰、杨玉环、李亨、张巡等人的“弃长安”经历为线索，聚焦唐朝由盛转衰过程中的重要议题，以乱离亲历之人的经历解释变乱何以爆发与盛世何以崩陷，以此重新刻画安史之乱的完整历史图景。

代路著《丰臣秀吉》由陕西人民出版社出版。

全书以图文并茂的形式，讲述了日本战国时期大名，以“天下人”之称统一日本的丰臣秀吉的传奇一生。

清秋子著《钱币里的中国史》由北京时代华文书局出版。

黄潜主编《中国核电从这里起步——亲历者口述秦山核电》由浙江科学技术出版社出版。

李浩、傅舒兰访问整理《城·事·人：城市规划前辈访谈录》第 8 辑由中国建筑工业出版社出版。

刘丽著《漳浦剪纸口述史》由社会科学文献出版社出版。

彭福祥、杜丽红主编《医者与医道——百位老专家杏林往事》第 1 辑由中山大学出版社出版。

上海科技馆编《我们共同走过：上海科技馆开馆 20 周年口述历史》由上海交通大学出版社出版。

上海申康医院发展中心编著《百年初心·惟新笃行：申康党委系统庆祝中国共产党成立 100 周年医务专家口述历史》由文汇出版社出版。

张泉著《中华文明访谈录》由当代世界出版社出版。

张钟朴口述《我与〈资本论〉翻译》由中央编译出版社出版。

广东省水利厅编《供水丰碑——口述东深供水历史》由中国水利水电出版社出版。

钱茂伟、董秀娟在《浙江社会科学》2021 年第 12 期发表《由精英而大众：村民人人入村志村史之路》。

李震在《今古文创》2021 年第 48 期发表《口述史在少数民族地区的应用》。

编后记

“我们怎么告别呢?”“像当初见面那样。”撰写这篇《编后记》时，脑海中想到了《末代皇帝》的经典台词。这句台词用轻描淡写的语气表达了在忧伤平静中接受现实结局的无可奈何。此刻的我，大约也是如此吧。《中国公共史学集刊》编完这一集之后，很可能要按下暂停键了。“暂停键”这个词，亦是反映了我们的一种期望：期望还能峰回路转，集刊继续出版。集刊创刊时，我们决定每一集的封面从七彩颜色中选择一个主色调，出满 7 集，然后再重新规划。没想到“紧日子”让这个设想落了空。

虽然这本倾注了相当多心力的集刊即将面临暂停甚至永远结束的命运，但是我并没有太多抱怨，因为我其实已经相当幸运。这种幸运，既体现在可以将自己感兴趣的公共史学作为一生的研究领域之一，还体现在可以获得师长朋友和领导们的帮助支持，为公共史学发展做一点儿推动工作。

十几年前在中国近现代史学史领域攻读博士学位时，我发现清末民初的史学家都不是纯粹的书斋型学者，而是希望自己的学术研究能够经国济世。这种史学认识与 21 世纪初中国史学界的风气差异颇大，但是与我对史学的期望比较符合。由此我开始对历史知识应用与普及问题感兴趣，并接触到了公共史学。幸运的是，导师王学典先生对我这有点儿旁逸斜出的探索给予了肯定和支持，从那时起，我就决定将公共史学作为今后的一个研究领域。十余年来，对公共史学的研究探索不断提升着我对历史学的认识，拓展着我的学术视野。

进入人大历史学院工作之后，除了在中国近现代史学史、学术史这个最主要的领域努力，我在公共史学领域的探索一直在继续，并逐渐获得了推动公共史学发展的机会。现在回想，当初真有种无所畏惧的愣劲儿，一个刚入职不到六年的青年教师，就敢组织一个超过百人规模的国际学术会议。让我感动的是，无论是学院领导还是朋友们，都没有嘲笑我的愣，而是给予了力所能及的帮助和支持。2017 年 9 月 5—7 日，“公共史学：过去、现在与未来”国际学术研讨会在人大顺利召开。这次会议的题目还有一个前缀——“第一届公共史学国际工作坊（中国）”。这是中国大陆地区第一次以公共史学为主题召开的国际性学术会议，效果很不错。之所以标上“第一届”，是希望每隔两三年都能举办一次，能够将其办成一个持续性的学术会议。2019 年本来想举办第二届，但是由于当时负责学院的本科教学，事务繁杂，想着到了 2020 年再组织。不成想，疫情突起，物是人非，再无心情也再无条件组织第二届。

2017 年的会议让我意识到，中国公共史学的发展需要持续的推动平台，于是产生了创办一本学术集刊的想法。毫无疑问，这个想法也是很愣的。创办学术集刊在学术界不是新鲜事，但那都是学术机构或名家的事情。一个毫无资历又无资源的青年教师要创办一个学术集刊，困难是可想而知的。恰好 2018 年杨念群老师接任人大史学理论研究所所长，把推动公共史学发展定为史学所的主要任务之一，其中一个抓手就是主办一本集刊，这为集刊的创办提供了一个支持点。2018 年 12 月，集刊创刊号正式出版发行，这就算开张了。顺便一提，那几年真是快乐充实的岁月。单位的同事、朋友们常在一起谈学论道，谈天说地，互帮互助。

对于这本集刊，我的想法单纯而理想：希望仿照顾颉刚创办《禹贡》、陶希圣创办《食货》那样，搭建一个促进公共史学理论研究和实践探索交流的平台，以专题的方式对公共史学各个主要方面一一探讨。这种专号的形式，缺点是组稿难度太大，优点是能够集中火力探讨一个问题。在权衡之后，我们还是想一试。因此，除第一集是以2017年会议论文为主，呈现综合性外，此后各集均是以专号形式出版的。第二、三集主题是“影像史学”，第四集主题是“历史非虚构写作”，第五集主题是“口述史学”。本来计划第六集聚焦在历史知识应用传播的新形式上，遗憾的是“暂停键”已经按下，这一主题大概率只能停留在想法上了。

于个人发展而言，维持一本集刊的出版是一件得不偿失的事，相当耗费心力又得不到现行学术评价体系的任何承认，甚至还会被人非议。但是我认为这样的探索尝试对于学科发展是有较大价值的。回首这5集集刊，不敢说刊登的文章字字珠玑、每一篇都是精品，但是我可以自信地说，这些文章汇聚在一起，显示了作者和编者在公共史学这个领域的探索努力，这些努力拓展了我们对历史学的认识。如果这个自评可以成立或部分成立，那么这几年的努力就是值得的。

五六年来，我们始终以兴趣为动力，抓住能够争取到的资源尽力去推动公共史学的发展，不计得失，不求回报。如今外部已经没有资源可用，只能按下“暂停键”，虽有遗憾，但无怨艾。学术探索亦如人生，有其独特的机遇。潮起潮落，自有因缘，平静面对就好，不必强求。

下面简要交代一下本集的情况。这一集的主题是“口述史学”，原本是希望由杨祥银教授主编，其中大多数稿子也是他组织的，但是由于种种原因，最终还是由我来署名并处理编务工作。在此对杨老师的辛勤工作表示诚挚的感谢！

本集共设5个栏目，刊发了13篇文章。“专题研究”栏目共刊登了9篇文章，是收录专题论文最多的一次。全根先《口述史文稿整理中的注释与考订》一文结合自己的实践经验，对口述史文稿整理中的注释和考订问题进行了举例论述，对于提升口述史学实践质量具有一定的价值。中国大陆口述史学规范化发展，需要更多这样基于大量实践的经验总结。高龙彬《口述历史与冷战初期美国苏联学的兴起研究——以“哈佛苏联社会制度项目”为考察中心》一文梳理分析了口述史学对美国苏联学研究兴起的促进作用。赵亚峰、赵亿祥《经验与启示：新中国汝瓷发展历程口述史研究（1949—1999）》一文依托“汝瓷恢复烧造口述史”项目采集的口述史料，对1949—1999年新中国汝瓷恢复发展史进行了梳理总结。于涓、张缘《中国当代建筑口述史研究综述——基于“中国建筑口述史学术研讨会”与〈中国建筑口述史文库〉的观察》一文勾勒出中国当代建筑口述史学发展的现状、特点、困境，并对未来的发展机制进行了思考。张茜《淡出的理想图景：多重制度逻辑下托儿所的兴衰变迁——以C村妇女口述为基础》一文依据对某村托儿所创办经历的口述史料，以多重制度逻辑为分析框架，以个案探求乡村托儿所沉寂的背后原因。黄慈帖《浙江戏曲口述历史的实践与经验——以温州戏曲口述史为例》一文对温州戏曲口述史料采集实践进行了理论总结，探讨了如何结合戏曲的独特性和从业人员的特殊性进行口述史采访等。李玥《口述历史视域下“慰安妇”问题的记忆书写与呈现研究》一文将口述历史与记忆研究结合起来，探索“慰安妇”问题的研究新路径。董方杰《岂曰无衣，与子同袍：新中国第一代工业建设者的意义感锻造——评〈工人阶级劳动传统的形成：洛阳矿山机器厂口述实录（1953—2019）〉》一文，借助《工人阶级劳动传统的形成：洛阳矿山机器厂口述实录（1953—2019）》一书的材料，以意义感锻造为主轴，从命运共同体的形成、大厂生活的建立、劳动竞赛的实施、集体记忆的形塑四个视角解读新中国第一代工业建设者在宏大时代变迁下的个体与群体命运。冯帅《过往与当下：后现代史学语境下历史记忆与历史书写的关系问题》一文也是一篇讨论历史记忆的文章，作者认为记忆研究凭借对历史认识论和本体论的重大突破，对历史研究具有显著的补益价值。

“实践者说”栏目刊登的是中国传媒大学口述历史研究中心副主任林卉的《口述历史传播：学术与公众之间》一文。2022年恰好是口述历史核心团队实践二十周年，也是中国传媒大学口述历史研究中心成立十周年。林老师对过去二十年的实践工作进行了简明扼要的总结，既是对过去的回顾，也有利于中国口述史学今后更好地开展实践。“名家访谈”栏目刊登的是“福州船政文化口述史计划”项目组对美国著名史家唐纳德·里奇的访谈翻译稿。唐纳德·里奇的《大家来做口述史》

对大陆口述史学实践影响颇大，这篇采访稿有助于我们理解他对口述史学的认识。

“史学新秀”栏目是个新设的栏目，刊登了中国人民大学历史学院本科生谈凯同学的《现代口述史对当代方志修纂的意义——以国内新兴村庄志书为例》。这篇文章是杨祥银教授悉心指导的。这些年我们指导了一些本科同学的习作或“大小创”调查，同学们比较有创造力，有些作品虽然说不上很成熟，但确实有一定的价值。最近人大教务处为了鼓励本科生重视写作，呼吁校内学术集刊能给同学们提供一些帮助。《中国公共史学集刊》是首批被邀约的合作集刊，自然要有所行动。综合以上几个因素，遂决定将这篇文章刊发。

“学术编年”刊登的是孙乙森同学编纂的《2021 年中国公共史学发展编年》。通过这个编年可知，除了口述史学继续繁荣，历史文化类纪录片的创作也在快速发展。这篇编年是我审订的，其中的疏漏主要是我的责任。由于学术评价体系的问题，现在学术编年越来越不受重视，这其实不利于我们从宏观上把握学术的发展趋向。

读者从本集中不难看出，口述史学的成果如果不能转化为学术性的论文，就很难获得发表的机会和学术评价的认可。中国口述史学今后要健康发展，需要正面解决这一问题。

最后，要感谢学院的朱浒院长、吕学明书记等领导，在学院经费很紧张的情况下想办法解决了这一集的出版资助。赵晨老师带领的编辑团队为集刊的顺利出版付出良多，诚挚感谢！一路走来，很多师生朋友和领导都提供了帮助支持，此处再道一声感谢！

姜　萌

2022 年 12 月 7 日

图书在版编目（CIP）数据

中国公共史学集刊. 第五集，口述史学专号 / 姜萌主编. -- 北京：社会科学文献出版社，2023.4

ISBN 978-7-5228-1274-8

Ⅰ.①中… Ⅱ.①姜… Ⅲ.①史学-中国-文集 Ⅳ.①K207-53

中国版本图书馆 CIP 数据核字（2022）第 250516 号

中国公共史学集刊　第五集　口述史学专号

主　　编 / 姜　萌

出 版 人 / 王利民
责任编辑 / 郑彦宁
文稿编辑 / 谭紫倩
责任印制 / 王京美

出　　版 / 社会科学文献出版社 · 历史学分社（010）59367256
地址：北京市北三环中路甲 29 号院华龙大厦　邮编：100029
网址：www. ssap. com. cn
发　　行 / 社会科学文献出版社（010）59367028
印　　装 / 唐山玺诚印务有限公司

规　　格 / 开　本：787mm × 1092mm　1/16
印　张：18.25　字　数：271 千字
版　　次 / 2023 年 4 月第 1 版　2023 年 4 月第 1 次印刷
书　　号 / ISBN 978-7-5228-1274-8
定　　价 / 128.00 元

读者服务电话：4008918866